Nasıl
Karar Verilir?

NASIL KARAR VERİLİR?
DAHA İYİ KARARLAR
VEREBİLMENİZ İÇİN
BASİT ARAÇLAR

ANNIE DUKE

1. Basım Aralık 2022
ISBN 978-625-8177-14-5

Dizi Editörü
Hakan Feyyat

Çeviri
Alperen Tekin

Editör
Tuğba Atamtürk

Redaksiyon
Ender Yılmaz

Katkıda Bulunanlar
Osman Şenkul

Grafik Uyarlama
Aydın Tibet

Ofset Hazırlık
Scala Yayıncılık

Baskı
Egem Basım Yayın San. ve Tic. Ltd. Şti.
Gümüşsuyu Mah. Odin İş Merkezi
B Blok Kat: 2 No: 436 Topkapı - İstanbul
Sertifika No: 43624

Scala Yayıncılık
İstiklal Cad. Han Geçidi Sok. 116-3B
Galatasaray Beyoğlu - 34430 İstanbul
Tel: (0212) 251 51 26
Faks: (0212) 245 28 43
e-mail: scala@scalakitapci.com

İnternet satış
scalakitapci.com

Nasıl Karar Verilir?

DAHA İYİ KARARLAR VEREBİLMENİZ İÇİN
BASİT ARAÇLAR

ANNIE DUKE

Çeviri
ALPEREN TEKİN

SCALA YAYINCILIK

Bu kitabı, yazıya olan sevgisi ve öğretmeye yönelik tutkusuyla
bana her gün ilham veren
babam Richard Lederer'e atfediyorum.

İÇİNDEKİLER

Sunuş

Ünlü yazar Peter Bernstein'ın dedikleri kulağımıza küpe olmalıdır: "Yatırımın temel yasası geleceğin belirsizliğidir." Yatırım kararları alırken belirsiz geleceği göz önünde bulundurmak, stratejik ve bilerek karar vermek yatırımcıların önceliği olmalıdır.

Kim olduğunuzu anlamlandırmak, hedeflere ulaşmak için çevrenizin fikirlerinden yararlanmak, hedefe giden yolda alınan kararların doğruluğunu ölçebilmek, kararlarınıza bakış açınızı değiştirmek, sonucu değiştirmek...Bu kitapta, psikoloji, ekonomi ve diğer alanlarda, hayatını karar verme süreçlerini ve davranışlarını incelemeye adamış birçok büyük düşünür ve bilim insanının fikirlerinin bir sentezi, çevirisi ve uygulamaya dökülmüş halini buluyoruz.

Karar verme alanında bir otorite olan Annie Duke bu konuda devam eden çalışmalarıyla birbirinden kıymetli birçok işe imza attı. Yazar, konuşmacı ve danışman olan Duke, yeni bir girişim ortaklığı olan First Round Capital Partners'ta "Karar Bilimi"ne odaklanan özel statülü ortak olarak da yatırımla iç içe. Daha önce yazdığı ve dünyanın birçok ülkesinde en çok satanlar listelerinde yer alan kitaplarından sonra "Nasıl Karar Verilir?"de bize hem bilgi hem de pratiği bir arada sunuyor. Gerek karar alırken gerekse alınmış karar değerlendirilirken yapılan hataları göstermekle kalmıyor, izlenecek bir yol haritası da sunuyor. Çok söylenenin aksine hatalı kararlar vermeden de öğrenilebileceğini, bazen sonuçların gözde çok büyütüldüğünü, objektif bir değerlendirmenin nasıl yapılabileceğini, geçmiş tecrübelerin kararlar üzerindeki etkisini örneklerle anlatıp şimdiye dek hep neden değişmiyor denilen sonuçların anlamlandırılmasını sağlıyor. Kitabın en öne çıktığı nokta ise bunu yaparken sorduğu ve cevap beklediği can alıcı sorularla okurun kararlarını, kararlarının sonuçlarını ve bu sonuçlara olan değerlendirmesinin doğruluğunu test edeceği pratikler sunması.

Tercihler, Karşılıklar, Olasılıklar... Bu üçlü başlık kitabın kalbini oluşturuyor. Altı adımda geleceğe bakışınızı keskinleştirmek ve daha iyi kararlar alabilmek için pusulanız hazır. Önce öğrenip daha sonra değerlendirme imkânını bu kitapta bulabileceksiniz.

Annie Duke, sıra dışı bakış açısı ve ikna edici argümanları ile bize karar alma süreçlerine farklı bakmamızı sağlıyor: Kötü bir sonuç, nasıl karar alma sürecinin kötü olduğu anlamına gelmiyorsa, iyi bir "sonuç" da iyi bir karar alınmış anlamına gelmemekte. Yazarın, özellikle yatırım yönetimi alanında rakamlar ve sonuçlara odaklanmış çalışan kişilere yönelik söyleyebileceği çok şey var. Daha iyi karar vermemizin bir parçası da tahmine ilişkin kavrayışımızı değiştirmemizdir: "Yazara göre "muhtemelen haklı" olmayacağımız için (ve tam olarak haklı değilsek yanılmışızdır anlamına gelmekte ise?) tahmin etme eyleminden rahatsız olmak yerine tahminlerimizi bir okçunun hedeflerini ele aldığı gibi ele almamızı önerir.

Burada çok değerli bir vurgulama yapmaktadır: "Bir tahminin değeri onun "doğru" ya da "yanlış" olmasında değildir. Tahminlerimiz okçunun okuna benzer: "tam ortadan vurunca tam puan, vuramayınca da sıfır puan almazsınız. Bir okçu hedefi herhangi bir yerinden tutturduğu vakit puan almaktadır."

İnsanlar her yıl ortalama 250 ila 275 saatini sadece ne yiyeceği, giyeceği ve izleyeceğine harcıyor. Bu kitap karar vermenin aldığı vakti geri kazanma, en doğru kararları en çabuk şekilde almada bir kılavuz görevi üstleniyor. Karar vermede uygulanan analizlerin felcinden kurtulmayı ve harcanan zamanı daha iyi değerlendirmek adına kaybetmenin bedeli olmadığında daha hızlı kararlar vermeyi, kararların etkisinin düşük olduğu durumları, kararlara dair mutluluğu test etmeyi, son karara ulaşılan noktada bunun farkında olabilmeyi sıralı halde okuyacak ve hayatınıza entegre etmeyi öğreneceksiniz.

Ya karar vermedeki en önemli etkenlerden biri olan olumsuz düşünce...Olumsuz düşüncenin karar vermedeki güçlü etkisinin farkına varmak, kararları olduğu kadar bakış açılarını da değiştirecek.

Kararlarda, karar alma sürecinde başvurduğumuz çevreyle olan ilişkinin de belirleyiciliği yok mu? Güçlü belirleyicilerden olan bu ilişkiler ağında birilerinin ne düşündüğünü öğrenmek isterken, kendi düşüncelerimizi bulaştırmanın amaca ulaşmada yarattığı başarısızlığı kaçımız fark etti? Bir başkasının görüşünün sizinkiyle nerede ayrıştığını keşfetmenin büyüsünü, enfekte olmamış geri bildirimler almanın yolunu, bunları karar alırken kullanmayı öğrenecek, farkında dahi olmadığınız bir karmaşadan kurtulacaksınız.

Annie Duke, her yeni bölümde farklı kavramlar ve sorular ile kışkırtıcı bir yaklaşımla, karar vermeye ilişkin tüm ön yargılarımızı sorgulamaya davet ediyor: En iyi kararı vermek için mükemmeliyetçi yol her zaman iyi midir, yoksa "tatminatçılık" (yazarın kendi terimi) daha değerli olabilir mi? Premortem ve tersine tahmin ile kararlarınızı nasıl daha iyileştirebilirsiniz? Olasılıklarla düşünme konusundaki bölüm ise, sürekli belirsizlikler içinde karar vermek zorunda kalan (ve kalacak olan) bizim gibi "yatırım dünyası çalışanları" için çok değerli tavsiyeler ve öngörüler sergilemektedir.

Karar verme finansal hayatın en çok üzerinde durulan konularındandır. Finansal her karar hem bizi hem de yakın çevremizi etkileyecek sonuçlar doğurur. Inveo Portföy olarak yatırımcıların doğru karar vermek için ihtiyaç duyduğu rehbere ulaşmalarında hissettiğimiz sorumlulukla Annie Duke'ün "Nasıl Karar Verilir?" kitabının Türkçe'ye kazandırılmasını son derece gerekli görüyoruz. Önemli finansal kararlar almada tabloların ve ders kitaplarının tek başına yetersizliğine bir çıkış kapısı açacak bu kitabın tüm yatırımcılara faydalı olmasını amaçlıyoruz.

Annie Duke'e, Türkiye'nin finans kütüphanesi Scala Yayıncılık ve ekibine, bu çalışmada emeği geçen herkese ayrı ayrı teşekkür ederiz.

Keyifli okumalar,

Halim Çun
Inveo Portföy, Genel Müdür

Kararlarınız:
En İyisi ve En Kötüsü

Geçen yıl aldığınız en iyi karar neydi? İçinizden gelen sesi dinleyin. Aklınıza ilk olarak hangi kararınız geliyor? Cevabınızı aşağıdaki kısımda detaylandırın.

Peki, ya geçen yıl aldığınız en kötü karar neydi? Yine aklınıza ilk gelen kararınızı ele alın. Cevabınızı aşağıdaki kısımda detaylandırın.

En iyi kararınızın sonucu da iyi oldu mu?
(Birini işaretleyin.)

EVET *HAYIR*

En kötü kararınızın sonucu da kötü oldu mu?
(Birini işaretleyin.)

EVET *HAYIR*

Eğer siz de çoğu insan gibiyseniz, az önce sorulan iki soruyu da evet diyerek yanıtladınız. Muhtemelen kararınızı açıklayacağınız kısımda da karar sürecinin kendisinden ziyade kararınızın sonucundan bahsettiniz.

Bu alıştırmayı yüzlerce kişiyle yaptım ve sonuç her seferinde aynı oluyor. İnsanlara en iyi kararlarını sorduğum zaman bana elde ettikleri en iyi sonucu anlatıyorlar. En kötü kararlarını sorduğumda da elde ettikleri en kötü sonuçtan dem vuruyorlar.

Bu alıştırmaya kısa bir süre sonra yeniden döneceğiz.

Giriş

Her gün kimi büyük kimi küçük binlerce karar verirsiniz. Ne iş yapacağınızı seçmek gibi bazı kararların gözle görülür biçimde önemli sonuçları vardır. Kahvaltıda ne yiyeceğinizi seçmek gibi bazı kararların ise açıkça önemsiz sonuçları olur.

Ne tür bir kararla karşı karşıya olursanız olun, kararlarınızın yalnızca kalitesini artırmakla kalmayıp aynı zamanda bunların büyüklük seviyesini tespit etmenizi sağlayacak bir karar verme yöntemi de geliştirmeniz son derece önemlidir.

Kaliteli bir karar verme yöntemine sahip olmak neden bu kadar önem arz etmektedir?

Çünkü hayatınızın gidişatını belirleyen yalnızca iki etmen vardır: Şans ve kararlarınızın kalitesi. Bu iki şeyden sadece bir tanesi üzerinde kontrol sahibisiniz.

Şans doğası gereği kontrolünüzün dışındadır. Nerede ve ne zaman doğduğunuz, patronunuzun işe gelirken moralinin bozuk olup olmadığı, üniversite

> Hayatınızın gidişatını etkileyebilecek olan ve üzerinde kontrol sahibi olduğunuz tek şey kararlarınızın kalitesidir.

başvurunuzu hangi görevlinin inceleyeceği... Bu gibi şeylerin hiçbiri sizin kontrolünüzde değildir.

Üzerinde bir kontrole sahip olduğunuz ve daha iyi bir hâle getirebileceğiniz şey ise kararlarınızın kalitesidir. Kaliteli kararlar verdiğinizde başınıza güzel şeylerin gelme ihtimalini artırırsınız.

Şu söyleyeceğimin tartışma götürür bir şey olmadığına inanıyorum: Karar verme sürecinizi geliştirmek önemlidir, çünkü hayat kalitenizi belirlerken üzerinde egemenliğinizin bulunduğu tek şey budur.

Kaliteli kararlar vermenin önemi gayet açıkça ortada olsa bile, şaşırtıcı bir şekilde oldukça az sayıda insan iyi bir karar verme sürecinin neye benzediğini dile getirebilir.

Bu durum yetişkin hayatım boyunca üzerinde düşündüğüm bir şey oldu. Önce bir biliş bilimi doktora öğrencisi olarak düşünsel gündemimde yerini aldı. Daha sonra sürekli hızlı ve riskli kararlar vermem gerektiği, işin ucunda gerçek paranın olduğu, şansın kısa dönem sonuçlarım üzerinde önemli etkilerinin bulunduğu bir ortamda profesyonel bir poker oyuncusu olarak kafamı kurcaladı. Son on sekiz yılda ise durumu; yöneticilere, takımlara ve çalışanlara daha iyi kararlar verme konusunda yardımcı olan bir mesleki karar verme stratejisi danışmanı sıfatıyla ele almaktayım. (Dört sağlıklı ve mutlu çocuk yetiştirmeye çalışan bir ebeveyn olarak konuyla haşır neşir oluşuma değinmiyorum bile.)

Birbirinden bağımsız tüm bu bağlamlarda deneyimlediğim şey ise insanların kaliteli bir kararın nasıl verildiğini açıklamakta genellikle bir hayli zayıf olduğuydu.

Bu sorun yalnızca acemi poker oyuncuları, öğrenciler ya da giriş seviyesindeki çalışanlara özgü değil. İyi bir karar verme yönteminin neye benzediğini işleri tam zamanlı karar vermek olan üst düzey yöneticilere sorduğumda bile aldığım cevaplar son derece alâkasızdı: "En nihayetinde içgüdülerime güvenirim."; "Tercihen bir kurulun ortak kararını takip ederim."; "Artılar ve eksiler listesi yaparak alternatifleri tartarım." gibisinden cevaplar almışlığım vardır.

Bu durum aslında o kadar da şaşırtıcı olmasa gerek. Nitekim eleştirel düşüncenin teşvik edilmesine yönelik birtakım muğlak yönergeler haricinde, karar vermek on iki yıllık eğitim süresince açıkça öğretilen bir konu değil. Eğer güzel kararlar vermeyi öğrenmek istiyorsanız üniversite veya daha sonrasına kadar bu konu üzerine bir dersle karşılaşmanız olasılıksız. Karşılaştığınız zaman dâhi bu seçmeli bir ders olarak karşınıza çıkıyor.

Ortak bir yaklaşımın olmadığına şaşırmamak gerekiyor. Karar vermek hakkında konuşmak için ortak bir dile bile sahip değiliz.

Oysa iyi bir kararın ne olduğunu dile getirememenin sonuçları yıkıcı olabilir. Neticede hedeflerinize ulaşmanız konusunda size yardımcı olacak, üzerinde egemenliğiniz olan tek ve en önemli şey kararlarınız.

Bu da bizi niçin bu kitabı yazmış olduğuma getiriyor.

Nasıl Karar Verilir? size kararlarınızı geliştirme konusunda nasıl düşünebileceğinize ilişkin bir çerçeve sunmanın yanı sıra, bu çerçeve dâhilinde hareket edebilmeniz için de birtakım araçlar sunacak.

Peki, iyi bir karar aracı nasıl olur?

Bir araç, belirli bir işlevi yerine getirmekte kullanılan bir alet ya da uygulamadır. Mesela çekiç, çivi çakmakta kullanılan bir araçtır. Tornavida ise vida çevirmekte kullanılan bir araçtır. Doğru iş için doğru araca sahip olduğunuzda bir görevi yerine getirmenin zarif bir basitliği vardır.

- İyi bir araç güvenilir bir şekilde yeniden faydalanabileceğiniz bir işleve sahiptir. Başka bir deyişle, aynı aracı aynı şekilde tekrar kullanırsanız aynı sonucu elde etmeyi bekleyebilirsiniz.
- Bir aracın doğru kullanımı başka birine öğretilebilir ve o kişi aynı aracı aynı amaçla güvenilir bir şekilde kullanabilir.
- Bir aracı kullandıktan sonra, o aracı düzgün bir şekilde kullanıp kullanmamış olduğunuz siz ya da başkaları tarafından geriye dönüp incelenmeye açıktır.

Bu demektir ki üst düzey yöneticilerin bile karar vermekte kullandığı bazı şeyler son derece kötü araçlar olabilmektedir.

Geçmişiniz başarı hikâyeleriyle dolu olsa da ve size deneyim kazandırmış olsa bile, bilmelisiniz ki içgüdüleriniz aslında bir karar verme aracı değildir.

İçgüdülerinizi kullanarak çok güzel kararlar alamazsınız diye bir şey elbette ki yoktur; bunu yapabilirsiniz. Ancak bunun bozuk bir saatin günde iki kez doğruyu göstermesi mi yoksa içgüdülerinizin titiz bir karar verme aracı olması mı olduğunu bilemezsiniz. Nitekim içgüdüleriniz bir kara kutudan ibarettir.

Görebildiğiniz tek şey içgüdülerinizin karar alma konusunda size sağladığı sonuçlardır. Geriye dönüp içgüdülerinizin bir karara nasıl vardığını herhangi bir tutarlılıkla incelemeniz mümkün değildir. İçgüdülerinizi inceleyip nasıl çalıştıklarını gözlemleyemezsiniz. Onlar size özeldir. Bu yüzden onları bir başkasına öğretip karar alırken kullanmalarını da sağlayamazsınız. İçgüdülerinizi her seferinde aynı şekilde kullanıp kullanmadığınızdan bile emin olamazsınız.

Bunun anlamı şudur: İçgüdülerinizi bir karar verme aracı olarak nitelendiremeyiz.

Bunun yanı sıra, artı-eksi tabloları gibi teknik olarak bir araç olan fakat doğru araç olmayabilecek şeyler de vardır. Şayet tarafsızca en iyi karara ulaşmaya çalışıyorsanız, bu kitabı okurken artı-eksi tablolarının pek de etkili araçlar olmadığını öğreneceksiniz. Küçük çivileri çakmak için yapılan bir çekicin asfalt kırarken de aynı derecede etkili olmasını bekleyemezsiniz.

İyi bir karar verme aracı, bilişsel ön yargıların (aşırı güven, geri görüş ön yargısı veya doğrulama ön yargısı gibi) rolünü azaltmayı hedefler. Bunun sebepleri ileride daha anlaşılır hâle gelecektir. Artı-eksi tabloları ise ön yargıların rolünü artırma eğilimindedir.

İdeal Karar Aracı

Her karar özünde geleceğe yönelik bir tahmindir.

Bir karar verirken amacınız, öncelikle ne kadar fazla risk almaya hazırlıklı olduğunuzu hesaba katmak, ardından da hedeflerinize ulaşmanızda size en fazla kazancı sağlayacak olan seçeneği seçmektir. Bazen ise önünüzde hiçbir iyi seçenek bulunmaz ve amacınız en az zarara uğrayacağınız seçeneği seçmek olur.

Bir kararın sadece tek bir muhtemel sonucunun olması nadir rastlanılan bir durumdur. Verilen çoğu karar için gelecek pek çok farklı biçimde vuku bulabilir. İşe gitmek için bir rota seçmeniz beraberinde birçok olası sonucu da getirecektir: Trafik yoğun ya da seyrek olabilir, lastiğiniz patlayabilir, hız yaptığınız için durdurulabilirsiniz, vesaire.

Çok fazla muhtemel gelecek olmasının sonucu ise şudur: Elinizdeki seçeneklerden birini seçtiğinizde dünyanın nasıl bir yer olacağını ne kadar isabetli tahmin edebiliyorsanız, vereceğiniz karar da o kadar iyi olacaktır.

Görünüşe göre en ideal karar aracı, size geleceği gösteren kristal bir küre olacaktır.

Bir kristal küreniz olsaydı, hem dünyaya hem de mevcut tüm tercihlere dair kusursuz bilgiye sahip olabilirdiniz. Geleceği gördüğünüz için de tüm bu tercihlerin sonuçlarını kesin olarak bilme şansınız olurdu.

Geleceği görebilmeleri için insanlara kolay bir yol vadeden falcılar her zaman varlıklarını sürdürmüşlerdir. Ancak ne yazık ki, gerçekten geleceği gösterebilen kristal kürelere sadece masallarda rastlarız. Fakat tıpkı Oz Büyücüsü'nde olduğu gibi, masallarda bile bunlar birer aldatmacadan ibaret kalırlar. Eğer sağlam araç gereçlerle iyi bir karar verme yöntemi oluşturursanız, bu araçlar sizi falcıların vadettiğine mümkün olduğunca yaklaştıracaktır. Ancak bunu kendiniz için, hayatınızın gidişat potansiyelini önemli derecede değiştirecek bir şekilde yapmış olursunuz.

> Bir kararın iyi mi kötü mü olduğunu belirlemek demek; kararın verilmesine yol açan inançların kalitesini, mevcut seçenekleri ve verdiğiniz her karar için geleceğin nasıl şekillenebileceğini incelemek demektir.

Elbette en iyi karar verme yöntemi ve araçları bile, size, geleceği bir kristal kürenin berraklık ve kesinliğinde gösteremeyecektir. Ancak yine de bu yöntemleri geliştirmek uğraştığınıza değecektir.

Eğer karar verme yönteminiz şimdikinden daha

iyi hâle gelecekse; bilgi ve inançlarınızın doğruluğu, mevcut seçenekleri karşılaştırma beceriniz ve bu seçeneklerden doğacak muhtemel gelecekleri tahmin etme yeteneğiniz artacaksa, işte o zaman bu, peşinden koşmaya değer bir hedef demektir.

Daha İyi Kararlar Vermeye Giden Yol: Kitabın Kısa Bir Yol Haritası

Gelecekteki kararları daha iyi bir hâle getirmenin en iyi sezgisel yollarından biri de geçmiş kararların sonuçlarından ders çıkarmakmış gibi görünüyor. Kitap da işte tam buradan, deneyimlerden öğrenme becerinizi geliştirmeniz aşamasından başlayacak.

İlk üç bölümde, tecrübelerden öğrenmeye çalışmanın nasıl ters gidebileceğini göreceksiniz. Tecrübelerinizin, bu çalışmanın ters gitmesi durumunda, sizi geçmiş kararlarınızın iyi mi kötü mü olduğunu değerlendirirken nasıl da zayıf çıkarımlara sevk edebileceğini öğreneceksiniz. Tecrübelerden öğrenmenin tehlikelerine dikkat çekilmesinin yanı sıra, geçmişinizin size öğretebileceklerini daha iyi anlamanıza yardımcı olacak birtakım araçlar da sunulacak.

"Bu olaylar neden şekillendikleri hâlleri ile şekillendiler?" Her netice kısmen sizin kararlarınız kısmen de şans tarafından belirlenir. Şans ve becerinin olaylar üzerindeki dengesini anlamanız, gelecekteki kararlarınıza yön verecek olan inançlarınızın da gelişimini etkileyecektir. Geçmiş kararlarınızı incelemek için sağlam bir çerçevenizin olmaması tecrübelerinizden öğreneceğiniz dersleri tehlikeye atacaktır.

Dördüncü bölümden başlayarak, odak noktası yeni kararlar almaya kayacak ve size yüksek kalitede bir karar yönteminin nasıl olması gerektiği hakkında bir çerçevenin yanı sıra, bu yöntemi kullanabilmeniz için birtakım araçlar da sağlanacak. Bu bölümde kristal küre muadili bir şey oluşturarak, kararlarınızın kalitesini belirsiz bir geleceğe yönelik yaptığınız bilgiye dayalı tahminleriniz üzerinden belirlemenin nimetlerini göreceksiniz. Aynı zamanda, öngörüleriniz ile bunların neticesinde aldığınız kararların temeli olan inanç ve bilgilerinizin kalitesini artırmanın çeşitli yollarını da öğreneceksiniz.

Tahmin edebileceğiniz üzere kaliteli bir karar verme yöntemini uygulamanızı sağlayacak, iyi çeşitlendirilmiş ve çok yönlü bir araç takımı oluşturmanız, gelecek hakkında mükemmel bilgiler veren hayalî bir cam parçasına bakmaktan çok daha fazla zamanınızı alacak ve çabanızı gerektirecektir. Yine de bu ekstra zamanı sarf etmek, önemli kararlarınızın şekillenişi üzerinde çok derin ve olumlu bir etki yaratacaktır.

Ancak vereceğiniz kararların her biri için araç takımınızı tamamıyla ortaya sermenize de gerek yoktur.

Eğer vidalarla birleştirilen bir şifonyer yapmaya çalışıyorsanız ve yakınlarınızda bir tornavida yoksa zamandan tasarruf etmek için bir çekiç kullanmak cazip gelebilir. Bazen bir çekiç çok da vasat olmayan bir iş çıkarmanız için yeterlidir ve kurtardığınız zaman için bunu göze alabilirsiniz. Fakat bazen şifonyeri kırabilir ya da derme çatma, hatta sağlık tehdidi teşkil eden bir şey de inşa edebilirsiniz.

Sorun şu ki, biz kaliteden feragat etmenin ne zaman büyük bir sorun olmayacağını bir türlü tahmin edemiyoruz. Çekicin ne zaman yeterli olacağını bilmek geliştirmeye değer bir meta-beceridir.

Yedinci kısım size ne zaman güçlü araçlarınızı uygulamaya koyup, ne zaman işleri hızlandırmak için daha zayıf ve sade araçlar kullanabileceğinizi belirleyebilmeniz için zihinsel modeller sunacak. Bu konuyu kitabın sonlarına kadar ele almadım, çünkü ne zaman kestirmeden gidebileceğinizi öğrenmeden önce tam anlamıyla gelişmiş bir karar verme yönteminin neye benzediğini anlamanız gerekiyor.

Hangi durumlarda zamandan tasarruf edebileceğinizi bilmek iyi karar alma yönteminin bir parçasıdır.

Kitabın son kısmı da yolunuza çıkabilecek engelleri daha iyi tanımlamanızı sağlayacak yöntemler ve diğer insanların sahip olduğu bilgilerden daha iyi yararlanmanız için bazı araçlar sunacak. Bunların arasında başkalarından geri bildirim sağlamak ve en başta sürü psikolojisi olmak üzere takım hâlinde karar vermenin tuzaklarından kaçınmak var.

Bu Kitabı Nasıl Kullanmalısınız?

Bu sayfalarda önerdiğim zihinsel modelleri, çerçeveleri ve karar araçlarını pekiştirebilmeniz için kitap boyunca alıştırmalar, düşünce deneyleri ve şablonlar olduğunu göreceksiniz.

Elinize bir kalem alıp bunlara bir şans tanımanız hâlinde kitaptan azami faydayı sağlamış olursunuz. Ancak alıştırmalar zorunlu değil. Bütün yönergeleri takip etmeseniz bile kitaptan yine de birçok şey kazanacaksınız. Her hâlükârda bu alıştırmalar, araçlar, tanımlamalar, tablolar, takipçiler, özet ve kontrol listeleri daha sonra bakıp yardım almanız adına durdukları yerde duruyor olacaklar. Bunları çoğaltabilir, tekrar kullanabilir, paylaşabilir ve tekrardan gözden geçirebilirsiniz.

Benzer şekilde, eğer kitabı içeriğin sunulduğu düzen içerisinde okursanız azami yararı sağlamış olursunuz. Pek çok fikir kendilerinden önce gelenlerin üzerine kurulmuş biçimdedir.

Yine de herhangi bir kısımdan başlamak isterseniz, bölümler ilginç bulduğunuz yerlere atlayabileceğiniz şekilde kendi içlerinde bağımsız olacak biçimde hazırlandı.

"Devlerin Omuzları Üzerinde"

Bu kitap; psikoloji, ekonomi ve diğer alanlarda, hayatını karar vermeyi ve davranışı incelemeye adamış birçok büyük düşünür ve bilim insanının fikirlerinin bir sentezi, çevirisi ve uygulamaya dökülmüş hâlidir. Bu kitabın karar vermeyi geliştirmeye yapacağı her katkı, Newton ve diğerlerinin de dediği gibi, devlerin omuzlarında yükselmekten ne kadar fayda devşirdiğimle ilgilidir.

Metin boyunca bu alandaki belirli bilim insanları ve profesyonellerin çalışmalarına ilişkin bölüm notları, teşekkürler ve atıflar göreceksiniz. Bunların yanı sıra, eğer kavramlardan biri ilginizi çekerse, burada hafifçe ele aldığım konulara daha derinlemesine girebilmek için Genel Kaynakça ve Önerilen Okumalar kısmına bakabilirsiniz.

Sonuçlama

DİKİZ AYNASINDAKİ SONUÇLAR OLDUKLARINDAN BÜYÜK GÖRÜNEBİLİR

Bu kitaptaki tüm alıştırmalar size bilgiyi nasıl işlediğinize dair bir içgörü kazandırmak üzere tasarlanmıştır. Bunlardan azami fayda sağlayabilmeniz için soruları yanıtlarken "doğru" cevabı bulmaya çalışmak yerine aklınıza ilk geleni yazmanız önem taşımaktadır. Doğru veya yanlış cevap yoktur. Sadece nasıl düşündüğünüze dair elde edilmeyi bekleyen bir içgörü vardır.

[1]

İşten İşe Atlamak

I. Yeni bir şirkette başka bir konumda çalışmak üzere işinizden istifa ettiğinizi düşünün.

Girdiğiniz yeni iş muhteşem bir şekilde sonuçlandı! Tüm iş arkadaşlarınızı seviyorsunuz, konumunuzda kendinizi tatmin olmuş hissediyorsunuz, üstelik bir yıl içerisinde de terfi edildiniz.

Eski işinizden istifa edip yeni bir konumda çalışmanız sizin için iyi bir karar oldu mu? (Birini işaretleyin.)

EVET *HAYIR*

II. Yeni bir şirkette başka bir konumda çalışmak üzere işinizden istifa ettiğinizi düşünün.

Yeni işe girmeniz tam bir fiyasko ile sonuçlandı! Şirkette kendinizi rezil rüsva bir durumda hissediyorsunuz ve bir yıl içerisinde de işten çıkarıldınız.

Eski işinizden istifa edip yeni bir konumda çalışmanız sizin için iyi bir karar oldu mu? (Birini işaretleyin.)

EVET *HAYIR*

Öyle sanıyorum ki içgüdüleriniz size ilk durumda işten ayrılma kararınızın iyi, ikinci durumda ise kötü olduğunu söyledi. Eğer yeni işiniz çok iyi gidiyorsa eski işinizden ayrılmak harika bir karar olmak zorundaymış gibi gelmiyor mu? Ve şayet işler yolunda gitmediyse aldığınız karar mutlaka kötü bir karardı, öyle değil mi?

Durum şu ki, iki durum için de size karara varırken kullanılan yönteme dair hiçbir anlamlı bilgi vermedim. Size yalnızca iki bilgi parçası verdim: **(1)** *karara dâhil edilenlerin ne olduğu hakkında salt (ve özdeş) bir tasvir* **(2)** *ve kararın sonucu.*

Karar yöntemi hakkında hiçbir detaya sahip olmamanıza rağmen, size kararın sonucunu söylediğim vakit, iyi mi yoksa kötü mü olduğu hakkında *gerçekten de bir şeyler biliyormuş* gibi hissettiniz.

Kararın *sonucunun*, size kararın *kalitesi* hakkında önemli bir şeyler söylediği yönündeki bu hissiyat o kadar güçlü ki, verilen kararın tasviri iki sonuç için de *aynı* olduğu hâlde (işinizden ayrıldınız ve yeni bir işe başladınız) onun hakkındaki görüşünüz sonucun kalitesine göre değişiyor.

Bu olguyu her türlü alanda fark edebilirsiniz.

Bir hisse senedi alırsınız, değeri dörde katlanır ve muhteşem bir karar vermiş gibi hissedersiniz. Bir hisse senedi alırsınız, değeri sıfırlanır ve berbat bir karar vermiş gibi hissedersiniz.

Yeni bir müşteri bağlamak için altı ayınızı harcarsınız ve en büyük hesap kaleminiz hâline gelirler. Siz de zamanınızı müthiş değerlendirmiş ve çok iyi bir karar vermiş gibi hissedersiniz. Aynı altı ayı harcarsınız fakat anlaşmayı bağlayamazsınız. Bu sefer de zamanınızı boşa harcamış ve berbat bir karar vermiş gibi hissedersiniz.

Bir ev alırsınız. Beş yıl sonra sattığınızda ilk ödediğinizden yüzde elli daha fazla kazanırsınız. Muhteşem bir karar! Bir ev alırsınız. Beş yıl sonra sattığınızda değeri ödediğinizin altındadır. Berbat bir karar!

Spora başlarsınız ve ilk iki aydan sonra kilo kaybedip kas kütlenizi artırırsınız. Harika karar! Ancak ilk iki günde omzunuzu çıkarırsanız berbat bir karar almışsınız gibi gelir.

Her alanda kararları yöneten sonuçlardır.

Bunun için bir isim bile var: Sonuçlamak.

İnsanlar sonuçladıklarında kararların iyi olup olmadığını sonuçların iyi olup olmadığı üzerinden değerlendirirler. (Psikologlar buna "sonuç ön yargısı" diyorlar ama ben daha sezgisel bir tanım olan "sonuçlamak" ifadesini tercih ediyorum.) Bu neticeye bakma kısa yoluna başvurmamızın sebebi, bir kararın iyi mi yoksa kötü mü olduğunu, bilhassa da olay gerçekleştikten sonra açık bir şekilde "göremiyor" oluşumuzdur. İyi mi, kötü mü olduğunu görebildiğimiz şey ancak kararın sonucudur. Sonuçlamak, bir kararın kalitesini değerlendirmenin karmaşıklığını basite indirgemenin bir yoludur.

Peki, sorun nerede? Sorun şu ki: Basit olan her zaman iyi olan değildir.

Karar kalitesi ve sonuç kalitesi tabii ki ilintilidir. Fakat çoğu kararımız için tamamen de değildir. Bu özellikle de karar vermek için yalnızca tek bir hakkımızın olduğu durumlarda geçerlidir. Karar ve sonuç kalitesi arasındaki ilişkinin açığa çıkması uzun bir zaman alabilmektedir.

Tek bir olay üzerinden (İşten ayrıldım ve çok kötü oldu) baktığımızda kötü ya da iyi bir sonucun, kararın kalitesinden kaynaklanıp kaynaklanmadığını anlamak zordur. Bazen iyi seçimler yaparız ve sonuçları iyi olur. Bazen ise iyi seçimler yapar ve istemediğimiz sonuçlar elde ederiz.

Kırmızı ışıkta durmayabilir, kavşaktan kılınıza zarar gelmeden geçebilirsiniz. Yeşil ışıkta geçmeyi bekleyip kaza yapmanız da mümkündür. Gördüğünüz gibi, bir sonucun kalitesinden geriye doğru gittiğinizde kararın kalitesine dair zayıf çıkarımlara varabilmektesiniz.

Sonuçlama yapmak, kırmızı ışıkta geçmenin iyi bir fikir olduğunu düşünmenize neden olabilmektedir.

İyi kararlar alan biri olmanın olmazsa olmazlarından birisi deneyimlerden öğrenmektir. Deneyimler, gelecekteki kararlarınızı iyileştirebilmeniz için dersler içerir. Sonuçlamak ise yanlış dersleri öğrenmenize neden olur.

SONUÇLAMA
Bir kararın kalitesini belirlemek için sonucunun kalitesini ele aldığımız zihinsel bir kısayol.

[2]
Sonuçlamanın Gölgesi Altında

Adil olmak gerekirse ilk alıştırmada size kararın kendi başına ne derece kaliteli olduğunu bulabilmeniz adına yeterli bilgi vermemiştim. Tıpkı bazı görsel yanılsamalarda olduğu gibi, belki de yeteri kadar bilginin olmadığı durumlarda zihniniz boşlukları dolduruyordur. Yine de, o koşullar altında bile, sonuçlamanın sizi ulaştırdığı sonuçlar iyi sayılmaz. Sırf sonucu bildiğimiz için o boşlukları otomatik olarak dolduruyor olmasaydık, şüphesiz çok daha iyi öğrenciler olurduk. Fakat belki de sonuçlama, sadece karara dair çok fazla bilgi sahibi olmadığımız durumlarda yaptığımız bir şeydir.

Belki de sonuçlamaya olan yatkınlığımız bir bilgi boşluğunda faaliyet göstermediğimizde ortadan kalkmaktadır, olamaz mı?

Öyleyse bu sorunun yanıtını bulmak için zihnimizin o boşlukları dolduracağı bir örnek daha yapalım.

I. Elektrikle çalışan bir araba alıyorsunuz ve araba çok hoşunuza gidiyor. Araç muhteşem, üstelik çoğu kimse tarafından vizyoner olduğu düşünülen bir teknoloji dehası tarafından imal edilmiş. Araba ile olan tecrübenize dayanarak onu imal eden şirketten hisse alıyorsunuz.

İki yıl sonra şirketin hisseleri uçuşa geçiyor ve yatırımınız yirmi kat değer kazanıyor.

0 ile berbat bir kararı ve 5 ile muhteşem bir kararı temsil ederek, yatırım yapma kararınızın kalitesi hakkındaki hislerinizi puanlandırın.

Berbat bir karar 0 1 2 3 4 5 *Muhteşem bir karar*

Puanlandırmanızın sebeplerini aşağıdaki kısma yazın.

II. Elektrikle çalışan bir araba alıyorsunuz ve araba çok hoşunuza gidiyor. Araç muhteşem, üstelik çoğu kimse tarafından vizyoner olduğu düşünülen bir teknoloji dehası tarafından imal edilmiş. Araba ile olan tecrübenize dayanarak onu imal eden şirketten hisse alıyorsunuz.

İki yıl sonra şirket batıyor ve yatırımınızı kaybediyorsunuz.

0 berbat bir kararı ve 5 muhteşem bir kararı temsil edecek üzere, yatırım yapma kararınızın kalitesi hakkındaki hislerinizi puanlandırın.

Berbat bir karar 0 1 2 3 4 5 *Muhteşem bir karar*

Puanlandırmanızın sebeplerini aşağıdaki kısma yazın.

EĞER SİZ DE ÇOĞU İNSAN gibiyseniz, hisse senedini neden aldığınızla ilgili detayları sonuçların ışığında yorumladınız.

İyi sonuç söz konusuyken yatırım yapma kararınızın detaylarını muhtemelen daha olumlu bir ışık altında irdelediniz: Ürün ile kişisel deneyiminiz vardı ve bunun bir ağırlığı olmalıydı. Neticede eğer siz arabayı sevdiyseniz diğerlerinin de sevmesi gayet muhtemeldi. Ayrıca şirketin başındaki bu teknoloji dâhisi, başarılı biri olarak biliniyordu. Eğer şirketi o yönetiyorsa muhtemelen yatırımınız iyi bir yatırımdı.

Ancak şirketin bir fiyasko olduğu ortaya çıktığında kötü sonuçlar aynı detayları farklı bir ışık altında görmenize neden olabilir. Muhtemelen şimdi mantık yürütecek olsanız, kişisel deneyiminize dayanarak hisse senedi seçmenizin gerekli özeni göstermenin yerine geçemeyeceğini de düşünürdünüz. Şirket kâr ediyor mu? Edebilir mi? Borç yükleri ne kadar? Kârlılığa ulaşana dek sermayeye erişimleri olacak mı? Talebi karşılayabilir ve üretim kapasitelerini artırabilirler mi? Belki de her satışta kova dolusu para kaybettikleri için siz mutlu bir müşteriydiniz.

Bu durum tabii ki sadece yatırım kararlarına özgü değil.

Size pay teklif ettiği için işinizden ayrılıp umut vadeden bir start-up'a katılırsınız. Şirket bir sonraki Google olur. Harika bir karar! Size pay teklif ettiği için işinizden ayrılıp umut vadeden bir start-up'a katılırsınız ve şirket bir yıl sonra batar. Altı ay boyunca işsiz kalır ve tüm birikiminizi tüketirsiniz. Berbat bir karar!

Lise aşkınızla aynı okulda okumak için üniversite tercihi yaparsınız. Dereceyle mezun olur, lise aşkınızla evlenir ve muhteşem bir iş bulursunuz. O okulu seçmek harika bir kararmış gibi gelir.

Lise aşkınızla aynı okulda olmak için üniversite tercihi yaparsınız. Altı ay sonra ayrılırsınız. Alan değiştirmeye karar verirsiniz ve okulunuzun yeni alanınıza yönelik iyi bir programı yoktur. Okulun bulunduğu şehirden nefret edersiniz ve ilk yılın sonunda başka bir yere geçiş yaparsınız. Artık o okulu seçmek berbat bir kararmış gibi gelir.

Karar süreci hakkında aynı detaylara sahip olduğumuzda bile bütün bu durumlarda sonucun kalitesi kararı nasıl gördüğümüzü filtrelemektedir, zira sonuç kalitesi detayları nasıl yorumladığımızı etkiler.

İşte bu, sonuçlama yapmanın etkisidir.

SONUÇ KÖTÜ ŞEKİLLENDİĞİNDE KARAR sürecinizin kötü olduğu izlenimini uyandıran detayların üzerinde durmak kolaydır. Kötü süreç açıkça ortada olduğu için karar kalitesini mantık çerçevesinde gördüğümüzü düşünürüz.

Sonuç değiştiğinde ise karar kalitesine dair bilgiyi ya gözden çıkarır ya da yeniden yorumlarız. Sonucun kalitesi bizi sonu belli olan bir hikâyeyi sonuna uyacak şekilde yazmaya yönlendirir.

En nihayetinde ise kararın kalitesini görme yetimizin üzerinde bir gölge oluşturur.

SONUÇ

KARAR KALİTESİ

Biz sonuç kalitesi ile karar kalitesi uyumlu olsun isteriz. Böylece dünya daha mantıklı, rastgeleliği daha az olan bir yere dönüşecektir. Bu uyumu yakalamaya çalışırken de çoğu karar için birden çok muhtemel sonuç olduğu gerçeğini unuturuz.

Tecrübenin en iyi öğretmenimiz olması gerekmektedir. Fakat bazen sonuç kalitesi ile karar kalitesi arasında çok dar bir bağlantı kurarız. Böyle yaparak da hangi kararın ne derece iyi olduğunu anlamaya çalışırken kendi tecrübelerimizden faydalanma yetimizi sekteye uğratmış oluruz.

Sonuçlama yapmak, kristal küremizi buğulandırmaktadır.

> Gerçeğe dönüşmüş olan gelecekten sayıca çok daha fazla muhtemel gelecek vardır.

Artık sonuçlamanın ne olduğunu bildiğinize göre, hayatınızda sonuçlama yaptığınız zamanları düşünün. Aşağıdaki kısma aklınıza gelenleri yazın.

EĞER KENDİNİZİ ÖRNEK ARARKEN bulursanız size sorduğum ilk sorulara geri dönün: Geçen yıl verdiğiniz en iyi ve en kötü kararlar neydi? Bunları size yazdırmamın sebebi, çoğu insanın aslında en iyi ve en kötü kararları üzerine çok düşünmüyor olmalarıdır. Genelde insanlar en iyi ve en kötü sonuçlarını düşünerek başlar, daha sonra da oradan geriye doğru giderler. Bunun nedeni ise sonuçlamalarıdır.

[3]
Şans Kutusu

Her bir karar için geleceğin çeşitli biçimlerde sonuçlanma ihtimali vardır. Bunlardan bazıları daha iyi bir biçimde, bazıları da daha kötü olmak üzere şekillenir. Bir karar verirsiniz ve sizi nereye doğru götüreceğini bilmeseniz bile, karar birtakım yollardan gidebilmenizin önünü açar; kalan yollardan gitmenizi ise imkânsız kılar. *Hangi sonuçlar kümesinin gerçekleşmesinin muhtemel olduğunu ve bu sonuçlardan her birinin gerçekleşme olasılığını* belirleyen şey verdiğiniz karardır. Fakat kararınız bu sonuçlar kümesindeki olası sonuçlardan hangisinin gerçekten vuku bulacağını belirlemez.

Daha iyi bir karar verici olmak, olası gelecek senaryoları kümesini daha iyi bir şekilde tahmin edebilmeniz demektir. Bu kitap yetilerinizi keskinleştirmek ve sizi kristal bir küreye sahip olmaya daha da yakınlaştırmak üzere tasarlanmıştır. Fakat falcılar haklı bir şekilde derler ki, "Gelecek puslu görünmekte." Nitekim geleceğin önünde sonunda ne şekilde yaşanacağı her daim muğlaktır.

Başka bir deyişle, hayatımızın ne biçimde sonuçlanacağını etkileyen önemli bir unsur daha bulunmaktadır: Şans.

Kararınızın bir olası sonuçlar yelpazesi vardır. Gerçekte elde ettiğiniz sonucu bu yelpazeden çekip çıkaran ise şanstır.

> **ŞANS**
> Kararınızın neticesinde kendinizi bulabileceğiniz olası yolları belirleyen şey şanstır. Kısa vadede hangi muhtemel sonuçları elde edeceğinizi tayin eder ve üzerinde hiçbir şekilde kontrol sahibi değilsinizdir.

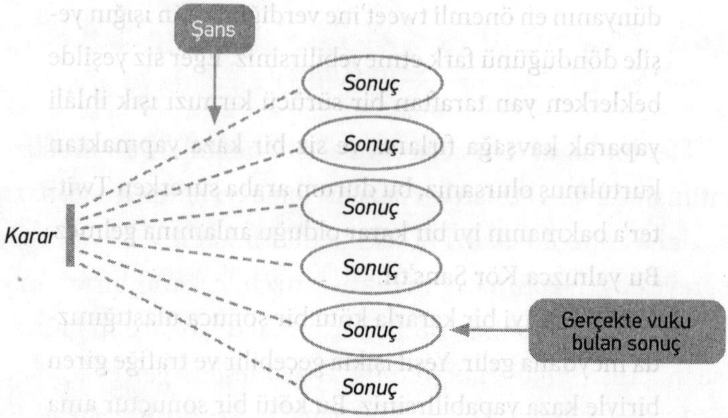

Bir karar sadece olası sonuçların kümesini belirliyor olduğundan (kimi iyi, kimi kötü, kimi arada) iyi ve kötü sonuçlar, hem iyi hem de kötü kararların neticesinde ortaya çıkabilir.

Karar kalitesi ve sonuç kalitesi arasındaki ilişki üzerine şu şekilde düşünebiliriz:

		Sonuç Kalitesi	
		İyi	*Kötü*
Karar Kalitesi	*İyi*	Kazanılmış Ödül	Kötü Şans
	Kötü	Kör Şans	Hak Ettiğini Bulmak

- *Kazanılmış Ödül*, iyi bir karar ile iyi bir sonuca ulaştığınızda meydana gelir. Örneğin, yeşil ışık yanar ve kavşaktan güvenle geçersiniz.
- *Kör Şans*, kötü bir karar ile iyi bir sonuca ulaştığınızda meydana gelir. Trafikte beklerken tüm dikkatinizi

dünyanın en önemli tweet'ine verdiğiniz için ışığın yeşile döndüğünü fark etmeyebilirsiniz. Eğer siz yeşilde beklerken yan taraftan bir sürücü kırmızı ışık ihlâli yaparak kavşağa fırlarsa ve siz bir kaza yapmaktan kurtulmuş olursanız, bu durum araba sürerken Twitter'a bakmanın iyi bir karar olduğu anlamına gelmez. Bu yalnızca Kör Şans'tır.

- *Kötü Şans*, iyi bir kararla kötü bir sonuca ulaştığınızda meydana gelir. Yeşil ışıkta geçebilir ve trafiğe giren biriyle kaza yapabilirsiniz. Bu kötü bir sonuçtur ama sebebi trafik kurallarına uymak yönündeki kararınızın kötü olması değildir.
- *Hak Ettiğini Bulmak*, kırmızı ışıkta geçerek bir kazaya karışmak gibi kötü bir karar ile kötü bir sonuç elde etmeniz anlamına gelir.

Muhakkak ki herkesin karar verme geçmişinde bu dört kategorinin içini dolduracak fazla fazla örnek bulunmaktadır. Bazen muhteşem kararlarınızın muhteşem sonuçları olur, bazen de kötü şans bu sonuçları elde etmenizi engeller. Bazen kötü kararlarınız korkunç sonuçlar doğurur, bazen ise şansınız yaver gider.

Ancak sonuçlama yapmak, sonuçlar üzerinde şansın oynadığı rolü göz ardı etmenize neden olabilmektedir.

Sonuçları bildiğimizde, ortada yalnızca Kazanılmış Ödül ya da Hak Ettiğini Bulmak varmış gibi yaklaşırız. Kötü Şans ya da Kör Şans gölgelerin arasında yitip gider.

		Sonuç Kalitesi	
		İyi	*Kötü*
Karar Kalitesi	*İyi*	Kazanılmış Ödül	Kötü Şans
	Kötü	Kör Şans	Hak Ettiğini Bulmak

Gölgelerin arasında yitip gidenler, mesele deneyimlerden öğrenmeye geldiğinde hatalı dersler çıkarmamıza neden olabilmektedir.

%10 kötü bitme şansı olan bir karar verdiğinizde, tanım gereği, denemelerinizin her yüz seferinin onunda kötü bir sonuç alırsınız. Kötü bir sonuç alır ve de üstüne sonuçlama yaparsanız, %90 başarı şansınız olmuş olmasına rağmen kötü bir karar aldığınızı düşünebilirsiniz. Karar iyi olsa bile deneyiminiz size gelecekte benzer kararlar vermemeyi öğretmiş olacaktır.

Bu ise sonuçlama yapmanın bedelidir.

Şimdi bizzat hayatınızdan örneklerle aşağıdaki tabloda yer alan hücreleri bir bir dolduralım ve sizi sonuçlamanın gölgesinden kurtaralım.

İlk olarak hayatınızda işlerin yolunda gittiği ve verdiğiniz kararın iyi olduğunu düşündüğünüz bir zamanı hatırlayın. Durumu aşağıdaki Kazanılmış Ödül hücresinde kısaca açıklayın.

Daha sonra işlerin kötü gittiği ama kararınızın iyi olduğunu düşündüğünüz bir zamanı hatırlayın. Durumu kısaca aşağıdaki Kötü Şans hücresinde açıklayın.

Sonra işlerin yolunda gittiği ama kararınızın oldukça kötü olduğunu düşündüğünüz bir zamanı hatırlayın. Durumu kısaca aşağıdaki Kör Şans hücresinde açıklayın.

Son olarak, işlerin kötü gittiği ve kararınızın da kötü olduğunu düşündüğünüz bir zamanı hatırlayın. Durumu kısaca aşağıdaki Hak Ettiğini Bulmak hücresinde açıklayın.

Karar Kalitesi \ *Sonuç Kalitesi*	*İyi*	*Kötü*
İyi	Kazanılmış Ödül	Kötü Şans
Kötü	Kör Şans	Hak Ettiğini Bulmak

[4]

İyi Kararların Başına Kötü İşler Geldiğinde (ve de Tam Tersi!): Sonuç Kalitesi ile Karar Kalitesini Birbirinden Ayırmak

Haydi, şimdi de karar kalitesinin elde edilen nihai sonucun kalitesi ile uyuşmadığını belirlediğiniz karar çiftine yani Kötü Şans ve Kör Şans'a göz atalım.

I. Kötü Şans'ın sonucu olarak neyi tanımladınız?

Kötü bir sonuç elde etmiş olmanıza rağmen sizi kararınızın iyi olduğunu düşünmeye iten sebepleri yazın. Bu sebepler, örneğin, kötü sonucun (veya arzulanmayan herhangi bir sonuçlar kümesinin) gerçekleşme ihtimali, kararı hangi bilgilerin ışığında verdiğiniz veya kararı verirken aldığınız tavsiyelerin kalitesi olabilir.

Kararınızın iyi olmasına rağmen kötü bir sonuç almanıza sebep olan en az üç madde listeleyin. Kontrolünüz dışında olan şeylerin bazıları ya da ilk kararınızı alırken beklemediğiniz bazı şeyler nelerdi?

Verdiğiniz kararların neticesinde elde etmenizin muhtemel olduğu en az üç başka sonuç yazın.

____

____

____

____

II. Kör Şans ile elde ettiğiniz sonuç olarak neyi tanımladınız?

____

Elde ettiğiniz iyi sonuca karşın sizi karar alma sürecinizin kötü olduğu düşüncesine iten sebeplerden bazıları nedir?

____

____

____

____

Kararınızın kötü olmasına rağmen iyi bir sonuç almanıza sebep olan en az üç madde listeleyin. Kontrolünüz dışında olan şeylerin bazıları ya da ilk kararınızı alırken beklemediğiniz bazı şeyler nelerdi?

____

____

____

____

Verdiğiniz kararların neticesinde elde etmenizin muhtemel olduğu en az üç başka sonuç yazın.

____

____

____

____

III. Kötü Şans örneğini mi yoksa Kör Şans örneğini mi daha kolay bir şekilde buldunuz? (Birini işaretleyin.)

Kötü Şans Kör Şans

Sizce niçin birini bulmakta öbüründen daha çok zorlandınız?

EĞER SİZ DE ÇOĞU İNSAN GİBİYSENİZ, size de kötü sonuçlar için kötü şansı suçlamak, iyi sonuçlar için iyi şansın hakkını vermekten daha kolay gelmektedir.

Kötü şeyler meydana geldiğinde bunun sizin hatanızdan kaynaklanmamış olabileceğini düşünmek rahatlatıcıdır. Şans sizi aklar ve istenmeyen sonuçlara rağmen kararınız hakkında iyi düşünmenize mahal verir. Size, özgüveninize yardımcı olan, işler istediğiniz gibi sonuçlanmamış olsa bile kendinizi olumlu bir ışıkta görmenize izin veren bir çıkış yolu sunar.

Öbür taraftan, iyi sonuçları kendinize mâl etmek ise size kendinizi iyi hissettirir. Eğer pozitif sonuçlar yaratmakta şansın oynadığı rolü kabullenirseniz, zeki ve kontrol sahibi olmanın verdiği muhteşem histen feragat etmiş olursunuz. İyi sonuçlar söz konusu olduğunda, şans, yazmakta olduğunuz hikâyenin yolunu keser.

Daha iyi kararlar verebilmek için karar kalitesi ile sonuç kalitesi arasındaki ilişkiye dair bu dört yolun hepsini etkin bir şekilde araştırmanız gerekir.

İyi şeyleri sizin mümkün kıldığınız fikrinden feragat etmek kolay değildir ancak uzun vadede yapılmaya değer bir şeydir. Şansın oynadığı ve normalde göz ardı edeceğiniz rolü fark edebilmek adına yapacağınız küçük değişiklikler hayatınızın gidişatı üzerinde büyük bir etkiye sahip olacaktır. Bu küçük değişiklikler, gelecekteki kararlarınızda büyük kâr etmenizi sağlayacak bir bileşik faiz gibidir.

> Kendi başımıza Kötü Şans'ın bazı örneklerini fark edebilir, fakat Kör Şans'ın çoğunu göz ardı ederiz.

İyi dinlemeyi bildiğiniz takdirde, deneyim, size kararlarınızı nasıl geliştireceğiniz hakkında birçok şey öğretebilir. Kararların kalitesini sonuçların kalitesinden ayırmak adına bir disiplin geliştirmek, hangi kararların tekrar etmeye değer olduğunu belirlemenize yardımcı olacaktır.

[5]

Sonuçlamanın Öğrenme Üzerindeki Diğer Etkisi: Öğrenme Fırsatları Bulmak için Hatalı Kararlar Yapmayı Beklemeyin

Karar kalitesini sonuç kalitesine gereğinden fazla uydurmaya çalıştığınızda, şans eseri iyi bir şekilde sonuçlanmış kötü kararları tekrarlama riskine girersiniz. Aynı şekilde şans yüzünden kötü bir şekilde sonuçlanmış iyi kararları tekrarlamaktan da kaçınmaya başlayabilirsiniz.

Sonuç kaliteleri ve karar kaliteleri birbirleriyle uyumsuz olduğu zamanlar, sonuçlamanın öğrenim üzerinde en büyük etkisini bıraktığı zamanlardır.

Kazanılmış Ödül'lerden öğrenebileceğiniz dersler de vardır. Bunları ayırt etmek daha zor olabilir ve kolaylıkla gözden kaçırabilirsiniz fakat aynı derecede önem teşkil ederler.

I. Bu bölümde daha önce doldurmuş olduğunuz tabloya geri dönün. Kazanılmış Ödül'ler sonucunuz olarak neyi tanımladınız?

Aldığınız kararın iyi olduğunu düşünmenize yol açan sebepleri yazın. Bu sebeplerin arasında kötü bir sonucun (ya da istenmeyen herhangi bir sonuçlar kümesinin) ortaya çıkma ihtimaline yönelik değerlendirmeniz, kararı oluşturan bilgiler ya da aldığınız tavsiyelerin kalitesi olabilir.

Şimdi de kenara biraz zaman ayırın ve **kararın hangi yönlerinin daha iyi olabileceğini** düşünün.

Bu anlamda şunları değerlendirebilirsiniz:

Kararı almadan önce daha çok ya da daha kaliteli bilgiler edinebilir miydiniz?	EVET	HAYIR
Daha çabuk karar alabilir miydiniz?	EVET	HAYIR
Kararı almadan önce daha uzun süre değerlendirebilir miydiniz?	EVET	HAYIR
Kararı aldıktan sonra, kararı almadan önce bilebileceğiniz ve aldığınız kararı değiştirebilecek bilgiler var mıydı?	EVET	HAYIR
Aldığınız sonuçtan daha da iyi sonuçlar var mıydı?	EVET	HAYIR
Eğer cevap evet ise, bu sonuçları elde etme ihtimalinizi artırabilir miydiniz?	EVET	HAYIR
Eğer tekrar karar alma şansınız olsaydı, kararınızı değiştirmenize yol açacak sebepler düşünebiliyor musunuz?	EVET	HAYIR
Aynı kararı alacak olsanız bile, tekrar karar alacak olsaydınız karar alma sürecinizi daha iyi hâle getirebilecek yollar düşünebiliyor musunuz?	EVET	HAYIR

II. Aşağıdaki kısmı "Evet" yanıtlarınızı değerlendirmek için kullanın.

III. Karar kalitenizin ve sonuç kalitenizin birbirleriyle uyumlu olduğu durumları değerlendirmek de uyumsuz olduğu durumları değerlendirmek kadar önemlidir. Kazanılmış Ödül kararlarınız kapsamında iyi kararlar almış ve iyi sonuçlar elde etmiş olabilirsiniz. Fakat yine de bu sonuçlarınızı değerlendirerek öğrenmeye değer dersler çıkarmanız mümkündür.

Aynısı, Hak Ettiğini Bulmak durumları için de geçerlidir.

Geriye dönün ve bu alıştırmada sorulan soruları hem karar kalitenizin hem de sonuç kalitenizin kötü olduğu durumlar için de sorup soramayacağınızı düşünün.

İYİ BİR KARAR VERDİĞİNİZDE bile, bu, mevcut en iyi kararı verdiğiniz anlamına gelmez. Aslına bakarsanız, verdiğiniz karar nadiren en iyi olandır. Gelişmek için çabalamak, iyi bir kararın iyi bir sonuç doğurmasından gelen rahatlıkla mücadele etmeye hazır olmanız anlamına gelir.

Tecrübelerden öğrenmek giderek daha iyi kararlar vermenizi sağlayan şeydir. Sonuçlamak, sizi, kristal kürenize olan bakışınızı keskinleştirmekten alıkoyar ve geçmişten alabileceğiniz dersleri atlamanıza sebep olarak sizi geleceği daha kötü tahmin eden biri hâline getirir.

> Zafer turları atarken bile öğrenmeye değer dersler çıkaramayacağınız varsayımında bulunmayın.

Sonuçlamanın sinsi bir bedeli de karar ve sonuç kalitesi uyumlu olduğunda değerlendirmenizi sorgulamamanızdır. Bu gerçekleştiğinde, özellikle de işlerin iyi gittiği durumlarda, kararlarınızın incelenmeden kalması ve "Asayiş berkemâl" diyen sezgilerinizi dinlemeniz daha muhtemeldir.

[6]

En İyi ve En Kötü Kararlarınızı Yeniden Gözden Geçirmek

Kitabın başında tanımladığınız en iyi ve en kötü kararlara geri dönün.

Cevaplarınız hakkında şimdi ne düşünüyorsunuz? Fikriniz değişti mi? Şöyle bir düşündüğünüz zaman tanımladıklarınız hâlâ en iyi ve en kötü kararlarınız gibi, sonuçlamanın etkisinden uzak kararlar gibi geliyor mu? En iyi ve en kötü kararlarınız olarak belirttiğiniz kararların şimdi sonuçlarının kalitesi tarafından nasıl şekillenmiş olduklarını daha iyi görebiliyor musunuz?

Aşağıdaki kısmı düşüncelerinizi yazmak için kullanın.

Düşüncelerinizi not ettikten sonra en iyi ve en kötü olarak tanımlayabileceğiniz başka kararlarınızı da değerlendirin.

Sonuçlamak, bizi kendimiz ve başkaları için merhamet duymaktan alıkoyar.

Birileri hayatında kötü sonuçlar elde ettiğinde biz de sonuçlama yapar ve karar alma biçimlerinin kötü olduğu kanısına varırız. Böylece olanlar için onları suçlamak daha kolay hâle gelir. Sonuçlar onların suçu olduğundan merhamet duymaya gerek yoktur.

Bu durum başkalarına özgü değildir. Kendi hayatımızda bu bağlantıları kurduğumuz zaman kendimiz için de merhamet hissetmeyiz. İşler umduğumuz gibi gitmediğinde kendimize yükleniriz.

Aynı şekilde iyi sonuçlar aldığımızda da sırf işler yolunda gitti diye kararlarımızın olası hatalarını görmezden geldiğimizde kimseye bir iyilik falan yaptığımız yoktur. Sadece öğrenme konusunda değil, kendi değerimizi belirleme konusunda da, mevcut şartlar altında doğru kararı verip vermediğimize bakmak yerine hangi sonuçları elde ettiğimize bakarak şüphesiz ki kendimize zarar vermekteyiz.

[7]
Sonuçlama: Özet ve Kapanış

Buradaki alıştırmalar şu kavramlar üzerinde düşünmenizi sağlamak üzere tasarlanmıştı:

- **Sonuçlamak**, bir kararın iyi olup olmadığına sonuca bakarak karar verme eğilimidir.
- **Sonuçlar**, süreç hakkındaki bilgileri göz ardı etmenize ya da çarpıtmanıza ve karara dair görüşünüzü sonuca uydurmanıza neden olur. Böylelikle de karar sürecine gölge düşürürler.
- Kısa dönemdeki her karar için, karar ve sonuç kalitesi arasında yalnızca zayıf bir bağlantı vardır. Bu ikisi ilişkilidir ancak bu ilişkinin sonuçlarının açığa çıkması uzun bir zaman alabilir.
- Şans, karar ve sonucun arasına giren şeye denir. Sonuçlamak, şansın rolünü küçümsemenize sebep olur.
- Şans faktöründen ötürü sadece tek bir sonuca bakarak bir kararın kalitesi hakkında çok fazla şey söyleyemezsiniz.
- Bir karara vardığınızda nadiren iyi (ya da kötü) bir sonucu garantileyebilirsiniz. Bunun yerine amaç, bizi en olumlu **sonuç aralığına** götürecek seçeneği seçmek olmalıdır.
- İyi kararlar vermek deneyimlerden öğrenmek ile başlar. Sonuçlamak bazı kötü kararları tekrarlamanıza ve iyi olanları terk etmenize neden olarak bu öğrenimi engeller. Ayrıca sizi iyi karardan doğan iyi sonuç durumlarını (ve kötü karardan doğan kötü sonuç durumlarını) incelemekten alıkoyar. Oysa bu incelemeler gelecek için değerli dersler içermektedir.

- Başkaları ve kendimize karşı tutumumuz söz konusu olduğunda sonuçlamak bizi daha merhametsiz biri yapar.

Sonuçlama: Kontrol Listesi

- ☐ Karar kalitesi üzerinde bir hükme varırken sonuçlama durumu yargı gücünüzü (ya da gözlemlediğiniz bir başkasının yargı gücünü) ne derece etkiliyor?
- ☐ Kötü kararlar kötü sonuçlardan önce gelmiş olsa bile süreç dâhilinde vermiş olduğunuz bazı iyi kararlar görebiliyor musunuz? Karar alma sürecinin iyi olduğu yönleri bulabiliyor musunuz?
- ☐ İyi kararlar iyi sonuçlardan önce gelmiş olsa bile, karar alma sürecini daha iyi hâle getirebilecek bazı yollar tanımlayabiliyor musunuz? Karar alma sürecini daha iyi hâle getirmenin bazı yollarını bulabiliyor musunuz?
- ☐ Kararı alan kişinin (ki bu, siz de olabilirsiniz) kontrolü dışında olan (başkalarının eylemleri gibi) faktörler nelerdir?
- ☐ Olaylar başka hangi şekillerde sonuçlanabilirdi?

Uzun Zaman Önce, Uzak Bir Film Serisinde

Yıldız Savaşları efsanevi bir başarı elde etti. Orijinal film 11 milyon dolara mal oldu ve toplam gişe hasılatı 775 milyon doları aştı. Bu ise buzdağının yalnızca görünen kısmıydı. Devamında *on bir tane daha* finansal olarak başarılı film (kırk yılı aşkın bazı rakamlar için enflasyonu hesaba katmadan bile, 2020'nin ilk ayları itibariyle 10.3 milyar dolardan fazla dünya geneli hasılat), devasa bir lisanslı eşya endüstrisi ve tema parkları da geldi. Ek olarak Disney, serinin haklarını satın almak için 2012'de *4 milyar dolar* ödedi.

Film stüdyosu United Artists, *Yıldız Savaşları*'nı satın almak için ilk fırsatı yakalayan şirketti ve pas geçti. George Lucas'ın bilim kurgu filmi *THX 1138*'i Cannes Film Festivali'nde gördükten sonra UA, Lucas ile iki filmlik bir sözleşme imzaladı.

Daha sonradan büyük başarı elde eden *Gençlik Yılları*'nı geri çevirdikten sonra stüdyo Lucas'ın *Yıldız Savaşları* teklifini de pas geçti. Aralarında Universal (sonradan *Gençlik Yılları*'nın dağıtımını alarak toparladı) ve Disney (1970'lerde ödemediğinin yaklaşık dört yüz katını 35 yıl sonra seriyi almak için ödedi) gibilerinin de bulunduğu başka bazı stüdyolar da *Yıldız Savaşları*'nı reddetti.

Genel kanı, bütün bu stüdyoların kendilerine has biçimde büyük bir hata yaptıkları yönündedir. Serinin uzun hikâye örgüsünü ele alan sayısız internet sitesinden biri olan Syfy Wire, United Artists'in kararının kalitesine atıfta bulunarak genel kanıyı şu sözlerle dile getiriyor: "Unutmayın ki bu stüdyo, bir başka Pembe Panter devam filmiyle meşgul idi ve bu yüzden de tamamen ya da bir miktar garanti sağlamayan filmlerle hiç ilgilenmiyordu."

Yıldız Savaşları'nı yaptırmanın bu kadar zor olmuş olması, insanların, efsanevi roman ve senaryo yazarı rahmetli William Goldman'in Hollywood hakkındaki meşhur sözlerini tekrar etmelerinin ana sebeplerinden biridir: "HİÇ KİMSE HİÇBİR ŞEY BİLMİYOR."

Bunlar varması kolay ve hemen hemen herkesin vardığı sonuçlardır. Fakat böyle yaptığımızda görmezden geldiğimiz çok fazla şey vardır. Bu alıştırma aracılığıyla, *Yıldız Savaşları*'nı pas geçmenin büyük bir hata olduğu çıkarımının bir sonuçlama durumu olduğunu şu yollarla fark edebiliriz:

Kararın yol açabileceği farklı sonuçlar: Film sektörü hakkında pek bir şey bilmeseniz bile, tıpkı Lucas'ın filminin durumu gibi, eğer bir film siz onu satmaya çalışırken yalnızca bir fikirden ibaretse pek çok şeyin yaşanma ihtimali vardır. Lucas'ın kulağa harika gelen konsepti, uğruna 10 milyon harcandıktan ve film çekildikten sonra berbat görünebilir. Mesela aktörlerin hiçbiri büyük isimler değildi. Eğer Lucas farklı aktörler seçmiş olsaydı film çuvallayabilirdi. Büyük izleyici kitlesi bilim kurgu filmlerine merak duymadığına karar verebilirdi. Tam film çıktığı sırada başlayan bir ekonomik kriz insanları sinemaya gitmekten alıkoyabilirdi.

Göz ardı edilen ya da bilemeyeceğimiz bilgiler: Lucas filmini bu stüdyolara pazarlarken kararın diğer taraftan nasıl görünmüş olduğunu bilmiyoruz. Filmi alan Twentieth Century Fox, kesin tutacak bir film serisi satın almış gibi davranmıyordu. Lucas ve Fox yöneticilerinin röportajlarında Lucas'ın ne yapmaya çalıştığına dair stüdyonun zamanında pek de bir fikri olmadığı yönünde ifadeleri bulunmaktadır. Film çalışanlara çılgın bir proje gibi görünüyordu ama stüdyonun başı Lucas'a şöyle demişti: "Bunun ne olduğunu anlamıyorum ama *Gençlik Yılları*'nı sevmiştim. Bu yüzden ne yaparsan yap, benim açımdan tamamdır."

Karar süreci hakkında sonuçtan kaynaklanan mantıksız çıkarımlar: Bu stüdyoların vermiş olduğu, buna benzeyen ve sonradan çok iyi olduğu anlaşılan kararları görmüyoruz.

Kararın ne derece iyi olduğu hakkında çıkarıma varmak için gereken ama sahip olmadığımız veriler: Stüdyonun bütün film kataloğuna, satın aldığı ve reddettiği projelere bakmadan varacağınız bir sonuç eksik bilgiye dayalı olacaktır.

Anlatmaya çalıştığım şey, yalnızca bir sonuca bakarak kararın kalitesi hakkında bir hükme varmanın zor olduğudur. Bir karar, büyük bir veri parçası (yöneticilerin verdikleri bütün kararlar ve genel sonuçları hesaba katıldığında) ya da yüksek kalite bir veri (fikrin stüdyoya sunulduğunda nasıl göründüğü) gibi değerlendirilmemelidir.

11

Geçmiş Sanıldığı Kadar Şeffaf Değildir

Bir Kez Daha: İşten İşe Atlamak

1. Florida'da büyüdünüz ve Georgia'da üniversiteye gittiniz diyelim. Üniversiteden hemen sonra biri Georgia'da biri Boston'da olmak üzere iki iş teklifi aldınız.

Boston'daki iş daha iyi bir kariyer fırsatı sunuyor ama New England'ın iklimi gözünüzü korkutuyor. Sonuçta güneyde büyüdünüz. Kışın nasıl geçtiğini görmek için Şubat ayında Boston'a gidiyorsunuz ve daha iyi olan bir fırsatı tepmenize sebep olacak kadar da kötü olmadığını görüyorsunuz.

Boston'daki işi kabul ediyorsunuz.

Heyhat! Perişan hâldesiniz!

Kışın ilk birkaç ayından sonra soğuğu ve kasveti kaldıramıyorsunuz. İş tam hayal ettiğiniz gibi olmasına rağmen tekrar Şubat geldiğinde istifa ediyor ve eve dönüyorsunuz.

Bir sonraki sayfada, eve döndükten sonra kendinize söyleyebileceğiniz ya da diğer insanlardan duyabileceğiniz tüm şeyleri yuvarlak içine alın.

II

Geçmiş Sanıldığı Kadar Şeffaf Değildir

[1]

Bir Kez Daha: İşten İşe Atlamak

I. Florida'da büyüdünüz ve Georgia'da üniversiteye gittiniz diyelim. Üniversiteden hemen sonra biri Georgia'da biri Boston'da olmak üzere iki iş teklifi aldınız.

Boston'daki iş daha iyi bir kariyer fırsatı sunuyor ama New England'ın iklimi gözünüzü korkutuyor. Sonuçta güneyde büyüdünüz. Kışın nasıl geçtiğini görmek için Şubat ayında Boston'a gidiyorsunuz ve daha iyi olan bir fırsatı tepmenize sebep olacak kadar da kötü olmadığını görüyorsunuz.

Boston'daki işi kabul ediyorsunuz.

Heyhat! Perişan hâldesiniz!

Kışın ilk birkaç ayından sonra soğuğu ve kasveti kaldıramıyorsunuz. İş tam hayal ettiğiniz gibi olmasına rağmen tekrar Şubat geldiğinde istifa ediyor ve eve dönüyorsunuz.

Bir sonraki sayfada, eve döndükten sonra kendinize söyleyebileceğiniz ya da diğer insanlardan duyabileceğiniz tüm şeyleri yuvarlak içine alın.

Bir arkadaşınız, "Oradan nefret edeceğini biliyordum." der. (Aslında böyle bir şey söylememiştir.)

Georgia'daki işi seçmem gerektiğini biliyordum.

Kışa katlanamayacağımı bilmem gerekirdi. Nefret edeceğim o kadar belliydi ki. Güneyde büyüdüm ben!

Bir arkadaşınız, "Bir yıl içinde eve döneceğini biliyordum." der.

Bunun olacağını bilmem gerekirdi. İş hiçbir zaman soğuğu meşrulaştırmaya yetecek kadar iyi olmayacaktı.

Hepimizin hayatında, gerçekten söylemiş olup olmadıkları fark etmeksizin, "Sana söylemiştim." diyen insanlar vardır.

Çoğumuz da kendimizi suçlar, olayların şekillendikleri gibi şekillenecekleri ayan beyan ortada iken bunu bizim bir türlü görememiş oluşumuza şaşırırız.

Eğer çoğu insan gibiyseniz siz de bu yüzden neden burada bir "yukarıdakilerin hepsi" seçeneği olmadığını merak etmişsinizdir.

II. Florida'da büyüdünüz ve Georgia'da üniversiteye gittiniz. Üniversiteden hemen sonra biri Georgia'da biri Boston'da olmak üzere iki iş teklifi aldınız.

Boston'daki iş daha iyi bir kariyer fırsatı sunuyor ama New England'ın iklimi gözünüzü korkutuyor. Sonuçta güneyde büyüdünüz.

Kışın nasıl geçtiğini görmek için Şubat ayında Boston'a gidiyorsunuz ve daha iyi olan bir fırsatı tepmenize sebep olacak kadar da kötü olmadığını görüyorsunuz.

Boston'daki işi kabul ediyorsunuz.

Çok mutlusunuz!

Kış abartılacak kadar kötü değil. Hatta kar hoşunuza gitti ve hevesli bir kar kayakçısı bile oldunuz. Üstelik iş de tam hayal ettiğiniz gibi.

Uzun bir süre kalmak üzere Boston'a yerleşiyorsunuz.

Kendinize şöyle bir şey deme ihtimaliniz nedir: "İnanamıyorum doğrusu. Hava durumundan korktuğum için neredeyse işi almayacaktım. Kışın sandığım kadar kötü olmayacağını bilmem gerekirdi."

Gayet Olasılıksız 0 1 2 3 4 5 Gayet Olası

Hayatınızdaki birinin şöyle bir şey deme ihtimali nedir: "Sana bir şey olmayacağını söylemiştim! Biliyordum seveceğini! Havanın mutluluk için o kadar önemli bir şey olmayacağını zaten bilmen gerekirdi!" (Aslında size bunların hiçbirini önceden söylemediler.)

Gayet Olasılıksız 0 1 2 3 4 5 Gayet Olası

Öyle sanıyorum ki, içinizden bir ses gelmiş ve size bu durumların ikisinin de oldukça muhtemel olduğunu söylemiştir.

SONUÇTAN BAĞIMSIZ OLARAK, hangi işin seçileceği konusundaki karar belli bariz ortadaydı. Daha iyi olan işin Boston'da olduğunu düşünüyordunuz fakat merak da ediyordunuz: İklimin genel mutluluğunuz üzerindeki etkisi ne kadar büyük bir faktör olacaktı?

Mesele şu ki, bir New England kışını başından sonuna kadar hiç tecrübe etmemiştiniz. Dolayısıyla bu sorunun cevabını *kış havasını kendiniz tecrübe etmeden önce* bilemezdiniz.

Boston'a yerleşme kararınız yüzünden kendinize eziyet çektiriyorsunuz. Nefret ettiniz işte! Bunu nasıl öngöremediniz?

Boston'a yerleşme kararınız yüzünden kendinize eziyet çektiriyorsunuz. Bayıldınız buraya! Bunu nasıl öngöremediniz?

Aynı karar, farklı sonuçlar. Ama iki şekilde de, sevseniz de nefret de etseniz, bunu önceden öngörmüş olmanız gerektiğini düşünüyorsunuz. İki durumda da sonucun kaçınılmaz olduğunu düşünüyorsunuz ve iki durumda da arkadaşlarınız "Biliyordum!" diyor.

Elbette aynı anda hem sevip hem nefret edeceğinizi düşünebilmenizin imkânsız olduğunu söylemeye gerek yok. Fakat hepimiz de bu şekilde hissederiz işte.

Neden böyle peki?

Sebep, **geri görüş ön yargısı.**

Bir karar verdiğinizde bildiğiniz ve bilmediğiniz şeyler vardır.

Kesinlikle bilmediğiniz şeylerden biri de bütün bu olası sonuçlar arasından hangisinin gerçekleşeceğidir.

Fakat her şey olup bittikten sonra ve hangi sonucun gerçekleştiğini gördüğünüz zaman bunu öngörmüş olmanız gerektiğini ya da başından beri böyle olacağını bildiğinizi düşünürsünüz. Gerçekleşen sonucun gölgesi altında, kararı verdiğiniz zaman bildiğiniz şeyleri hatırlamanız zorlaşmaktadır.

SONUÇ

KARARI VERDİĞİNİZ ZAMAN BİLDİKLERİNİZ

Sonuçlamak, sonucun ne kadar iyi olduğunu bildiğiniz için karar hakkında da bir şeyler bildiğinizi düşünmenize sebep olur. Geri görüş ön yargısı ise karar anında bildiğiniz şeyleri iki şekilde çarpıtarak sonucu bilmenizden ötürü kaynaklanan karmaşanın üstüne ekler:

1. Ne olacağını biliyordunuz. Sonuçtan sonraki bilginizle çelişmemek adına olay anındaki gerçek görüşünüzün yerine çarpıtılmış bir anı koydunuz.
2. Ne olacağını bilmeliydiniz (ya da bilebilirdiniz). – Olay adeta öngörülebilir veya kaçınılmazmışçasına.

Mesele tabii ki, sadece siz ve kararlarınız hakkındaki fikirleriniz değildir. Sizin, diğer insanların kararları hakkında fikirleriniz ve diğer insanların da sizinkiler hakkında fikirleri vardır.

Böyle olacağını bilmeniz gerektiğini düşünmenin

GERİ GÖRÜŞ ÖN YARGISI

Yaşanıp sonuçlandıktan sonra bir olayın öngörülebilir ya da kaçınılmaz olduğuna inanma eğilimi. Daha önce kendisine "başından-beri-biliyordum-zatenci" düşünce biçimi ya da "sürüngen determinizmi" şeklinde de atıfta bulunulmuştur.

pişmanlığı ile hayatınızı yaşamaktan daha kötü olan ise nedir biliyor musunuz? Hem o pişmanlıkla yaşamanız hem de buna rağmen herkesin gelip size yine de "Sana söylemiştim!" demesi…

[2]

Ben Çizelgesi: Kendi Geri Görüş Ön Yargılarınızı Saptamak

Bir miktar kripto para satın alırsınız. Yatırımınız dörde katlanır. Arkadaşlarınıza, "Size söylemiştim. Siz de almalıydınız!" dersiniz.

Aldığınız kripto para dibe çakılır ve yatırdığınız bütün parayı kaybedersiniz. "Yüksekken satmayı akıl etmem gerekirdi!" diye kendinizi yersiniz.

Bir satış anlaşmasını sonuna kadar zorlarsınız ve anlaşma bozulur. O kadar zorlamamayı bilmiş olmanız gerektiğini düşünerek kendinize yüklenirsiniz.

Birkaç hafta içinde müşteri geri gelir ve şartlarınızı kabul eder. Elbette başından beri planınızın iyi olduğunu biliyordunuz. Size kulak veren herkese, "Sana söylemiştim!" dersiniz.

İpuçları

Sonuçlama yapıldığını gösteren belli başlı sözel ya da zihinsel ipuçları yoktur. Genelde insanların sesli biçimde, "Bu berbat bir karardı. Şu anda, berbat bir sonuçtan geriye giderek kararın da berbat olduğu çıkarımını yapmaktayım." dediğini duymazsınız.

Geri görüş ön yargısına işaret eden açık ipuçları ise kendilerini; "Bunu göremediğime inanamıyorum!", ya da "Biliyordum işte!", ya da "Sana söylemiştim!" ya da "Bilmeliydim böyle olacağını!" şekillerinde gösterir.

Bu sözel ve zihinsel ipuçlarını fark etmek için kendinizi eğitmek, geri görüş ön yargılarını yakalama becerilerinizi geliştirmek için iyi bir yoldur.

Şimdi de sizin hayatınızdan bazı geri görüş ön yargısı örneklerine bakalım.

Mesela şu, benim bir markette duyduğum gerçek bir örnekti. (Bu arada marketler, insanların davranış biçimlerini incelemek için muhteşem laboratuvarlardır!)

Adam: Sizi telefonda konuşurken işittim de, aksanınız çok hoşuma gitti. Acaba İtalyan mısınız?

Kadın: Hayır, Yunanım.

Adam: Biliyordum!

I. ***Başından Beri Biliyordum*** durumu için siz de bir örnek bulun. Birine ya da kendinize, "Şunun şu şekilde sonuçlanacağını biliyordum!" dediğiniz veya bir başkasının size böyle bir şey söylediği bir zamanı hatırlayın.

Kararı ve sonucunu tarif edin.

____

____

____

Kendinize ya da öteki kişiye ne dediniz? Geri görüş ön yargısının sahnede olduğunu gösteren zihinsel ve/veya sözel ipuçları nelerdi?

____

____

____

Sizin başından beri bildiğinizi hissettiğiniz veya öteki kişinin size başından beri bildiğini söylediği şey neydi?

____

____

____

Sizin başından beri bildiğiniz ya da bir diğer kişinin başından beri bildiğini söylediği şey, kendini olaydan sonra gösteren yani ancak her şey şekillenip sonucuna vardıktan sonra görebileceğiniz bir şey miydi?

EVET *HAYIR*

II. **Bunu Bilmeliydim** durumu için bir örnek düşünün. Kendinize ya da bir başkasına, "Bunu bilmeliydim!" dediğiniz ya da "Nasıl bunun böyle olacağını göremedin?" dediğiniz bir zamanı ya da bir başkasının size böyle bir şey dediği bir zamanı gözünüzün önüne getirin.

Kararı ve sonucunu tarif edin.

____

____

____

____

Kendinize ya da öteki kişiye ne dediniz? Geri görüş ön yargısının sahnede olduğunu gösteren zihinsel ve/veya sözel ipuçları nelerdi?

____

____

____

Sizin/diğer bir kişinin, yine siz/kendileri adına ele alındığınız/alındıkları bir durumda düşünmüş olmanız/olmaları gerekliliği hissedilen husus ne olabilir?

____

____

____

Sizin bilmeniz gerektiğini düşündüğünüz ya da bir diğer kişinin bilmeniz/bilmesi gerektiğini düşündüğü şey, kendini olaydan sonra gösteren yani ancak her şey şekillenip sonucuna vardıktan sonra görebileceğiniz bir şey miydi?

EVET *HAYIR*

İNSANLARIN, "ZATEN BİLDİKLERİNİ" DÜŞÜNDÜKLERİ en yaygın bilgi; kendini ancak olaydan sonra açığa çıkaran, özellikle de hangi olası sonucun yaşanmış olduğu görüldükten sonra açığa çıkaran bilgidir.

Hafıza kayması, neyi bildiğinize yönelik hatırladıklarınızın geri görüş ön yargısı tarafından yeniden kurgulanmasıdır.

> **HAFIZA KAYMASI**
> Olaydan sonra bildiğiniz şeylerin, olaydan önce bildiklerinize dair olan hatıralarınızın içine sızması durumu.

Püf noktası da şudur: Eğer geçmişi yanlış hatırlarsanız, tecrübelerinizden ancak işe yaramaz dersler çıkarabilirsiniz. Bu, sizi şu iki yönden zarara uğratabilir:

1. Kararı verdiğiniz anda neleri bildiğinizi hatırlamazsınız. Böylece bir kararın iyi mi kötü mü olduğu konusunda yargıya varmanız zorlaşır. Bir kararın kalitesini değerlendirmek ve tecrübelerinizden öğrenebilmek için, zihinsel durumunuzu dürüstçe tartmanız ve o an neleri bilmenizin ihtimal dâhilinde ya da dışında olduğunu, mümkün mertebe hatasız şekilde, hatırlamanız gerekir.
2. Geri görüş ön yargısı, sonucun, gerçekte olduğundan çok daha öngörülebilir olduğunu zannetmenize neden olur. Bu durum, bazı kötü kararları tekrarlamanıza, bazı iyi kararları ise vermeyi bırakmanıza sebep olabilir.

Geri görüş ön yargısı kristal kürenizi bir sirk aynasına dönüştürme potansiyeline sahiptir.

[3]

Neyi, Ne Zaman Biliyordunuz?

Anılarımızda zaman kaydı yoktur.

Bilgisayarda bir dosyayı açtığınız zaman, "oluşturulduğu tarih" ve "değiştirildiği tarih" kayıtlarını görebilirsiniz. Ne yazık ki, beyinlerimiz böyle çalışmamaktadır.

Eğer müdahale etmezseniz, kararın sonucunu biliyor oluşunuz, karar anındaki bilginizin anısını çarpıtabilir. Olaydan önce neleri bildiğinize ve nelerin sadece olaydan sonra ortaya çıktığına ilişkin hatıranızı, gerekli zamanı harcayıp kasıtlı bir şekilde tekrar inşa ederseniz, hafıza kaymasıyla mücadele edebilirsiniz.

Bunu bir Bilgi Takipçisi kullanarak görselleştirmek mümkündür. Şu şekilde:

BİLGİ TAKİPÇİSİ

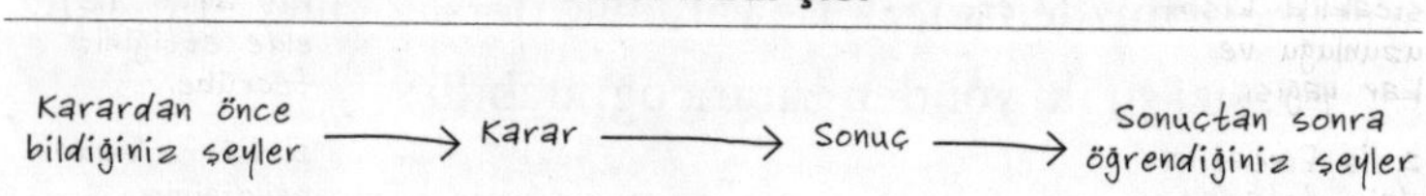

Karardan önce bildiğiniz şeyler: Karar anındaki bilgi ve inançlarınızın özeti. Bizi burada özellikle ilgilendiren, kararı verirken kullanmış olduğunuz şeylerdir.

Sonuçtan sonra öğrendiğiniz şeyler: Bunlar, karardan önce bildiğiniz her şeyi ve kararı verdikten sonra öğrendiğiniz yeni şeyleri içerir. Burada ise, olay nasıl yaşanmış olursa olsun, yaşandıktan ve bittikten sonra ortaya çıkmış bilgilere odaklanmaktayız.

Bilgi Takipçisi kullanmak, karar anında bildiğiniz ve bilmediğiniz şeyleri netleştirerek geri görüş ön yargısını azaltır. Ne bildiğinizi ve ne zaman bildiğinizi detaylandırarak, olaydan sonra açığa çıkan şeylerin olaydan önce bildiklerinizin arasına sızmasını engelleyebilirsiniz.

Şimdi de Bilgi Takipçisini az önce kendi hayatınızdan belirlemiş olduğunuz geri görüş ön yargısı örnekleri üzerinde deneyelim. Kararı almanıza sebep olan üç anahtar şey belirleyin. Kararı ve sonucunu tarif edin. Sonrasında da sadece olayın ardından açığa çıkan üç şey belirleyin.

Örnek olarak, Boston'daki iş teklifi konusunda Bilgi Takipçisini nasıl kullanabileceğinize bakalım.

Mesela Boston'a yerleştiğinizde ve altı ay sonra işinizden ayrıldığınızda tablonuz şu şekilde görünebilir:

BİLGİ TAKİPÇİSİ

Karardan önce bildiğiniz şeyler	Karar	Sonuç	Sonuçtan sonra bildiğiniz şeyler
1. Boston'daki ortalama sıcaklık, kışın uzunluğu ve kar yağışı. 2. İş fırsatına dair detaylar. 3. Şubat ziyaretiniz ile elde ettiğiniz tecrübe.	→ Boston'daki işi kabul et.	→ 6 ay sonra istifa et.	→ 1. Boston'da geçirdiğiniz kış ayları ile elde ettiğiniz tecrübe. 2. İşi ne kadar sevdiğiniz. 3. 6 ay sonra işten istifa ederek eve döndüğünüzün bilgisi.

Boston'a taşınırsanız ve Boston kışının şahane sonuçları beraberinde getiren bir harikalar dünyası olduğunu görürseniz, işte o zaman da Bilgi Takipçiniz şu şekilde gözükebilir:

BİLGİ TAKİPÇİSİ

Karardan önce bildiğiniz şeyler	Karar	Sonuç	Sonuçtan sonra bildiğiniz şeyler
1. Boston'daki ortalama sıcaklık, kışın uzunluğu ve kar yağışı.	Boston'daki işi kabul et.	İşte kal.	1. Boston'da geçirdiğiniz kış ayları ile elde ettiğiniz tecrübe.
2. İş fırsatına dair detaylar.			2. Muhteşem bir kar kayakçısısınız..
3. Şubat ziyaretiniz ile elde ettiğiniz tecrübe.			3. zun bir süre kalmak üzere Boston'a yerleştiğiniz.

Şimdi de geri görüş ön yargısı sergilediğiniz bir zamanı ele alın ve Bilgi Takipçisini siz doldurun:

BİLGİ TAKİPÇİSİ

Karardan önce bildiğiniz şeyler	Karar	Sonuç	Sonuçtan sonra bildiğiniz şeyler
1.			1.
2.			2.
3.			3.

Sonuçtan önceki ve sonraki bilgilerinizin durumunu takip etmek hafıza kaymasını azaltmanıza yardımcı oldu mu?

EVET *HAYIR*

Bilgilerinizi takip etmek, bilmeniz gerektiğini düşünseniz bile bilemeyeceğiniz şeylerin olduğunu görmenize yardımcı oldu mu?

EVET *HAYIR*

Aşağıdaki kısımda Bilgi Takipçisini kullanırken yaşadığınız deneyime dair ek olarak neler düşündüğünüzü belirtin.

Başından beri neler olacağını bildiğinize yönelik içinizden gelen o sesi susturmak kolay değildir. Başından beri neler olacağını bilmeniz gerektiğine yönelik içinizden gelen o diğer sesi susturmak da kolay değildir. Bu sezgisel tepkinizi tamamen durdurabileceğinizi varsaymak gerçekçi olmaz.

Lakin geri görüş ön yargısının ne kadar çok farkına varırsanız, özellikle de bunu, ne kadar ona eşlik eden sözel ve zihinsel ipuçları için gözlerinizi dört açarak yaparsanız, bu sizin için o kadar iyi olacaktır.

Tecrübelerinizi anlamlandırma şekliniz, gelecekteki kararlarınıza yön verir. "Önceden bildiğiniz" ve "sonradan ortaya

GERİ GÖRÜŞ ÖNYARGISINA KARŞI BİR AŞI

Bilgi Takipçisini kullanmak, aklınıza karar alma sürecinde iken "karardan önce bildiğiniz şeyleri" not almanın iyi bir fikir olabileceği düşüncesini getirmiş olabilir.
Sonucu bir kere öğrendiniz mi, olaydan önce bildiklerinizi doğru bir şekilde hatırlamanız zorlaşabilmektedir. Not almak size geri dönüp bakabileceğiniz somut bir şeyler sunar.
Kararınızı yönlendiren kilit noktaları yazıya dökmek aynı zamanda geri görüş ön yargısı için de bir aşı mahiyetindedir. Neleri bildiğinizi karar sürecinde iken bu şekilde daha temkinli düşünebilmeniz sizin için daha açık bir zaman kaydı oluşturur ve hafıza kaymasını henüz başlamamışken durdurursunuz.
Bu kitabın sonraki bölümlerinde kararları nasıl daha iyi bir biçimde hafızaya atabileceğimizi etraflıca inceleyeceğiz.

çıkan" şeyleri ayırt edebilmeniz, geri görüş ön yargısının tecrübelerden çıkardığınız dersleri çarpıtmasına engel olur. Böylelikle gelecekte, bildiğiniz ya da bilmeniz gereken şeylere dair yanlış bir anlayış ile karar verme ihtimalinizi azaltırsınız. Aynı zamanda da hem kendinizi hem başkalarını daha az yıpratmış olursunuz.

Bilgilerinizin zaman kaydı, geri görüş ön yargısının saptırıcılığında kaybolup gidiyor olabilir, fakat bilgilerinizi takip ederek, bu zaman kaydını kendi kendinize oluşturabileceksiniz.

[4]

Baktığınız Her Yerde Geri Görüş Ön Yargısını Görebilirsiniz

Artık geri görüş ön yargısının ne olduğunu öğrendiğinize göre kenara birkaç gün ayırın. İşte ya da evde, haberlerden ya da spor müsabakalarını takip ederek elde edilmiş, ister patronunuzca, ister arkadaşlarınızca, isterseniz de ailenizce sergilenen geri görüş ön yargısı örnekleri için gözlerinizi dört açın. En önemlisi de, kendinizin bu ön yargıyı sergileyip sergilemediğinize dikkat edin.

I. Örnek 1:

Örneği kısaca yazın.

____

____

____

Geri görüş ön yargısının türünü işaretleyin:

Başından Beri Biliyordum / *Bunu Bilmeliydim*

Sözel ya da zihinsel ipuçları var mıydı? *EVET* *HAYIR*

Eğer cevap "Evet" ise ipuçları nelerdi?

____

____

____

____

____

Bu örnek için Bilgi Takipçisini tamamlayın.

Elbette eğer örnekte başka birinin kararı söz konusu ise karar anında ne düşündüklerini kesin olarak bilmeniz mümkün değil. Yine de bu durum kendinizi onların yerine koymanıza engel teşkil etmiyor. Onların mantıken neleri bilebileceğine dair elinizden gelen en iyi şekilde tahmin yürütmeye çalışın. Onlardan sizin için boşlukları doldurmalarını istemeyi bile deneyebilirsiniz.

BİLGİ TAKİPÇİSİ

Karardan önce bildiğiniz şeyler	Karar	Sonuç	Sonuçtan sonra bildiğiniz şeyler
1.	→	→	→ 1.
2.			2.
3.			3.

II. Örnek 2:

Örneği kısaca yazın.

____

____

____

Geri görüş ön yargısının türünü işaretleyin:
Başından Beri Biliyordum / *Bunu Bilmeliydim*

Sözel ya da zihinsel ipuçları var mıydı? *EVET* *HAYIR*

Eğer cevap "Evet" ise ipuçları nelerdi?

____

____

Bu örnek için Bilgi Takipçisini tamamlayın.

BİLGİ TAKİPÇİSİ

Karardan önce bildiğiniz şeyler	Karar	Sonuç	Sonuçtan sonra bildiğiniz şeyler
1.			1.
2.			2.
3.			3.

Geri Görüş Ön Yargısı ve Merhamet

Tıpkı sonuçlamak gibi geri görüş ön yargısı da kendimize ve başkalarına olan merhametimizi azaltır. Bir insanın neleri biliyor olduğu hakkında makul bir şekilde düşünebilmek için onunla empati kurmamız gerekir. Genelde bunu yapmak için gerekli zamanı sarf etmez ve anlık hükümler veririz.

Karar veren kişiyi kötü sonuçlar için kolayca suçlar ve kendimizi karar anında onun yerine koymayı ihmal ederiz. (“Aptal kestirmen yüzünden havalimanına geç kaldık. Çok trafik olacağı nasıl aklına gelmedi?” gibi.)

Bu durum, karar verici konumda *kendimiz olduğunda* dahi geçerlidir.

Bu empati yoksunluğu sadece kötü sonuçlarla da sınırlı değildir. Geri görüş ön yargısı; hem kendimizi hem de başkalarını sergilenmiş gereksiz bir dikkat ya da sonu iyi bitecek bir karar yüzünden cezalandırmamıza sebep olur. (“İklim yüzünden niye boş yere bu kadar stres yaptım ki?” gibi.)

[5]

Geri Görüş Ön Yargısı: Özet ve Kapanış

Buradaki alıştırmalar şu kavramlar üzerinde düşünmenizi sağlamak üzere tasarlanmıştı:

- **Geri görüş ön yargısı**, yaşanıp sonuçlandıktan sonra bir olayın öngörülebilir ya da **kaçınılmaz** olduğuna inanma eğilimidir.
- Tıpkı sonuçlama gibi, geri görüş ön yargısı da sonuçların haddinden büyük olan etkilerinin bir tezahürüdür. Geri görüş ön yargısının olduğu durumlarda sonuçlar, olay anında bildiğiniz şeyleri doğru bir şekilde hatırlamanıza engel olur.
- Geri görüş ön yargısı, sonuçları anlamlandırma sürecinizi iki şekilde çarpıtır: **Bunu Bilmeliydim** ve **Başından Beri Biliyordum**.
- Geri görüş ön yargısı, çoğu zaman birtakım sözel ve zihinsel ipuçlarıyla bağlantılıdır. (Bulduğunuz örnekler için ikinci ve dördüncü bölümlerdeki alıştırmalara ve takip eden kontrol listesine bakın.)
- Bir kararın neticesini bildiğinizde, sonradan öğrendiğiniz şeyler, karardan önce bildiklerinizin veya bilebileceklerinize dair hatırladıklarınızın arasına sızabilir. Bunun sonucu olarak da **hafıza kayması** yaşayabilirsiniz.
- Seçimlerinizden ve bunların sonuçlarından ders çıkarabilmek için kararınızı verdiğiniz anda bildiklerinizi hatasız hatırlamaya çaba göstermelisiniz.
- **Bilgi Takipçisi**, önceden bildiğiniz ve sonradan öğrendiğiniz şeyleri birbirinden ayırmanıza yardımcı olabilecek bir araçtır.
- Geri görüş ön yargısı, kendimize ve başkalarına karşı merhamet duymamızı engeller.

Geri Görüş Ön Yargısı: Kontrol Listesi

Ön yargıyı belirleyin.

- ☐ "Bunu bilmem gerekirdi."
- ☐ "Sana söylemiştim."
- ☐ "Bunu başından beri biliyordum."

Aşağıdaki kısımda buradaki ipuçları listesine ikinci ve dördüncü bölümdeki alıştırmalardan bulduğunuz diğer ipuçlarını yazın.

____

____

____

____

____

İpucunu ele alın.

- ☐ (1) Olaydan sonra açığa çıkmış olan herhangi bir bilgi var mıydı?
- ☐ (2) Bu bilginin karar anında biliniyor olması mantık çerçevesinde mümkün müydü? Eğer karar anında bildiklerinize dair aldığınız bir not varsa, nota başvurun.
- ☐ (3) Sonucun öngörülebilirliğine dair vardığınız sonuç karar anında bilinme ihtimali olmayan bir bilgiye mi dayanıyordu?
- ☐ (4) İlk üç soruya yanıt verdikten sonra sonucun öngörülebilirliğini tekrar değerlendirin.

Anketlerin Hatalı Olduğu Ancak Oylar Sayıldıktan Sonra Anlaşılır

Hillary Clinton, 8 Kasım 2016'da başkanlık seçiminde Donald Trump'a yenildi. Bunun başlıca sebebi üç kritik eyalette yetersiz kalmış olmasıydı: Michigan, Pennsylvania ve Wisconsin. Bu eyaletler geleneksel olarak Demokrat destekçisi olan ve "mavi duvar" olarak adlandırılan bölgelerin arasındaydı. Clinton buraları 14 milyon oyun içinden 80 bin oy gibi az bir farkla kaybetti.

Michigan, Pennsylvania ve Wisconsin'in kaybı, 278-260 şeklinde olabilecek bir seçim zaferini, Donald Trump'ın beklenmedik 306-232'lik zaferine çevirdi.

Genel kanı, Clinton cephesinin bu üç kritik eyaleti ihmal ederek seçimi kendi kendilerine kaybettikleri şeklindeydi. Google'da "Clinton seçim kampanyası Michigan Pennsylvania Wisconsin" şeklinde bir arama yaparsanız, berbat stratejisi yüzünden Clinton'ın kampanyasını eleştiren makale üzerine makale ile karşılaşırsınız:

- RUSTBELT NASIL TRUMP'IN ZAFERİNE GİDEN YOLU AÇTI (TheAtlantic.com, 10 Kasım 2016)
- PERSONELE GÖRE CLINTON KAMPANYASI İHMAL VE BİRAZ DA KİBİR YÜZÜNDEN ÇÖZÜLME YAŞADI (HuffPost.com, 16 Kasım 2016)
- RAPOR: İHMAL VE KÖTÜ STRATEJİ CLINTON İÇİN ÜÇ KRİTİK EYALETE MAL OLDU (Slate.com, 17 Kasım 2016)

Tüm bunlar akla yatkın görünüyor, öyle değil mi? Clinton'ın kampanya stratejisi besbelli kötüydü. Bu üç eyalette daha çok çalışmalıydı ve buraları göz ardı ettiği için seçimi kaybetti.

Sorunun ne olduğunu şu şekilde görebilirsiniz: Buradaki yazıların tarihlerine bakın.

Hepsi de *seçimlerden sonra.*

Google'da on sayfa kadar derine indim ve buna rağmen Michigan, Pennsylvania ve Wisconsin'e özel, seçimlerden öncesine ait bir eleştiri bulamadım. Clinton'ın kampanyasının diğer alanlarını eleştiren bolca yazı olsa da hiçbiri özellikle bu sorunun ortaya çıkmasını beklemiyordu.

Aslına bakarsanız, adayların bu eyaletlerdeki taktiğini ele alan çok az sayıdaki seçim öncesi yazı da buralarla vakit kaybettiği için Trump'ı eleştiriyordu:

- TRUMP NEDEN JOHNSTOWN, PENNSYLVANIA'DA KAMPANYA YÜRÜTÜYORDU? (WashingtonPost.com, 22 Ekim 2016)
- TRUMP NEDEN MICHIGAN VE WISCONSIN'DE? (NewYorker.com, 21 Ekim 2016)

Aralarında Florida, Kuzey Carolina ve New Hampshire'ın da bulunduğu bazı eyaletler, anketlerde elliye elli görünüyordu. Clinton'un kampanya yürüttüğü başlıca yerler buralardı.

Anketler onu Pennsylvania, Michigan ve Wisconsin'de ise birkaç puan birden önde gösteriyordu.

Geriye dönüp bakıldığında, buralardaki anket sayımlarının hatalı olması muhtemeldi. Nitekim Trump buralarda anketlerde büyük bir fark atmıştı.

Ancak anket hataları hakkında bilinmesi gereken şudur: Bir hata olduğunu ancak oylar sayıldıktan sonra anlayabilirsiniz.

Anket hataları kendilerini yalnızca olaydan sonra açığa çıkarır, öncesinde değil.

Daha kötüsü, anketlerde ülke çapında bir hata da yoktu. Ulusal anketler, Clinton'un halk oylamasını kazandığı farkı oldukça yakın şekilde tahmin etmişti. *Eyaletlere ilişkin* sistematik bir anket hatası da mevcut değildi.

Seçimden önce Clinton tarafı özellikle bu üç eyalette sorun olduğunu (ve diğerlerinde olmadığını) nasıl tahmin edebilirdi ki? En azından halka açık bilgilere dayanarak çıkarımda bulunduğumuzda tahmin edebilirlermiş gibi görünmüyor.

Yine de, "Bilmesi gerekirdi!" şeklinde düşünen uzmanlar hiç de az değiller. Onlardan sayısız, "Başından beri biliyordum!" beyanları duymanız mümkün. Fakat basit bir Google araması gösteriyor ki; eğer gerçekten başından beri biliyorlarsa bu sırrı gerçekten de muhteşem bir şekilde sakladılar.

III

Kararların Çoklu Evreni

[1]

Tüylü Bir Fikir

Kuaför salonuna gitmekten nefret ediyor ve bu sebeple de saçınızı kendiniz kesiyorsunuz.

Bu durum size salona gitmek istemeyenler ile eve gelmeye gönüllü kuaförleri eşleştiren Tarak Krallığı adında bir telefon uygulaması geliştirme fikrini veriyor.

Büyümekte olan tek seferlik iş temelli ekonomi modelinden siz de payınıza düşeni almak istiyorsunuz ve fikrinizin tutacağından eminsiniz!

İşinizden ayrılıyor ve tüm birikiminizi buraya akıtıyorsunuz. Arkadaşlarınız ve ailenizden de bu iş için sermaye topluyorsunuz.

Gelin görün ki talih, Tarak Krallığı'nın yüzüne gülmüyor. Uygulamanız hiçbir zaman kitlelere ulaşamıyor ve girişiminiz başarısız oluyor. Bütün paranızı (arkadaşlarınızın ve ailenizinkileri de) bu uğurda eritiyorsunuz.

Tekrar bir iş bulmak için harcadığınız altı ay boyunca daha da borca giriyorsunuz. Yatırım yapan insanlara para kaybettirdiğiniz için kötü hissediyorsunuz ve onlarla aranız bozuluyor.

Yeniden kendi saçınızı kendiniz kesmeye başlıyorsunuz.

Her geçen günle birlikte kariyer ve finans üzerine olan kararlarınızdan daha da şüphe duymaya başlıyorsunuz.

Küçük bir şirkette yazılımcı olarak işe giriyorsunuz ama ne zaman iş ile ilgili tartışmalarda yeni girişimlerin ya da inovasyonun sözü açılacak olsa ağzınızı kapalı tutmak için orantısız bir çaba gösteriyorsunuz.

Tarak Krallığı için olayların ne şekilde sonuçlanabileceğine ilişkin en az üç başka ihtimal yazın:

1. ______________________________

____

2. ______________________________

____

3. ______________________________

____

Bunu biraz sonra tekrar ele alacağız.

[2]
Tecrübe Paradoksu

Deneyim öğrenmek için gereklidir ama bu deneyimi ön yargılı bir şekilde değerlendiririz. Bu durum, geri bildirimin öğrenim yetimizi kötü bir şekilde etkilemesine neden olur. Oysa geri bildirim daha iyi kararlar verebilmek için tam da ihtiyacımız olan şeydir.

Böylelikle de bir paradoks ortaya çıkar.

Bol deneyim harika bir öğretmen olabilir. Tek bir deneyim ise olamaz.

Yeterli miktarda karar ve sonuç çiftini gözden geçirerek deneyimin bize öğretebileceği dersleri deşifre etmeye başlayabiliriz. Sadece bir sonuca bakmak ise bizi sonuçlamalara ve geri görüş ön yargısına götürür.

Sorun da burada yatmaktadır: Her sonucu sanki kendi başına anlamlıymış gibi, teker teker ele alırız. Karar ve sonuç arasındaki muğlak ilişkiyi kesinleştirecek kadar veriye sahip olmayı ve düşüncelerimizi buna göre yenileyecek kadar beklemeyi reddederiz.

Tek bir netice genellikle bize bir kararın iyiliği veya kötülüğü hakkında fazla şey söyleyemez. Fakat biz yine de aksi doğruymuşçasına davranırız; sanki tek bir defa yazı-tura atmak yeterli olabilirmiş gibi…

İşte paradoks da budur.

Tekil sonuçların gereğinden büyük roller oynamaları paradoksu nasıl çözeceğimize dair bize bir ipucu sunar. Sonuçların rollerini küçültüp uygun boyutlara getirmemiz gerekmektedir. Bunu başarmanın ilk adımı da tekil sonuçları tüm diğer olası sonuçlarla yan yana getirmek ve bu suretle onları bir bağlama oturtmaktır.

Yaşadığınız zaman boyu vuku bulanlar ve gerçekliğiniz, kendi verdiğiniz kararlar ve bunların sonuçlarından oluşmaktadır. Deneyiminizi oluşturan şeyler sadece gerçekte yaşanmış şeylerdir.

İşler farklı ilerleseydi neler yaşayabilirdiniz sorusunun cevabını gözünüzde canlandırabildiğiniz takdirde, sonuçlarınızdan hangi zamanlarda ne gibi dersler çıkarabileceğinizi çözmek adına da büyük bir adım atmış olursunuz.

TECRÜBE PARADOKSU
Öğrenmek için deneyim gereklidir fakat tek başına tecrübeler de öğrenmenin önüne geçer.

Peki, nasıl atarsınız bu adımı? *Kararların çoklu evrenini keşfe çıkarak.*

[3]

Elektrikli Testere ile Kararlar Ormanında: Bilişsel Çevre Katli

Bir ağacın altında durduğunuzu ve tepenizde serpilen dalları izlediğinizi hayal edin.

KARAR ANINDA

Dallar = Olası sonuçlar

Bir karar verdiğinizde gelecekteki olasılıkları tıpkı bir ağacın dalları gibi görürsünüz. Her dal olayların gelişebileceği çeşitli biçimleri temsil eder.

Dal ne kadar kalınsa sonuç o kadar olası, ne kadar inceyse de o kadar ihtimalsizdir. Büyük dalların bazıları kendi çeşitli dallarına sahiptir. Büyük dallarda çıkan bu diğer dallar daha uzak bir geleceği, oraya varana kadar gelişenlere göre değişen olasılıkları temsil eder.

Gelecek, eğer onu henüz yaşamamışsanız, aynı böyle görünür: Bir ihtimaller ağacı.

Bir çocuk; itfaiyeci olmayı, doktor olmayı, profesyonel bir tenis oyuncusu, bir astronot ya da bir film yıldızı olmayı hayal edebilir.

Ya da siz; âşık olduğunuzu veya aşkınızın tükendiğini, emeklilik için yeterince para biriktirebildiğinizi veya buna para yetiştiremeyişinizi, akşam yemeğinde pizza yediğinizi ya da spor salonuna gittiğinizi, terfi ettirildiğinizi ya da kariyer değiştirdiğinizi, belki de bir doktor olduğunuzu düşlersiniz.

Karar verdiğiniz anın içinde, olabilecekleri görmek için geleceğe bakar ve sayısız ihtimal görebilirsiniz. Bu görebildiklerinizin her birini, gerçekleşebilecek tüm diğer ihtimallerin bağlamında da görmeniz mümkündür.

Karar vermeden önce çoklu evrene anlık bir bakış atarsınız.

PEKİ, YA GELECEK TEZAHÜR ettiğinde ve vakti zamanında ihtimallerden ibaret olan dallardan biri gerçeğe dönüşen yegâne dal hâline geldiğinde, o ihtimallerle dolu ağacın akıbeti ne olur?

Zihniniz elektrikli testereyi kapar ve geriye sadece gerçekleşen ihtimali temsil edecek tek bir dal kalana kadar ağacı budar.

Sanki herkes büyümüş ve hepimiz adeta ortak hayalini paylaştığımız o mesleğe kavuşmuşuz gibidir: Bir elektrikli testere operatörü.

AĞAÇ, KARARIN ARDINDAN

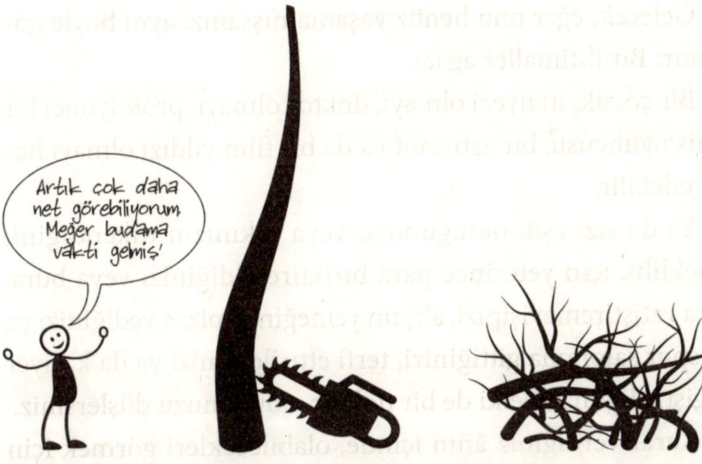

Artık çok daha net görebiliyorum. Meğer budama vakti gelmiş! = I can see it so much more clearly now. It must have had a growth spurt.

Sonucu öğrendikten sonra, gerçekleşmemiş ihtimalleri temsil eden bütün dalları geriye sadece tek bir dal kalana kadar biçer atarsınız. O tek bir dalın haricinde kestiğiniz tüm diğer dalları bilişsel olarak attığınız yerde bırakır, unutulmaya mahkûm edersiniz.

Birçok olası gelecek ama sadece bir tane geçmiş vardır. Bu durum geçmişi kaçınılmazmış gösterir. Ne de olsa en ince dal bile, görebildiğiniz tek dal olarak kaldığı zaman en kalını gibi görünecektir.

Bu durumda çoklu evren de görüş alanımızdan yitip gider.

Artık dünya yalnızca yuvarlak olabilirdi. Dinozorların nesli tükenmek zorundaydı. İnsanların gezegenin üzerindeki baskın tür olarak evrimleşmek dışında başka bir çareleri yoktu. Müttefikler, II. Dünya Savaşı'nı ya kazanacaktı ya da kazanacaktı. Amazon'un en büyük çevrimiçi alışveriş sitesi olacağı en başından beri belliydi.

Ve siz her daim doğduğunuz zaman ve yerde, her daim aynı kişilerin eline doğacaktınız.

[4]
Elektrikli Testereyi Emekli Etmek: Bilişsel Çevre Restorasyonu

Tecrübe paradoksunu çözümlemenin ilk adımı ağacı tekrar bir araya getirmektir.

Bütün o dalları yerden alıp tekrar ağaca yapıştırın ki sonucu doğru bir bağlamda görebilesiniz. Böylelikle ummadığınız bir sonuç, dönüştüğü kocaman dal gibi değil, gerçekte olduğu gibi ince bir çubuk şeklinde görünecektir.

Mantık çerçevesinde gelişme ihtimali bulunan sonuçları ana hatlarıyla belirlemeye yeterli vakti ayırın. Dalları bu şekilde tekrar bir araya getirebilirsiniz. Böylece ağaç, sonucu bildikten sonra size göründüğü gibi görünmeyecek ve karar anındaki şekline daha çok benzeyecektir.

Elbette sağa sola gerçek ağaçlar çizmek sizin için kullanışsız olacaktır ama basit ve temsili ağaçlar yaparsanız sonuçları doğru bağlamda ve daha açık bir şekilde görmek için iyi bir başlangıç yapmış olursunuz.

DİYELİM Kİ, BOSTON'DAKİ iş teklifini kabul etmiş olma kararınızdan kaynaklanan sonuçların size ne gibi dersler öğretebileceğini daha iyi anlamaya çalışıyorsunuz. Altı ay sonra işten ayrıldığınız takdirde ağacı aşağıdaki gibi tekrar oluşturabilirsiniz.

Aldığınız kararı ve bundan dolayı ortaya çıkan sonucu çizerek başlayın:

Karar		Sonuç
Boston'daki işi kabul edersiniz.	→	İşe bayılırsınız ama kış o denli kötüdür ki istifa edersiniz.

Eğer o ağacı tekrardan bir araya getirecek olsaydınız, bunu şu şekilde yapabilirdiniz:

DİĞER OLASI SONUÇLARI ESKİ YERLERİNE KOYDUĞUMUZ ZAMAN AĞACIN GÖRÜNÜMÜ

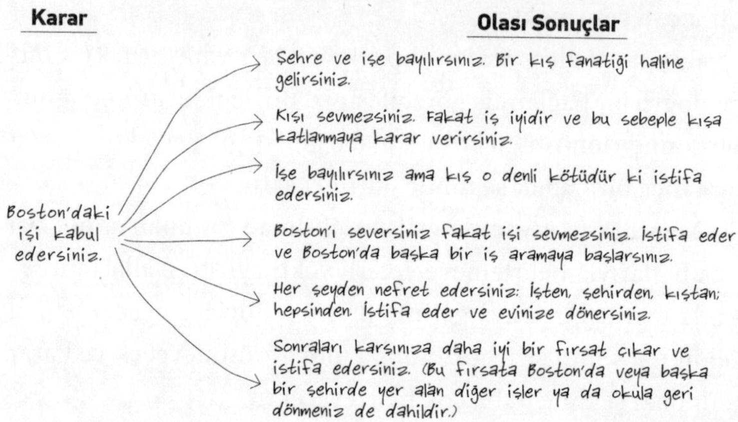

Yaratmaya başladığınız şey bir **karar ağacının** temelidir. Bu ağaç, geçmişteki kararları değerlendirmek ve gelecektekilerin kalitesini artırmak için kullanışlı bir araçtır. Kitap boyunca bu aracı geliştirmeye devam edeceğiz.

Bu örnekteki bazı muhtemel sonuçların gerçekleşmiş olandan iyi, bazılarının ise daha kötü olduğuna dikkat edin. Bu dalları tekrar bir araya getirirken de durumun genelde bu şekilde olduğunu göreceksiniz. Gerçekleşen sonuç nadiren en iyi ya da en kötü sonuç olacaktır.

İyice incelemediğiniz takdirde, Boston'daki iş teklifini kabul etmek kötü bir karar gibi görünebilir. İklimi kaldıramayacağınızı bilmeniz gerekiyormuş gibi gelebilir. Ancak bu ağacın size gösterdiği şey; ne kışı sevmeyeceğinizin, ne işi seveceğinizin, ne Boston'ı terk edeceğinizin ne de orada kalacağınızın kesin olmadığıdır.

Tarak Krallığı'na geri dönelim.

I. Hatırlayın, Tarak Krallığı'nı kuaföre gitmek istemeyen insanlar ve eve gelmeye gönüllü kuaförleri eşleştirmek için geliştirmiştiniz.

Girişiminiz, kitlelere ulaşamadığınız için batmıştı. Kendi paranızla birlikte arkadaşlarınızın ve ailenizin de parasını harcamıştınız.

(Yardımcı olacağını düşünüyorsanız bu senaryonun tamamını tekrar okumak için bölümün başına dönebilirsiniz.)

a. Verdiğiniz kararı ve elde ettiğiniz sonucu not edin:

Karar	**Sonuç**

b. Başlangıçtaki alıştırmada tanımladığınız olası sonuçları kullanarak ağacı çizin.

Karar **Olası Sonuçlar**

Şimdi de başka bir senaryoyu ele alalım:

II. Kuaför salonuna gitmekten nefret ediyor ve bu sebeple de saçınızı kendiniz kesiyorsunuz.

Bu durum size salona gitmek istemeyenler ile eve gelmeye gönüllü kuaförleri eşleştiren Tarak Krallığı adında bir telefon uygulaması geliştirme fikrini veriyor.

Büyümekte olan tek seferlik iş temelli ekonomi modelinden siz de payınıza düşeni almak istiyorsunuz ve fikrinizin tutacağından eminsiniz!

İşinizden ayrılıyor ve tüm birikiminizi buraya akıtıyorsunuz. Arkadaşlarınız ve ailenizden de bu iş için sermaye topluyorsunuz. Görünen o ki talih, Tarak Krallığı'nın yüzüne gülüyor. Uygulamanız umut vadederek ek yatırım topluyor ve hem hissedar şirketlerin hem de kuaför zincirlerinin ilgisini çekiyor. Henüz faaliyete geçmeden uygulamayı 20 milyon dolara bu şirketlerden birine satmayı kabul ediyorsunuz.

Sizinle birlikte arkadaşlarınız ve aileniz de yatırımlarından büyük bir kâr elde ediyorlar.

Diğer girişimler ve büyük teknoloji firmaları sizinle ilgilenmeye başlıyor. Artık istediğiniz işi seçme özgürlüğünüz var. Müthiş bir teknoloji kariyerine adım atıyorsunuz.

a. Kararı ve sonucunu not edin:

Karar	Sonuç

b. Mantık çerçevesinde gerçekleşme olasılığına sahip diğer sonuçları da dâhil ederek bu senaryo için daha kapsamlı bir ağaç çizin.

Karar	**Olası Sonuçlar**

III. İki senaryo için de aynı ağacı mı çizdiniz? (Birini işaretleyin.)

EVET *HAYIR*

ŞİRKET EN NİHAYETİNDE BATSA DA başarılı da olsa, yeniden oluşturmuş olduğunuz ağaç aynı görünmeli.

Tarak Krallığı belki hiçbir zaman faaliyete geçemeyecek.

Saçı yamuk yumuk kesilen müşterilerin toplu davaları, lisanssız kozmetikçilere devlet tarafından kesilen cezalar, ismi daha önce kendilerinin bulduğunu öne süren dini gruplar ve kuaför salonlarının telif ve marka üzerinde hak iddiaları derken belki de hukuk yolunda harcanacak meblağ yükselip gidecek.

Belki batıncaya değin senelerce çırpınıp duracaksınız.

Belki fikir tutacak ama daha fazla sermayesi, pazarlama gücü ve sektör bilgisi olan DerhâlKes ya da SıfatBiçer gibi rakipler tarafından hızlıca mağlûp edileceksiniz.

Ya da belki sermayeyi ve şirketi büyütüp halka arz edecek, kârlı hâle gelecek ve nihayet ulusal bir kuaför zinciri satın alacaksınız.

Belki de bu iş modeli yeterince uygulanabilir olacak, platformunuzu ve müşteri tabanınızı sonuna kadar kullanarak büyümeye devam edeceksiniz. Daha başka salon hizmetleri sunmaya başlayacak; saç bakım ürünleri, evcil hayvan bakımı, ilaç sevkiyatı, evde sağlık veya yaşlı bakım hizmeti gibi sektörlere de gireceksiniz.

Karar anında bütün bu ihtimaller aynı kefededir çünkü karar aynıdır. İhtimalleri ve mümkün olan yolları belirleyen karardır. Gerçekleşen sonuç; yani şirketin batması ya da işin içinden 20 milyon dolar kazanarak çıkmanız, karar anındaki olası ihtimaller üzerinde hiçbir etkiye sahip değildir.

Tecrübe paradoksunun sebeplerinden biri de sezgisel olarak böyle hissetmememizdir. İçinizden bir ses size sonucun gerçekten de önemli olduğunu, elde etmiş olduğunuz sonucun mümkün olmuş olan sonuçları öyle ya da böyle değiştirdiğini söyler.

Basit bir ağaç çizmek için gerekli zamanı ayırarak içinizdeki bu sesin gereğinden gürültülü konuşmamasını sağlayabilirsiniz.

[5]
Varsayımlar

Herhangi bir sonuçtan öğrenebileceklerinizi diğer ihtimalleri de anlamadıkça tam olarak kavramanız mümkün değildir. Varsayımsal düşünmenin temeli budur.

Gerçekleşmeyen ihtimalleri düşünmek, bir şeyin niye olduğunu ya da niye olmadığını anlamamıza yardımcı olur.

Ya dünya düz veya kare olsaydı? Ya o devasa göktaşı dinozorları yok etmemiş olsaydı? Ya son buz çağı sırasında insanların nesli tükenseydi?

Ya Almanya II. Dünya Savaşı'nda Fransa'yı mağlûp etmemiş olsaydı? Ya İngiltere, Sovyetler Birliği ile müttefik olmamış olsaydı? Ya Japonya, Almanya'yı yenseydi?

Ya farklı bir aileye doğsaydınız? Ya başka bir yerde, ya 1600 yılında doğsaydınız?

"Ya farklı şartlar altında dünyaya gelseydim?" Her yaşamın temelinde yer alan bu varsayım üzerine düşünmeden karar alma biçiminizin hayatınıza etkisini anlamanız nasıl mümkün olabilir?

> **VARSAYIM**
> Bir "Peki ya?" durumu. Bir kararın gerçekleşmiş olan dışındaki olası bir sonucu. Dünyanın hayali, farazi bir hâli.

Gerçekleşmemiş bu ihtimallere kafa patlatmak size, nerede ve ne zaman doğduğunuz gibi hayatınız için olasılık kümelerini belirleyen şeyler üzerinde bir kontrolünüzün olmadığını hatırlatır.

"Olabilirdi." ve "Ya olsaydı?" dediğiniz şeyler, tecrübelerinizi doğru bir bağlama yerleştirir ve size şu konularda yardımcı olur:

- Şansın sonuca ne derece etki etmiş olabileceğini anlamak,
- Gerçekleşen sonucu, gerçekleşebilecek olanlarla kıyaslamak,
- Kaçınılmazlık hissiyatından kurtulmak ve
- Hayat tecrübelerinizden aldığınız derslerin kalitesini artırmak.

1. Kendi geçmişinizden berbat bir sonuç düşünün. Daha önce kullandıklarınızdan birini de (en kötü kararınız, bir sonuçlama veya geri görüş ön yargısı örneğiniz gibi) daha farklı bir tanesini de seçebilirsiniz. Bilhassa kendinizi paralamanıza neden olan bir tanesini seçmeniz daha iyi olur.

a. Kararı ve sonucu not edin:

Karar **Sonuç**

b. Kararlar ağacını yeniden oluşturun.

Karar **Olası Sonuçlar**

c. Ağacı yeniden oluşturmak sonuçtaki sorumluluk payınıza dair hissettiklerinizde bir değişime neden oldu mu? (Birini işaretleyin.)

EVET *HAYIR*

Cevabınızı bu kısımda detaylandırın.

____

____

____

____

d. Listenizde, elde etmiş olduğunuz sonuçtan daha kötü sonuçlar yer alıyor muydu? (Birini işaretleyin.)

EVET *HAYIR*

II. Kendi geçmişinizde elde ettiğiniz şahane sonuçlardan birini düşünün. Daha önce kullandıklarınızdan birini (en iyi kararınız, bir kazanılmış ödül ya da geri görüş ön yargısı örneği gibi) ya da farklı bir tanesini seçebilirsiniz. Özellikle oldukça pay sahibi olduğunuzu düşündüğünüz bir sonuç seçmeniz daha iyi olacaktır.

a. Kararı ve sonucu not edin:

Karar	**Sonuç**

b. Asıl sonuca diğer olası sonuçları da ekleyin ve karar ağacını yeniden oluşturun.

Karar ______ Olası Sonuçlar ______

c. Ağacı yeniden oluşturmak sonuçtaki sorumluluk payınıza dair hissettiklerinizde bir değişime neden oldu mu? (Birini işaretleyin.)

EVET *HAYIR*

Cevabınızı bu kısımda detaylandırın.

______

______

______

d. Listenizde, elde etmiş olduğunuz sonuçtan daha iyi sonuçlar yer alıyor muydu? (Birini işaretleyin.)

EVET *HAYIR*

III. Size en iyi hissettireni işaretleyin.

Kötü bir Sonuç için Ağacı Yeniden Oluşturmak | İyi bir Sonuç için Ağacı Yeniden Oluşturmak | İkisi de Aynı Hissettirdi

EĞER SİZ DE ÇOĞU İNSAN gibiyseniz, olumsuz sonuçlar için ağacı tekrar oluşturmak ve ortaya çıkan varsayımlar üzerine düşünmek size kendinizi olumlu sonuçlar için aynı şeyi yapmaktan daha iyi hissettirmiştir.

Eğer Tarak Krallığı batarsa, başarısızlığın sadece sizin omuzlarınızda olmadığını bilmek iyi hissettirir. Uygulamanın birçok başka şekilde başarılı olabileceği ya da çok daha başarısız olabileceği ihtimalleri bilmek iyidir.

Olumsuz sonuçları, gerçekleşebilecek diğer ihtimallerin bağlamında görmek ve şans faktörünü gün yüzüne çıkarmak, sizi bir yere kadar aklamaktadır.

Ve kim işler istediği gibi gitmediğinde aklanmayı istemez ki?

Öte yandan, eğer Tarak Krallığı'nı hızlıca 20 milyon dolara satmışsanız başarının sadece size ait olmayabileceğini düşünmek o kadar da iyi hissettirmez. Uygulamanın başarısız olabileceği veya çok daha başarılı olabileceği sayısız farklı senaryoyu bilmek şimdi pek keyif verici değildir.

Hepimiz başarılarımızın öne çıkmasını, bunların kendi hikâyemizde mümkün olduğunca fazla yer kaplamasını isteriz.

Herhangi bir sonucu muhtemel diğer sonuçlarla aynı bağlamda görmek sizin sonuç üzerindeki rolünüzü azaltır. Sadece kötü olanlar değil, iyi olan sonuçlar için de bu böyledir.

> Sonuçları bağlama oturtmaya yönelik istekliliğimizde bir asimetri durumu vardır: Başarısızken, sonuçları bağlama oturtmak için, başarılı olduğumuz zamanlara kıyasla daha istekli oluruz.

Ancak kim muhteşem bir sonuçtaki rolünün azalmasını ister ki?

Siz. Bunu siz istemelisiniz.

Vasıf ya da inceleme olmadan bir başarıyı kabullenmek o an size kendinizi iyi hissettirebilir; ancak bunu yaparak birçok öğrenme fırsatını geri tepmiş olursunuz. Sonucun nasıl daha iyi olabileceğini görme şansınızı kaybedersiniz. Başka bir seçim ile elde ettiğiniz sonuca ya da daha iyisine, belki de daha kolay bir yoldan ulaşabilirdiniz. Bu şekilde davranırsanız böyle bir şansınızın olup olmadığını keşfetme fırsatını kaçırmakla kalmaz, aynı zamanda daha kötü sonuçların nasıl meydana gelebileceğini keşfetme ihtimalinden de mahrum kalırsınız.

Kısaca, elde ettiğiniz neticenin şans eseri olup olmadığını anlama fırsatını kaçırırsınız.

Sonuçları; ne fazla ne de eksik, tam olarak oldukları şekilde görmeliyiz. Bu hem iyi hem de kötü sonuçlar için geçerlidir. Tüm sonuçları incelemek için eşit derecede hevesli olmalıyız.

İyi bir neticeyi bir kez elde ettiğiniz zaman, gerçekleşmeyen ihtimalleri ne kadar düşünürseniz düşünün, netice hâlâ sizindir. Sonuçları bu bağlamda görmeyi reddetmek ise gelecekte iyi kararlar vermenizin önüne geçerek en nihayetinde başarınızın üstüne başarı koymanıza ya da başarınızın meyvelerini elinizde tutmanıza engel olabilir.

[6]

Kararların Çoklu Evreni: Özet ve Kapanış

Buradaki alıştırmalar şu kavramlar üzerinde düşünmenizi sağlamak üzere tasarlanmıştı:

- **Tecrübe Paradoksu**: Öğrenmek için deneyim gereklidir fakat münferit hâldeki tecrübeler de öğrenimin önüne geçer. Bu kısmen bizi sonuçlarımız ile karar kalitemizi zorla birbirine uydurmaya meyilli hâle getiren ön yargılarımız yüzündendir.
- Gerçekleşen sonucu, karar anındaki diğer olası sonuçların bağlamında değerlendirmek bu paradoksu çözmemize yardımcı olabilir.
- Birçok muhtemel gelecek vardır ama geçmiş sadece bir tanedir. Bu yüzden geçmiş kaçınılmazmış gibi görünebilir.
- **Karar ağacının basit bir versiyonunu** tekrardan oluşturmak, gerçek sonucu doğru bağlamına yerleştirir.
- Diğer olası sonuçları keşfetmek, **varsayımsal düşünme** tarzının bir şeklidir. Varsayım bir sonuçla bağlantılı olarak gerçekleşmemiş ama gerçekleşme ihtimali olmuş olan şeylere, hayalî dünya hâllerine verilen isimdir.
- Sonuçları inceleme konusundaki hevesimizde bir **asimetri** durumu vardır. Kötü sonuçları bir bağlama koymakta, aynısını iyi sonuçlar için yapmaya nazaran daha istekli oluruz. Daha iyi kararlar vermek için iyi sonuçları da (zor olsa bile) perspektife oturtmamız gerekmektedir.

Kararların Çoklu Evreni: Kontrol Listesi

Sonuçlara bakarak kararın kalitesine dair bir ders çıkarıp çıkaramayacağınızı incelerken kararlar ağacının basitleştirilmiş bir versiyonunu oluşturun. Bu ağacı oluşturmaya aşağıdakiler ile başlayın.

- ☐ Kararı tanımlayın.
- ☐ Gerçekleşen sonucu tanımlayın.
- ☐ Gerçekleşen sonuç ile beraber, karar alındığı zaman gerçekleşmesi mantık çerçevesinde muhtemel olmuş olan diğer sonuçları da içeren bir karar ağacı oluşturun.
- ☐ Elde etmiş olduğunuz sonuçtan çıkarabileceğiniz dersi daha iyi anlamak için diğer muhtemel sonuçları da keşfedin.

Yüksek Şatodaki Adam

Yıl 1962. İkinci Dünya Savaşı biteli yalnızca on beş sene olmuş. Amerika savaştan bu yana bir hayli değişmiş durumda. Amerika'nın eski batı yakası olan şimdiki Büyük Japon Eyaletleri, başkenti San Francisco olmak üzere Japon İmparatorluğu'nun kontrolü altında. Doğu yakası ise başkenti New York olan Amerikan Nazi Devleti'nin bir parçası hâline gelmiş ve Büyük Nazi İmparatorluğu tarafından kontrol ediliyor. Rocky Dağları ise dünyada hüküm süren iki süper güç Japonya ve Almanya arasında tarafsız bir bölge teşkil ediyor.

Bu gerçeklik, Philip K. Dick'in 1962 tarihli ve 2015'te Amazon Stüdyoları tarafından başarılı bir televizyon serisine uyarlanmış olan *The Man In The High Castle* (Yüksek Şatodaki Adam) isimli romanının arka planını oluşturuyor.

Hem romanda hem de televizyon serisinde, varsayımsal düşünmeye ve çoklu geleceklere dair birçok örnek mevcut.

Hikâye, Mihver Devletleri'nin II. Dünya Savaşı'nı kazandığı bir dünyada geçiyor. "Mevcut durumun" böyle bir versiyonu bulunuyor çünkü geçmiş, bizim gerçek olarak bellediğimizden daha farklı bir yöne sapmış bulunmakta. Bizim bugün, başarısız olduğunu bildiğimiz 1933 tarihli Roosevelt suikast girişimi aslında başarılı olmuş ve Amerika'nın II. Dünya Savaşı'ndan önceki durumunu ve tabii ki savaştaki rolünü de değiştirmiş. Bu gidişat Almanya'nın teknolojik üstünlüğü ele geçirip atom bombasını yapmasına, Washington'u bombalamasına ve 1947'de Amerika'yı teslime zorlamasına neden olmuş.

Hikâye, aynı zamanda, Amerika'nın kazandığı bir muhtemel "alternatif gerçeklik" daha içeriyor ama bu da bizim bildiğimiz versiyon değil. Yeraltında, *The Grasshoper Lies Heavy* (Çekirge

Serilmiş Yatıyor) adında, Roosevelt'in suikaste uğramadığını anlatan bir hikâye dolaşıyor. ("Yüksek Şatodaki Adam" bu hikâyeyi dillendiren/filme döken kişiye işaret ediyor.) Roosevelt'in hayatta kalması her şeyi değiştiriyor ama yine de dünya bizim bildiğimiz hâline bürünmüyor. Roosevelt iki dönem sonunda emekli oluyor. Bir sonraki başkan işleri daha farklı yürütüyor. Birleşik Devletler savaşa giriyor ve galip geliyor ama Birleşik Devletler'in, Büyük Britanya'nın ve Sovyetler Birliği'nin rolleri ve savaştan sonraki dünyada birbirleri ile olan ilişkileri çok daha farklı bir şekilde tezahür ediyor.

Önceden neler olacağını ele vermek istemiyorum ama yapıtın televizyon serisi olan versiyonu bu alternatif dünyalara ve tarihlerine bir yenisini daha ekliyor.)

Dünya hakkında genelde bu şekillerde düşünme eğilimimiz yoktur. Yine de bu hikâye bize, "Ya olaylar bizim bildiğimizden farklı şekillenseydi?" diye düşündürmekte ve olayların yaşandıkları gibi yaşanmış olmak zorunda olmadıklarını hatırlatmaktadır.

IV

Tercihler, Karşılıklar, Olasılıklar

[1]

Daha İyi Kararlar Alabilmenin Altı Adımı: Geleceğe Bakışınızı (Kristal Kadar) Berrak Hâle Getirmek

Buraya kadar geçmiş kararları nasıl değerlendirebileceğimiz üzerinde durmuştuk. Fakat geçmişin bir özelliği de onu değiştiremiyor oluşumuzdur. Yapabileceğimiz tek şey, geçmişten ders çıkararak, bunun ışığında tekrar edilebilir ve mevcut hâlinden daha iyi olan bir karar alma mekanizması geliştirmek ve kullanmaktır.

Karar verirken karşılaşacağınız en büyük zorluk, doğası gereği belirsiz görünen durumları görebilmek olacaktır. Geçmişteki kararlar için yapabileceğimiz şey, çarpıtıcı ön yargılara rağmen o anki kararlarımızı yeniden inşa etmeye çalışmaktır. Yeni kararlarınız için de bakışınızı özünde belirsiz olan geleceğe çevirirsiniz.

Bu altı adımlık yöntem, hem gelecekteki kararlarınızın kalitesini artırmanıza hem de geçmiştekileri daha iyi değerlendirmenize yardımcı olacaktır. Bir kararı olay gerçekleştikten ve karar sonucun gölgesi altında kaldıktan sonra doğru bir şekilde değerlendirmek zordur. *Daha ilerisi için* iyi bir karar yöntemine sahip olmanız ve kararlarınızın kaydını tutmanız sizin için çok daha iyi olacaktır.

Böylece kararınızın iyi olup olmadığını, olay gerçekleştikten ve kararınız sonuçlama ile geri görüş ön yargısının bulanıklığı altında kaldıktan sonra düşünmek zorunda kalmazsınız. *Bunun yerine, eylemlerinizi denetleme şansınız olur.*

Burada dikkat etmeniz gereken nokta şu: Sonuç *hiçbir zaman* öğretici olamaz, demiyorum. Bunun yerine sadece *beklenmedik* ve ihtimaller arasında görmediğiniz sonuçlar öğreticidir, diyorum. Sonucun harika ya da berbat olması da bir şeyi değiştirmez. Önemli olan sonucu tahmin edip edemediğinizdir, çünkü bir karar ancak sonucunu öngörebilme yeteneğiniz kadar iyidir.

Beklenmedik durumları geriye dönük şekilde değerlendirmek ise gerçekten zordur. Eğer bu işi önceden yaparsanız hem tam olarak odaklanacağınız için kararınızın kalitesi artar hem de *karar anında düşündüğünüz şeyleri not aldığınız için* bu sonucu bekleyip beklemediğinizi görebilirsiniz.

Karar verme yeteneğinizi had safhada güçlendirmenin yolu budur.

O hâlde, müthiş karar yöntemimizi geliştirmeye başlayabiliriz.

DAHA İYİ KARARLAR ALMANIN ALTI ADIMI

Adım 1 – Mantık çerçevesinde gerçekleşme ihtimali olan sonuçlar kümesini belirleyin.

Adım 2 – Her bir sonucun karşılıkları vasıtasıyla tercihlerinizi (değerleriniz bağlamında her bir sonuçtan ne derece hoşlanıp hoşlanmadığınızı) belirleyin.

Adım 3 – Her bir sonucun gerçekleşme ihtimalini ölçün.

Adım 4 – Ele aldığınız seçenekte hoşunuza giden ve gitmeyen sonuçların gerçekleşme olasılığını değerlendirin.

Adım 5 – Diğer seçenekler üzerinde de ilk dört adımı tekrarlayın.

Adım 6 – Seçenekleri birbirleri ile kıyaslayın.

[2]

Bir Dost Tavsiyesi: Kuzey Amerika'daki En Büyük Hayvana Sataşmayın

Karşınızda Yellowstone civarında trafiği kesmiş olan bir bizonun fotoğrafı.

Dikkatinizi bizondan kaçmaya çalışan adama yöneltin. Bu kişi gideceği yere varmak için yeterince sabırsızlanmış olsa gerek ki yolculuk süresini biraz azaltmak için arabasından dışarı çıkmayı ve Kuzey Amerika'nın en büyük hayvanına yoldan çekilmesi için sataşmayı mantıklı bir karar olarak görmüş.

Sonuç: Alt karede her ikisinin de yoldan çekilmekte olduğuna şahit oluyorsunuz!

Sadece resme bakarak tahmin etmenizi istiyorum. Sizce bu bizon kaç kilodur?

Tahmininizin sebeplerini yazın.

Eğer 45 kilodan az ve 4.5 tondan fazla bir ağırlık belirtmediğiniz üzerine bir bahse giriyor olsaydık gönül rahatlığıyla ortaya yüksek bir meblağ koyabilirdim. Bu bölümün daha sonraki kısımlarında bizon örneğimize ve niçin bu kadar kendime güvenerek iddiaya girmiş olduğuma tekrar geri döneceğiz.

[3]

Karşılıklar: Adım 2 – Her bir sonucun karşılıkları vasıtasıyla tercihlerinizi belirleyin. Değerlerinizi göz önünde bulundurun. Her bir sonuçtan ne kadar hoşnut oluyor ya da ne kadar memnuniyetsiz kalıyorsunuz?

Tercih Meselesi

Gerçekleşmesi muhtemel sonuçları tanımlıyor olmak, tek bir sonucun görüşünüzü çarpıtmasına (şimdiki sonuçların geçmiş kararları ya da şimdiki beklenti ve korkuların gelecek kararları çarpıtmasına) göre büyük bir gelişmedir. Geçmişteki kararlarınızı anlamak ve gelecektekileri geliştirmek istersiniz ama bu kadarı yeterli değildir. Bir kararın olası sonuçlar kümesini tam olarak anlayabilmeniz için her bir sonucun tercih edilebilirlik durumunu da belirlemelisiniz.

O hâlde, her olası sonucun mantık çerçevesinde vuku bulma biçimlerini ifade ederek oluşturduğumuz ağacımıza bilgi eklemeye başlayabiliriz. Bunu yapmanın en kolay yolu, ağaçtaki olası sonuçları çoktan aza doğru, tercih seviyenize göre sıralamaktır.

İşte size Boston'daki iş teklifi için yaptığımız ağacın; maddelerinin çoktan aza doğru, tercih seviyesine göre sıralandığı bir örnek:

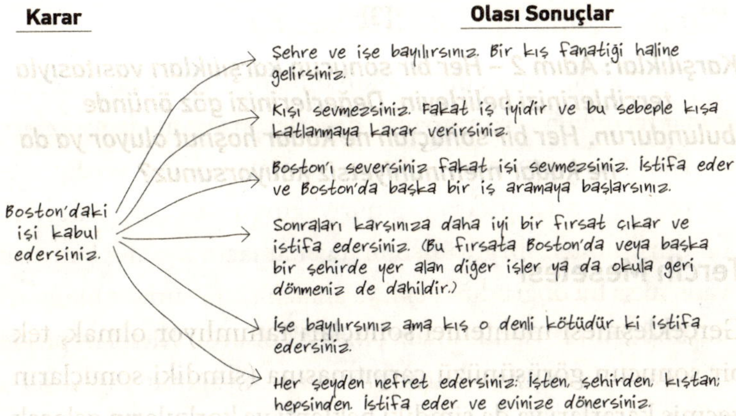
Karar
Olası Sonuçlar
Boston'daki işi kabul edersiniz.
Şehre ve işe bayılırsınız. Bir kış fanatiği haline gelirsiniz.
Kışı sevmezsiniz. Fakat iş iyidir ve bu sebeple kısa katlanmaya karar verirsiniz.
Boston'ı seversiniz fakat işi sevmezsiniz. İstifa eder ve Boston'da başka bir iş aramaya başlarsınız.
Sonraları karşınıza daha iyi bir fırsat çıkar ve istifa edersiniz. (Bu fırsata Boston'da veya başka bir şehirde yer alan diğer işler ya da okula geri dönmeniz de dahildir.)
İşe bayılırsınız ama kış o denli kötüdür ki istifa edersiniz.
Her şeyden nefret edersiniz: İşten, şehirden, kıştan; hepsinden. İstifa eder ve evinize dönersiniz.

Kiminin Çöpü Kiminin Definesidir

Tabii ki bir sonucun iyi olup olmadığı ya da ne dereceye kadar iyi olduğu, sizin amaç ve değerlerinize göre değişecektir.

Deniz kenarında bir hafta tatil yapmaya karar verdiğinizde yedi gün arka arkaya yağmur yağması bariz biçimde kötü bir durummuş gibi görünebilir. Eğer amacınız güneş banyosu yapmaksa bu doğrudur. Peki, ya amacınız bir süredir okumayı düşündüğünüz yığınla kitabı bitirmek olsaydı? Kitapları plajda okumayı düşünmüş olsanız bile her gün yağmur yağması bu durumda o kadar da berbat bir sonuç olmazdı.

Ailesine destek olmak isteyen iki farklı kişi var diyelim. Bu destek biri için parasal güvence iken diğeri için ise aile olarak birlikte geçirilen zaman olabilir. Bu kişilerin değerlerindeki ayrılık, onları farklı kariyer tercihleri yapmaya da yöneltebilirdi.

İlk kişi ailesiyle geçirdiği zamandan feda etmek pahasına olsa bile daha fazla kazandıran ve ilerleme fırsatı sunan bir iş tercih ederdi. İkinci kişi daha az kazandırsa da esnek saatleri olan ve evden çalışma imkânı sunan, akşamların ve hafta sonlarının kendine kalacağı bir işi tercih ederdi.

Anlatmak istediğim şu: İnsanların değer verdikleri şeyler birbirlerinden ayrılabilir. Farklı sonuçların tercih edilebilirlik durumunu sizin amaç ve değerleriniz belirleyecektir. Siz bir sonucu diğerlerine tercih edebilecek iken, bir başkası da doğal olarak bir başka sonucu ötekilere tercih edebilmektedir.

Böyle olması kimseyi haksız duruma düşürmez. Sadece belirli tercihleri olan farklı insanlar olduğunuz anlamına gelir.

Bu durum diğer insanlardan tavsiye isteyemeyeceğiniz anlamına da gelmez. Amaçlarınız ve değerleriniz konusunda açık olduğunuz takdirde tavsiye almak mükemmel bir karar aracı olabilmektedir. Ancak açık olmadığınız takdirde şöyle de bir tehlikesi vardır: Tavsiye aldığınız kişi aynı tercihleri paylaştığınızı varsayabilir ve cevabını buna göre verebilir.

I. "Kararların Çoklu Evreni" bölümünde oluşturduğunuz karar ağaçlarından birini seçin. Olası sonuçları tercihlerinize göre yeniden düzenleyerek ağacı baştan oluşturun.

Karar **Sonuç**

II. Tercihlerinizin sıralamasını etkilemiş olan amaç ve değerleriniz nelerdi?

III. Sonuçların arasında diğerlerine kıyasla size çok daha iyiymiş gibi gelen bir tanesi var mı?

IV. Sonuçların arasında diğerlerine kıyasla size çok daha kötüymüş gibi gelen bir tanesi var mı?

NEREDEYSE VERDİĞİNİZ HER KARAR beraberinde istenilen ve istenilmeyen sonuçlar getirebilmektedir. İstenirlik durumunu ağaca ekleyerek sonuçların kaçını arzulayıp kaçını arzulamadığınızı bir bakışta görebilirsiniz. Bu nedenle ihtimalleri tercihe göre sıralamak faydalıdır.

Tabii ki bir kararın çok sayıda iyi ya da kötü sonucunun olması iyi olup olmadığını belirlemekte yeterli değildir. İyi ve kötü her sonucun büyüklüğünü de bilmeniz gerekir.

Başka bir deyişle tercihlerinizin boyutunu, yani onları ne dereceye kadar arzu edip etmediğinizi de bilmeniz gerekmektedir.

(Karşılıklar Söz Konusu İse) Boyut Önemlidir

Muhtemel her sonuç için kazanabileceğiniz ve kaybedebileceğiniz şeyler bulunmaktadır. Bu kazanç ve kayıplara karşılık denir ve tabii ki kazançları kayıplara tercih edeceğimiz için bunlar tercihlerimize yön vermektedir.

Eğer bir sonuç sizi amacınıza yaklaştırıyorsa karşılık pozitiftir. Eğer bir sonuç sizi amacınızdan uzaklaştırıyorsa ise karşılık negatif demektir. Bu etkinin büyüklüğü sonuca dair tercih seviyenizi belirler. Kazancın büyüklüğü sonucun tercih edilebilirlik seviyesini artırırken, zarar ne kadar büyükse isteksizlik de o kadar büyük olur.

Karşılığı anlamanın en basit yollarından biri sonuç kalitesinin parayla ölçüldüğü kararlara bakmaktır. Eğer size para kazandıran bir yatırım yaparsanız bu bir kazançtır; yatırımınız size zarar ettirmişse de bir kayıp söz konusudur.

Ancak karşılık denilen şey; mutluluk (size veya başkasına ait), zaman, sosyallik, kişisel gelişim, öz saygı, iyi niyet ve sağlık gibi başka değer birimleriyle de ölçülebilir.

Eğer muhtemel bir sonuç gerçekleşirse mutluluğunuz artacak mı, azalacak mı? Zaman kazanacak mısınız yoksa kayıp mı edeceksiniz? Sosyal değeriniz yükselecek mi, düşecek mi? Öz saygınız gelişecek mi, zarara mı uğrayacak? Sizin için değerli birini daha mutlu mu edeceksiniz yoksa daha mutsuz mu?

Gerek pozitif gerek negatif, değer atfettiğimiz her şey karşılığın birimleri olarak kullanılabilir.

Mevcut ihtimaller kümesindeki bazı sonuçlar değer verdiğiniz bir şeyleri kazandığınız karşılıklara sahip olur. Bunlar bir kararın üst potansiyelini oluşturur. Bazı sonuçlar ise değer verdiğiniz bir şeyleri kaybettiğiniz karşılıklar içerir. Bunlar da kararların alt potansiyelini oluşturur.

Bir hisse senedine yatırım yapma konusunda karar veriyorsunuz diyelim. Üst potansiyel, hissenin değeri arttığı takdirde kazanacağınız paradır. Alt potansiyel ise değer kaybında elinizden kaybolacak miktardır.

Bir davete gitmeye karar verdiğinizi düşünelim. Üst potansiyel; güzel zaman geçirmeniz, arkadaşlıklarınızı güçlendirmeniz, yeni arkadaşlıklar kurmanız ya da işinizde size yardımcı olabilecek birileriyle tanışmanız olur. Hayatınızın aşkıyla bile karşılaşmanız mümkündür.

Alt potansiyel ise partinin sıkıcı geçmesi ve eğlenceli bir şeyler yaparak geçirebileceğiniz vaktinizi boşa harcamanızdır. İhtilaflı bir siyasi meselede hararetle tartışabilir ve arkadaşlıklarınızdan birini mahvedebilirsiniz. Veya bir pizza ya da doğum günü pastası sizi baştan çıkarır ve sağlıklı yeme serinizi bozarsınız.

İşe geç kaldınız ve hız limitinin 25 km/s üzerinde gitmeye karar verdiniz diyelim. Üst potansiyel işe zamanında gitmeniz olur.

ÜST POTANSİYEL

Bir karardan ne kazandığınız.

Seçiminizin pozitif potansiyeli.

Olası kazançlar.

ALT POTANSİYEL

Bir karar yüzünden ne kaybettiğiniz.

Seçiminizin negatif potansiyeli.

Olası bedeller.

Alt potansiyel? İşe buna rağmen vaktinde yetişemeyebilirsiniz. Hatta hız cezası da yiyebilirsiniz ki ödediğiniz diğer bedellerin yanı sıra bu, işe daha da geç kalmanıza neden olur. Kurallara uyduğunuz takdirde yapmayacağınız bir kazaya karışmanız bile muhtemeldir.

Çoğu kararın potansiyeli, üst ve altın bir karışımı şeklindedir. Bir kararın ne derece iyi olduğunu belirlerken aslında üst potansiyelin getirisinin alt potansiyelin risklerini karşılayıp karşılamadığına bakarız.

RİSK

Alt potansiyele maruz kalışınız.

Bunu yapabilmek için muhtemel sonuçları (1. adım) ve her biri ile bağlantılı olan potansiyel kazanç ve kayıpları (2. adım) bilmemiz gerekmektedir. Bu yüzden, bunları ayrıntılarıyla planlamak iyi bir karar vermek açısından önemlidir. Muhtemel kazanımların risk almaya değip değmeyeceğini karşılıkların boyutunu kıyaslamadan bilmemiz imkânsızdır.

Elinizde amacınıza uyumlu olan dört, uyumsuz olan da tek bir sonucu barındıran bir karar var diyelim. Bu durum tek başına kararın alınan riske değdiği anlamına gelmez.

Dört olumlu sonuç için şunları diyelim: Bir dolar para kazanmak, bir saat boyunca nefesinizin nane kokması, bir yere beş dakika erken gitmek ya da çoraplarınızı yıkamadan bir gün daha giyebilme fırsatı. Olumsuz sonucun da, işte mesela, ani ölüm gibi bir şey olduğunu düşünelim.

Gördüğünüz üzere, boyutlar önemlidir.

Artı-eksi tablolarının eksikliklerini burada daha iyi görmeye başlarız. Bir artı-eksi tablosunun iyi tarafı, en azından sizi 2. adımın başlangıcı olan kazanç ve kayıplar hakkında düşünme aşamasına sevk etmesidir. Kötü olan ise artılar ve eksilerin ne kadar büyük olduğu hakkında düşünmenizi sağlamamalarıdır; oysaki bu da 2. adımın bir parçasıdır.

Artı-eksi tabloları boyutsuzdur. Elde edilen karşılığın büyüklüğünü önemsemezler. Bir artı-eksi tablosu listeden ibaret olduğu için bir yere erken varma ihtimaliniz ile ciddi bir trafik kazasına karışma ihtimalinizi eşit ebatlarda görür. Boyutlara dair ya da artıların veya eksilerin büyüklüğü hakkında açık bir bilgiye sahip olmamanız, listenizin pozitif ve negatif taraflarını nasıl karşılaştıracağınızı belirsizlik içerisinde bırakmaktadır.

> Bir kararın kalitesini değerlendirirken, kararın üst potansiyeli acaba alt potansiyelinin riskini karşılıyor mu diye de bakarsınız.

Eğer on tane artı ve beş adet eksi varsa kararı vermeniz mi gerekmektedir? Karşılığın boyutunu bilmeden bunu söylemek imkânsızdır çünkü potansiyel getirinin potansiyel riskten az mı yoksa fazla mı olduğunu bilemezsiniz.

[4]

Olasılık Önemlidir:
Adım 3 – Her Bir Sonucun Gerçekleşme İhtimâlini Ölçün

Bir elektrikli araba şirketinden hisse alıyorsunuz. Fiyatı dörde katlıyor ve muhteşem bir karar verdiğiniz için kendinizi tebrik ediyorsunuz. Peki ama hissenin dörde katlama ihtimali düşme ihtimaline göre çok daha azsa, yine de kararınız için kendinizi kutlamalı mısınız?

Bir elektrikli araba şirketinden hisse alıyorsunuz. Fiyatı dibe vuruyor ve berbat bir karar verdiğiniz için kendinizi hırpalıyorsunuz. Peki ama düşme ihtimali artması ihtimalinden çok da düşüktü ise?

Misal, arabayla her yolculuk yaptığınızda aldığınız büyük bir risk vardır: Kaza yapıp ölme riski. Tabii bu riskin gerçekleşme olasılığı çok düşük olduğundan getiriler (zamandan tasarruf, verimlilik) riski karşılamaktadır. Benzer şekilde, piyangodan bir servet kazanma şansınız da vardır ama olasılık o kadar düşüktür ki bilet parasını riske attığınıza değmez.

Başka türden düşük ihtimalli kazanımlar ise denemeye değer olabilir. Yeni bir start-up'a yatırım yapmak risklidir. Çoğu zaman para kaybedersiniz çünkü yeni start-up'ların çoğu başarısız olur. Potansiyel kazancın büyüklüğü ise (eğer hangi girişimlere para yatıracağınızı seçme konusunda iyiyseniz) aldığınız riske değebilir. Sonuçta risk sermayedarları bu yüzden vardır.

Muhtemel bir sonucun gerçekleşme olasılığını bilmeyerek her küçük ihtimalli kazanç için kendi sırtınızı sıvazlayacak olursanız elleriniz nasır tutabilir; çünkü ihtimallerin gerçekten de küçük olduğunu göremezsiniz.

Küçük ihtimalli bir kayıp için kendinizi hırpalamanız da mümkündür.

Ya da çok büyük olasılıklı bir kötü sonuç gerçekleşir ve siz de olasılığın boyutundan haberdar olmadığınız için durumu sadece kötü şansa yorarsınız.

Bir kararın getirisi o kadar büyük olur ki, gerçekleşme olasılığı çok düşük olsa bile riski hiç hesaba bile katmadan kararınızı verirsiniz.

Ya da sırf riskten korktuğunuz için getirisi riskini fazlasıyla karşılayan bir fırsatı tepebilirsiniz.

Bir kararın iyi mi kötü mü olduğunu anlamak için sadece gerçekleşmesi muhtemel şeyleri veya kazanıp kaybedebileceklerinizi değil, aynı zamanda her bir olasılığın gerçekleşme ihtimalini de bilmelisiniz. Daha iyi kararlar vermek istiyorsanız olasılıkları ölçmeye istekli olmalısınız.

[5]
Okçu Zihniyeti: Tüm Tahminler Bilgiye Dayalıdır

Eğer çoğu insan gibiyseniz, gelecekteki bir durumun ihtimalini hesaplama konusunda rahat hissetmezsiniz. Bunun bir sebebi de çoğu karar için herhangi bir sonucun olasılığını tam olarak bilemeyişinizdendir kanaatindeyim. Çoğu karar, yazı-tura atmak gibi olasılığın %50 olduğunu bildiğiniz durumlara benzemez.

Nesnel ve kusursuz bir olasılık vermek için bilmeniz gereken her şeyi bilmeniz genellikle mümkün değildir. Bu durum belirlediğiniz her olasılığın öznel olmasına yol açabilir ya da daha da kötüsü yanlış olmasına. Böyle böyle kendinizi tahminlerde bulunmaktan soğumuş bulabilirsiniz.

Boston'ı ya da yeni işinizi sevme olasılığınızı, o şehirde hiç yaşamadığınız ve o işi hiç tecrübe etmediğiniz hâlde nasıl bilebilirsiniz?

Hiç gitmediğiniz bir üniversiteyi sevme ihtimalinizi nasıl bilebilirsiniz?

Bir hisse senedinin gelecekte yükseleceğini nasıl bilebilirsiniz?

Yeni bir müşteriye satış yapma olasılığınızı, *müşteri daha henüz yeni iken* nasıl bilebilirsiniz?

Hepsini bir cümlede özetlemek gerekirse, sanırım şöyle düşünüyorsunuz: "Sadece tahmin edebilirim." İşte bu düşünceniz de bizi bizon mevzusuna geri götürmektedir.

Bizona Dönüş

Bizonun ağırlığını kaç kilo olarak tahmin etmiş olursanız olun, eğer "doğru" cevap sizin için bizonun tamı tamına kaç kilo olduğunu tahmin etmek idiyse büyük ihtimalle yanıldınız.

Bizonun hakkında bilmediğiniz çok fazla şey var. Öncelikle ağırlığını bir *fotoğrafa* bakarak tahmin etmeye çalışıyorsunuz. Gerçekten bizonun yanında olsaydınız bile muhtemelen boyunu, yaşını ya da erkek mi dişi mi olduğunu tespit edemeyecektiniz. Diyelim ki bizonu tartıya çıkmaya nasıl ikna edeceğinizi biliyorsunuz, bu sefer de muhtemelen yanınızda uygun bir hayvan tartısı olmayacaktı.

Bir tahminde bulunduğunuzda sizi rahatsız eden şey, kusursuz bilgi ile kendi bilginiz arasında olan farktır.

Nesnel olarak doğru bir yanıt olduğunu bilirsiniz. Yanıt bizonun ağırlığıdır. Her şeyi bilen, kusursuz bilgiye sahip olan biri olsaydınız bu ağırlığın tam rakamsal karşılığını da biliyor olacaktınız. Gelin görün ki, böyle biri değilsiniz.

Bu durum sizi öylesine rahatsız eder ki, bir tahmin yürütmek yerine bizonu sırtlanmak zorunda kalsaydınız da omuzlarınıza herhâlde en fazla bu kadar yük binecekti. (Ve en azından sırtlandığınız bir bizonun ağırlığını tahmin etmek zorunda kalmayacaktınız, çünkü sizi ezecek kadar ağır olduğunu bilecektiniz.)

Doğru bir cevap varsa ve siz bunu bilmiyorsanız, tahmin etmek zorunda olmak kendinizi kötü hissetmenize yol açacaktır. Cevabınızın doğru olmayacağını biliyorsunuz. *Doğrunun* zıttı nedir peki?

Yanlış.

Kim yanlış olmak ister ki?

İyi karar almanın önündeki en büyük engellerden biri de bu şekilde; bir "doğrunun" ve bir "yanlışın" olduğunu, bu ikisi arasında da hiçbir şeyin olmadığını düşünmektir. Nitekim iyi kararlar almak tahmin etmeye yönelik bir isteklilik gerektirir.

"Ancak Tahmin Ediyor Olurum"

İnsanlar çoğu zaman bu tarz hesaplamalar yapmayı, "Ancak tahmin ediyor olurum," diyerek savuştururlar. Bu durum, kusursuz bilgi dışında her tahminin rastgeleymiş gibi görünmesine sebep olur. Tam bilgiye sahip olmadığımız gerçeğine takılıp kalırız. Bu da *bildiğimiz* şeyleri göz ardı etmemize neden olur.

Bizonun gerçek ağırlığını bilmemeniz, hiçbir şey bilmediğiniz anlamına gelmemektedir. Bu dünyada yaşayan biri olarak bildiğiniz bir sürü şey vardır.

- Cisimlerin genel olarak ağırlığı hakkında pek çok şey bilirsiniz. Teçhizat kutuları, karton kutulardan daha ağırdır. Taş, tüyden daha ağırdır. Çok büyük şeyler neredeyse her zaman çok küçük şeylerden daha ağırdır. Bizonlar, insanlardan daha ağırdır.
- Bir kedi ya da köpeğin ortalama ağırlığı hakkında muhtemelen bir fikriniz vardır. Belki bir ineğin ortalama ağırlığını da biliyor olabilirsiniz.
- Bir bizonun etrafındaki arabalara ve onu kızdırmaya çalışan adama oranla boyutunu görebilirsiniz.
- Kendi ağırlığınızı bilirsiniz.
- Bizonun o adamdan daha ağır olduğunu bilirsiniz.
- Bir arabanın ortalama ağırlığını ve muhtemelen bir bizondan daha ağır olduğunu bilirsiniz.

Bütün bu bildikleriniz, kusursuz olmasalar da, tahmininizin rastgele olmadığı anlamına gelir. *Kusursuz* bilgiye sahip olmasanız da, elinizde bizonun ağırlığı hakkında hiç bilgi yok değil.

Bu yüzden 45 kilonun altında ya da 4.5 tonun üstünde bir tahmin yürütmeyeceğinize bahse girebilirdim, çünkü pek çok bilgiye sahip olduğunuzu biliyorum.

Neredeyse her zaman bildiğiniz bir şeyler vardır; o bir şeyleri bilmek de hiçbir şey bilmemekten iyidir. Hatasız olmayabilirsiniz, ancak konu karar vermeye geldiğinde *takdire şayan olan çaba göstermektir.*

Eğer, "Ancak tahmin ediyor olurum," diyerek olasılıkları hesaplamaktan kaçarsanız, bildiğiniz ve öğrenebileceğiniz şeyleri belirleme işinden kaytarmış olursunuz. Bir kere, "Ancak tahmin ediyor olurum," dediğiniz zaman artık yapılacak bir iş kalmamıştır. Pes eder, karar vermek için bildiğiniz şeyleri kullanma zahmetine bile girmezsiniz.

Herhangi bir olasılık hesabında kullanabileceğiniz bilgi küçük olabilir ama bu yine de kararınızın kalitesinde bir fark yaratacaktır. Bu farklar küçük olmakla beraber zamanla birbirlerine eklenecektir. Tıpkı bileşik faiz gibi, size uzun vadede büyük kâr sağlayacaktır.

> Doğru ile yanlış arasında kalan alanı göz ardı etmeyin.
>
> Biraz daha az yanlış olmanın ya da doğruya biraz daha yakın olmanın değerini göz ardı etmeyin.

"Ancak tahmin ediyor olurum," diyerek bildiğiniz şeyleri çöpe atmayın.

Bilginin Üzerinde Durun

Bilgiye dayalı tahmini, bilgiye dayalı olmayandan ayırmak için bir yöntemimiz var. Bilgiye dayalı tahminlere, *akıllı tahmin* diyoruz.

Mesele bir tahminin akıllı olup olmaması değil; ne dereceye kadar akıllı olduğudur.

> İşte size bir sır: Tüm tahminler akıllı tahmindir çünkü hakkında hiçbir bilgiye sahip olmadığınız bir konuya dair herhangi bir tahminde bulunamazsınız.

Bilgi durumunuzu bir doğru olarak; bir uçta sıfır bilgi, diğerinde kusursuz bilgi olacak şekilde düşünebilirsiniz.

SIFIR BİLGİ ↓ ———————————— ↓ **KUSURSUZ BİLGİ**

BİLGİ

Sıfır bilgi hiçbir şey bilmediğiniz, kusursuz bilgi ise her şeyi bildiğiniz anlamına gelir. Hesaplamaya çalıştığınız çoğu olasılık için iki uçta da olmazsınız. Çoğunlukla ortada bir yerdesinizdir.

Bizon konusunda nerede iseniz oralarda olursunuz.

Az bilgi hiçbir şey demek değildir. Bu az bilgiyle bile mesafeyi sıfırla sonsuz arasından, 350 kilo ile 1500 kilo arasına indirebilirsiniz. Böylece birçok ihtimali elemiş, alanı daraltmış olursunuz. Ağırlığı tam olarak bilmeseniz bile büyük bir ilerleme kaydedersiniz.

Boston'daki işi kabul etmeyi düşünüyorsanız, işi ya da şehri sevip sevmeyeceğinizi tam olarak bilemezsiniz. Ancak işler ve şehirler konusunda bildiğiniz bir şeyler vardır. Tıpkı bizona dair bildikleriniz gibi bu bildikleriniz de önemlidir.

Akıllı tahmin yapmanın pek çok faydası vardır. Tahmin yapmak konusunda ne kadar istekliyseniz, bildikleriniz hakkında o kadar fazla düşünür ve onları o kadar kullanırsınız. Sizi cevaba yaklaştıracak ve öğrenebileceğiniz başka şeyler varsa, bunlar hakkında da düşünmeye başlarsınız.

İster bir bizonun ağırlığı üzerine ister Tarak Krallığı'nın başarılı olma ihtimaline kafa yoruyor olun, bir karar verici olarak size düşen şu iki sorunun cevabını bulmaktır:

1. Yapacağım tahmini daha akıllı hâle getirecek olan ve hâlihazırda bildiğim bir şeyler var mı?
2. Yapacağım tahmini daha akıllı hâle getirmek için neleri öğrenebilirim?

Okçu Zihniyeti

Daha iyi kararlar vermenin bir parçası da tahmine ilişkin kavrayışınızı değiştirmeniz demektir. Muhtemelen "haklı" olmayacağınız için (ve tamı tamına haklı değilseniz şüphesiz ki yanılıyorsunuzdur, öyle değil mi?) tahmin etme eyleminden rahatsız olmak yerine tahminlerinizi bir okçunun hedeflerini ele aldığı gibi ele alın.

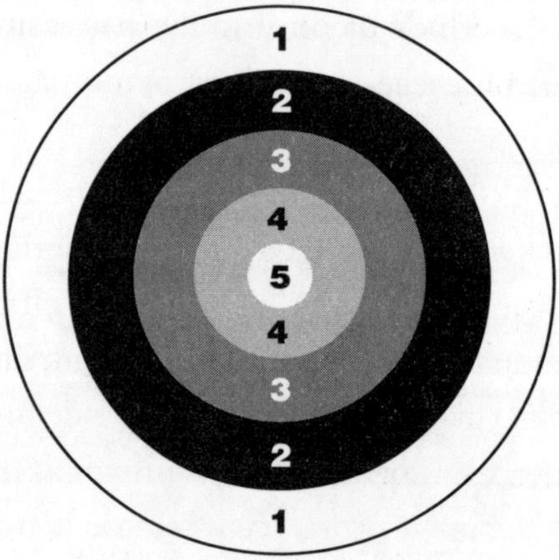

Karar vermekte olduğu gibi okçulukta da ya hep ya hiç yoktur. Tam ortadan vurunca tam puan, vuramayınca da sıfır puan almazsınız. Bir okçu hedefi *herhangi bir yerinden* tutturduğu vakit puan almaktadır.

Bir tahminin değeri onun "doğru" ya da "yanlış" olmasında değildir. Tahminleriniz okçunun okuna benzer. Eğer her şeyi bilen, tahminleri her zaman tamamen doğru çıkan biri olsaydınız hedefi daima on ikiden vururdunuz. Akıllı bir tahmin yaptığınızda en ortayı hedef alırsınız ve muhtemelen tam ortayı tutturamayacak olsanız bile tıpkı okçu gibi oraya yakın bir yeri tutturduğunuz için yine de puan alırsınız.

Her zaman on ikiden vuramayacağınızı kabul etmekte bir sakınca yoktur; önemli *olan hedef almaktır*. Akıllı bir tahmin yaparak en ortayı hedef almak atışınızı keskinleştirir; çünkü bu durum sizi bildikleriniz ve bilmediklerinizi belirleme konusunda motive eder. Daha fazla şey öğrenmeniz için bir teşvik olur.

Hedef almanın faydalarını fark etmek okçu gibi düşünmektir. Tahminlerin rastgele olmadığını, akıllı tahminler olduklarını fark etmek okçu gibi düşünmektir. Öbür türlü karar süreciniz bir eşeğe-kuyruk-tak oyununa benzer. Kendi kendinizi kör etmiş olursunuz.

Eşeğe-kuyruk-tak oyununda diğer oyuncular gözlerinizi bağlar ve sizi kendi etrafınızda bir kere döndürürler. Daha sonra elinize bir raptiye verirler. Amacınız elinizdeki raptiyeyi orada bulunan bir eşek resminin kuyruk kısmına saplamaktır. Çocukların doğum günü partilerinde bu oyunu artık en azından gerçek raptiyelerle oynamıyor olmalarının bir sebebi vardır. Sebep gözünüz bağlı şekilde kendi etrafınızda döndükten sonra elinizdeki raptiyeyi pastayı kesen kişiye batırma ihtimalinizin eşeğin kıçını tutturma ihtimaliniz kadar yüksek olmasıdır.

Çoğumuz hayatı bir "eşeğe-kuyruk-tak" zihniyeti ile yaşamaktayız.

Yapmakta Olduğunuz Bir Şey

İşte size başka bir sır: Eşeğe kuyruk takmaya çalışırken bile aslında hedef alıyorsunuz. Sadece gözünüz bağlı olduğu için bu konuda berbat bir iş çıkarıyorsunuz.

Bu durum karar verme süreci için de aynı şekilde geçerlidir. İhtimaller kümeniz, tercihleriniz ve bunların olasılıkları üzerine açıkça düşünmeseniz de hâlâ bu hesaplamaları yaparsınız. Verilen her kararın arkasında yaptığınız seçimin diğerlerinden daha yararlı olacağı inancı vardır.

Bu nedenle, farkında olsanız da olmasanız da, yaptığınız her seçim gelecek hakkında bir tahminde bulunmak demektir.

Eğer bir ok fırlatırsanız *mutlaka bir yerlere* saplanacaktır. Eğer her hâlükârda bir tahmin yapacaksanız, bir okçu gibi hedef almayı deneyebilirsiniz. Demode bir doğum günü partisindeki gibi gözünüz bağlı bir yerlere raptiye saplamaya çalışmakta da özgürsünüz. Yine de gözünüzü dört açıp hedefe odaklanmak daha iyidir.

Tahmin yapmanız kaçınılmaz ise ve siz de bunun farkındaysanız, bildiğiniz her şeyi kararınız için kullanma kabiliyetiniz artar. Böylelikle bir doğru üzerinde sıfır bilgiden kusursuz bilgi istikametinde ilerlemek için ne öğrenmeniz gerektiğini kendi kendinize sormanız sağlanmış olur.

> Kararınız, her zaman birbirinden farklı sonuçların gerçekleşme ihtimaline ilişkin yaptığınız bir tahmindir.

[6]

Olasılıkçı Düşünceye Giriş: İhtimal Belirten Kelimeler Kullanmak

Karar ağacınıza olasılıklar eklemeye yani 3. adıma, ihtimalleri ifade eden gündelik sözcükleri kullanmaya başlayabilirsiniz.

Gündelik dilde bir durumun doğruluğunu ya da gerçekleşme ihtimalini ifade eden birçok terim vardır: "Sıklıkla" ya da "nadiren" gibi. Andrew Mauboussin ve Michael Mauboussin yaptıkları bir anket için bu tarz ifadelerden oluşan kapsamlı bir liste hazırladılar:

Neredeyse her zaman	Çoğunlukla	Ciddi ihtimalle
Neredeyse kesinlikle	Asla	Banko
Her zaman	Pek değil	İhtimali yok
Kesinlikle	Genellikle	Ekseriyetle
Sıklıkla	Muhtemelen	Yüksek ihtimalle
Olasılıkla	Olabilir	Düşük ihtimalle
Belki	Nadiren	İhtimal dâhilinde
Mümkün	Büyük olasılıkla	

Bu listeyi kullanarak herhangi bir karar ağacına durumların gerçekleşme olasılığını içeren bilgiler ekleyebilirsiniz. Unutmayın, her tahmin bilgiye dayalı bir tahmindir. Bu nedenle emin olmasanız da bir tahminde bulunmaktan çekinmeyin. Akıllı bir tahminde bulunmak hiç tahminde bulunmamaktan iyidir.

İşte, size bu sözcükleri çeşitli sonuçların gerçekleşme ihtimalini belirtmek için nasıl kullanabileceğinizin Boston'daki iş kararı ile bir örneği:

Karar	Olası Sonuçlar	İhtimâl
Boston'daki işi kabul edersiniz.	Şehre ve işe bayılırsınız. Bir kış fanatiği haline gelirsiniz.	Büyük olasılıkla
	Kışı sevmezsiniz. Fakat iş iyidir ve bu sebeple kışa katlanmaya karar verirsiniz.	Olabilir
	Boston'ı seversiniz fakat işi sevmezsiniz. İstifa eder ve Boston'da başka bir iş aramaya başlarsınız.	Düşük ihtimalle
	Sonraları karşınıza daha iyi bir fırsat çıkar ve istifa edersiniz. (Bu fırsata Boston'da veya başka bir şehirde yer alan diğer işler ya da okula geri dönmeniz de dahildir.)	İhtimali yok
	İşe bayılırsınız ama kış o denli kötüdür ki istifa edersiniz.	Nadiren
	Her şeyden nefret edersiniz: İşten, şehirden, kıştan; hepsinden. İstifa eder ve evinize dönersiniz.	Düşük ihtimalle

Hem sonuçlamak hem de geri görüş ön yargısı, kötü bir sonuçtan sonra kendinize (ve başkalarına) eziyet etmenize neden olabilir; tıpkı Boston'a gitme kararınızın kötü sonuçlandığı örnekte olduğu gibi. Ağacı tekrar oluşturup ihtimalleri tercih durumunuza ve gerçekleşme olasılıklarına göre sıraladığınızda en olası sonuçların aşırı iyi (işi, şehri ve havayı sevmek) ve oldukça iyi arasında olduğunu daha iyi görebilirsiniz. Çok kötü olan iki sonucun gerçekleşme olasılığı hep düşüktü.

Tabii bu ağacı Boston'a *gitme kararını vermeden* oluşturursanız çok daha iyi olacaktır. İhtimallerin ve olasılıkların bir haritasını çıkarmak, kararınızın kalitesini daha iyi görmenizi sağlar.

Burada, artı-eksi tablolarında olmayan bir başka boyut ortaya çıkar: Artı ve eksilerden birinin gerçekleşme olasılığı hakkındaki bilgi. Artı-eksi tabloları, karar sürecinin 3. ve 4. adımlarını doğru bir şekilde uygulamayı imkânsız kılar çünkü bu adımların ikisi de olasılık üzerine düşünmenizi gerektirmektedir.

Eğer bir seçeneği değerlendirmenizi sağlayan adımları uygulayamazsanız (1-4. adımlar), bu durumda 6. adımı da (seçenekleri kıyaslama) uygulayamazsınız.

Artı-eksi tabloları, seçenekleri kıyaslamaktan ziyade, tek bir seçeneği değerlendirmeniz için tasarlanmışlardır ki derinliksiz olduklarından bu iş için bile elverişli değildirler. Hiçbir karar aracı kullanmamaktan daha iyi birer seçenek olsalar bile (ki bu bile kesin değildir), vidayı şifonyere çekiçle çakmak da hiç çakmamaktan iyidir.

Hiçbir şey yerine, kusurlu bir şey yaratmış olursunuz.

Bu bilgileri ağaca eklediğinize göre artık üst potansiyelin alt potansiyele kıyasla nerede durduğunu, olası kazançların riske değip değmediğini görebiliyorsunuz. Başka bir deyişle, artık 4. adımı hayata geçirebilir yani ele aldığınız seçeneğin hoşunuza giden ve gitmeyen sonuçlarının gerçekleşme olasılığını değerlendirebilirsiniz.

Umursama Testi: Genel Bir Senaryo mu, Belirli Karşılıklar mı?

Şu ana kadar sonuçları genel senaryolar olarak ele aldık. Ancak çoğu karar için ihtimaller havuzunda sizi ilgilendiren özel bir taraf, belirli bir karşılık vardır. Durum böyle olduğunda hesaplamalarınızı bu belirli karşılıklara indirgeyerek odağınızı keskinleştirebilirsiniz.

Bir yatırım aracı seçiyorsanız, muhtemelen sadece parasal karşılıkla ilgileniyorsunuzdur. Bu durumda, belirli bir süre sonra yatırımınızın dörde ya da ikiye katladığı, %50 kazandırdığı, değerinin yarısını kaybettiği ya da hepten sıfırlandığı ihtimaller üzerinde yoğunlaşabilirsiniz.

Eğer sağlıklı beslenmeye çalışıyorsanız, personel odasına gitmeme kararı vererek buralardaki donutlara erişimizi kısıtlayabilirsiniz. Bu kararı değerlendirirken de kendinize şu soruyu sorabilirsiniz: "Eğer personel odasına gidersem hiç donut yememe ya da bir tane, iki tane yeme veya hepsini yeme olasılıklarım nedir?"

Yeni çalışanlar işe aldığınızı ve en büyük sorununuzun bunların bir süre sonra işten ayrılmaları olduğunu hayal edin. Adayın altı ay, bir yıl ya da iki yıl sonra hâlâ şirkette olduğu ihtimallere odaklanmak, kararın sizi gerçekten ilgilendiren taraflarını daha iyi tartmanızı sağlar.

Çalışanın elde tutulması üzerine yapılmış karar ağacı şu şekilde olabilir:

Odağınızı bu şekilde daraltıp, sonuçlar setini olayların şekillenme biçimindeki tek bir yöne yoğunlaştırarak basitleş-

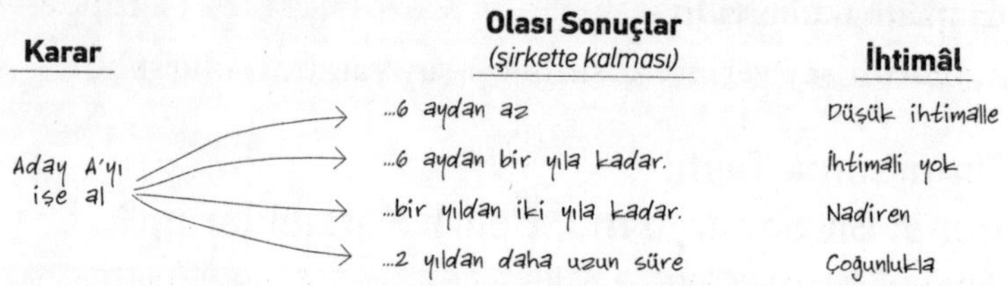

tirmenin 4. adımı nasıl daha anlaşılır hâle getirdiğini görebilirsiniz. Bu durum ayrıca iki elmayı kıyaslamanıza benzer bir durum oluşturur ve bir seçeneği, mevcut diğer seçenekler ile karşılaştırmanızı kolaylaştırır.

Şimdi, süreci diğer adaylar için tekrarlayarak (5. adım) ve seçenekleri kıyaslayarak (6. adım) hangisinin artan işe alım masraflarınıza çare olacağına karar verebilirsiniz. İki seçeneğe de bakarak hangisinin sizi istediğiniz sonuca götüreceğini görebilirsiniz.

Aşağıdaki gibi bir durum söz konusu ise A adayı en bariz seçenek olacaktır:

Karar	**Olası Sonuçlar** *(şirkette kalması)*	**İhtimâl**
Aday A'yı işe al	...6 aydan az	Düşük ihtimalle
	...6 aydan bir yıla kadar.	İhtimali yok
	...bir yıldan iki yıla kadar.	Nadiren
	...2 yıldan daha uzun süre	Çoğunlukla

Karar	**Olası Sonuçlar** *(şirkette kalması)*	**İhtimâl**
Aday A'yı işe al	...6 aydan az	Muhtemelen
	...6 aydan bir yıla kadar.	Mümkün
	...bir yıldan iki yıla kadar.	Nadiren
	...2 yıldan daha uzun süre	Düşük ihtimalle

Haydi, bu olasılık sözcüklerinin bazılarını bir de birlikte deneyelim.

Son sağlık kontrolünüzde, doktorunuz, kan şekerinizin normalin çok üstünde olduğunu görüyor (Lanet olsun size personel odası donutları!) ve yemek yeme biçiminizi düzelterek düzenli spora başlamanızı tavsiye ediyor.

Yemekle ilgili tavsiyeyi kabul ediyor, hatta kızartılmamış sebzeler yemeye bile razı oluyorsunuz. Bunun yanında, düzenli spor tavsiyesine uymak için de Sweat Sensations (Ter Sansasyonu) adında bir spor salonuna üye olmayı düşünüyorsunuz.

Spor salonuna üye olma kararı için umursadığınız karşılık, buraya spor yapmak için ne sıklıkla gelip gideceğiniz. Doktorunuzun önerdiği üzere idman miktarınızı artırmak istiyorsunuz.

Dolayısıyla, kararın sizi en fazla ilgilendiren tarafı da buraya ne sıklıkla gelip gideceğiniz (orada her bulunduğunuzda sağlam bir idman yapacağınız varsayımıyla) olmalıdır. Salona ne kadar fazla giderseniz o kadar fazla idman yapacaksınız ve sağlığınıza o kadar fazla katkı sağlayacaksınız. Ne kadar az giderseniz de o kadar az.

İşte size mantık çerçevesinde bir ihtimaller havuzu:

- Spor salonuna son gidişiniz fotoğraflı giriş kartınızı almaya gittiğiniz sefer oluyor. Kartı spora gitme niyetiyle uzun süre yanınızda taşıyorsunuz ama en sonunda bir çekmecede unutup gidiyorsunuz. Başka bir deyişle, haftada sıfır kez spora gidiyorsunuz.
- Başlangıçta bir düzen oturtuyorsunuz ama zamanla ziyaretlerinizi haftada bire kadar indiriyorsunuz. Her gidişinizde de elinizde bir içecekle mekândaki en eski bisikletin üstünde sabit bir şekilde oturuyorsunuz.
- Salona haftada üç kez gidiyorsunuz ve bu durum zamanla bir rutin hâline geliyor.
- Bir spor delisine dönüşüyor, bir eğitmen tutuyor ve haftada beş kez spora gitmeye başlıyorsunuz.

I. Ter Sansasyonu'na gitmeye karar verdiğiniz takdirde, muhtemel her sonuç için Mauboussin'lerin listesinden bir olasılık ifadesi ekleyin. Hâlihazırda spor salonuna giden ya da buralara alerjisi olan biri de olabilirsiniz; o yüzden bu alıştırmayı spor salonuna gitmeyi düşünen sıradan bir insanmış gibi cevaplayın.

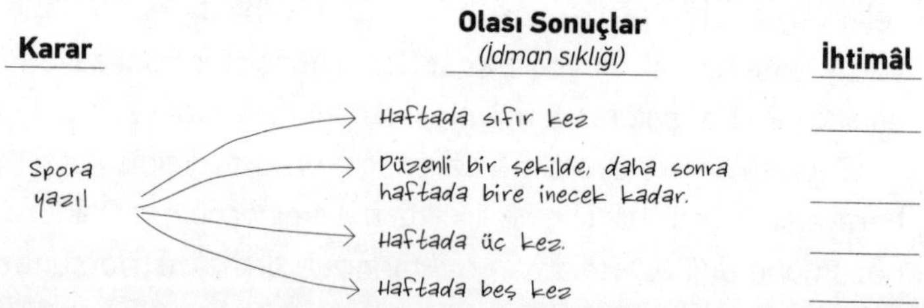

II. Bu tahminleri yaparken hangi inanç ve bilgilerinizi kullandınız?

Olasılık Belirten Sözcükler Kullanmanın Avantajları

Karar ağacına olasılık hesaplamaları eklemek, sadece ihtimal ve tercihler eklemeye göre kararınızın kalitesini büyük oranda artıracaktır. Daha iyi kararlar vermek için, istediğiniz ve istemediğiniz sonuçlar dâhil her ihtimalin olasılığını düşünmeniz gerekir. Bunu yapmadan herhangi bir seçeneği kendi başına değerlendirmek zordur; seçenekleri kıyaslamak ise çok daha zordur.

Eğer amacınız haftada üç kez idman yapmaksa ve bir spor salonuna üye olmak yeterli olacak gibi görünmüyorsa, bu durum sizi başka seçenekler aramaya itebilir. Evde spora ne dersiniz? Bisiklet sürmeye? İş yerinizdeki on beş kat merdiveni spor salonunuza dönüştürmeye? Hangi seçeneğin sağlığınızı artırma amacınıza daha uygun olduğunu tartarak karar verebilirsiniz.

[7]
Eğer Soru Sormazsanız Cevap Alamazsınız

Bir okçu gibi düşünüp hedefe odaklanmanın en büyük faydalarından biri de size daha önce bahsettiğimiz şu iki soruyu sordurmasıdır:

1. Yapacağım tahmini daha akıllı hâle getirecek olan hâlihazırda bildiğim bir şeyler var mı? (Ve bildiklerimi nasıl uygulayabilirim?)
2. Yapacağım tahmini daha akıllı hâle getirmek için neleri öğrenebilirim?

Hedefe odaklanmak, sizi bu soruları cevaplamakta ve "Bilmedikleriniz" kutucuğunu boşaltırken "Bildikleriniz" kutucuğunu doldurmakta daha iştahlı yapacaktır.

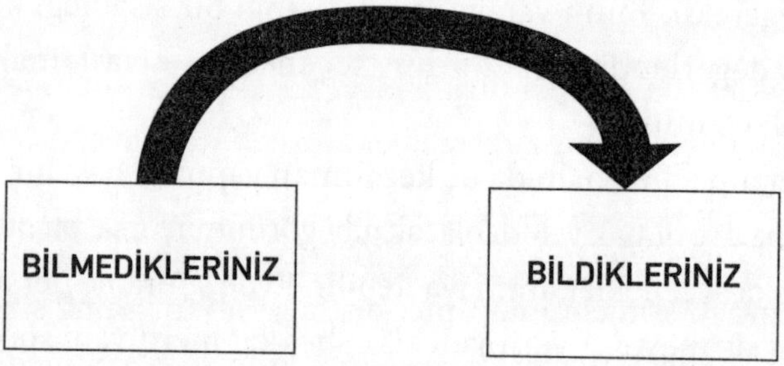

Verdiğiniz her kararın temelinde inançlarınız yatar. Sahip olduğunuzu düşündüğünüz seçenekleri ve kararınızın nasıl sonuçlanabileceğini inançlarınız belirler. Bir şeyin gerçek olma ya da gerçekleşme olasılığı hakkındaki fikrinizi oluşturur. İnançlarınız karşılığın ne olduğu hakkındaki düşüncenizi, hatta hedef ve değerlerinizi belirler.

> Kararlarınızı daha iyi hâle getirmekte başlıca silahınız "Bilmedikleriniz" kutusundakileri "Bildikleriniz" kutusuna taşımaktır.

Fakat şöyle de bir sorun bulunmakta; az önceki çizim doğru şekilde ölçeklenmemişti. Aslında şu şekilde görünmesi gerekiyordu:

BİLMEDİKLERİNİZ **BİLDİKLERİNİZ**

Doğru ölçeklenmemiştir. (Aslında bunun boyutu daha çok evrenin boyutu kadar.)

Kısmen doğru şekilde ölçeklenmiştir.

Bildikleriniz aslında bir iğnenin tepesi üzerinde bile durabilecek küçük bir toz zerresi kadardır. Bilmedikleriniz ise, evrene denk.

Bildiğiniz şeylerin azlığı göz korkutucu olabilir. Şayet tahmin yapmak konusunda yapıcı bir tavır takınırsanız size iyi haberim şudur: Her yeni bir şey öğrendiğinizde ve bilmediklerinizi bildiklerinize dönüştürdüğünüzde verdiğiniz kararların temelini sağlamlaştırırsınız.

Bildiğimiz şeyler konusunda iki temel problem vardır. İlki, pek fazla şey bilmememizdir. Yeni şeyler öğrenmek dayanaklarımızı sağlamlaştırır ve onları daha dirençli hâle getirir. İkincisi de bildikleriniz arasında yanlışların bulunmasıdır. İnançlarımızın birçoğu tam olarak doğru değildir. Bu yanlışları temeldeki çatlaklar olarak düşünebiliriz. Bu çatlakları onarıp temeli desteklemenin tek yolu inançlarımızdaki yanlışları bulmaktır. Bunu yapabileceğimiz tek yer ise bilmediğimiz şeyler evrenidir.

Geleceğin nasıl şekillenebileceğine dair ihtimaller, karşılıklar ve olasılıklar üzerine sorular sormanız bu nedenle çok önemlidir. Bunu yapmak sizi bildiklerinizi değerlendirmeye ve bilmediklerinizi öğrenmeye zorlar.

İşte size başka bir iyi haber: O küçük toz zerresi çoğu zaman sizi hedefinize yakınlaştırmak için yeterli olabilir. Olasılıklı cevaplar kümesini daraltmak için zannettiğiniz kadar çok şey bilmenize gerek yoktur. Örneğin, bir bizonun ağırlığını hesaplamak.

Bir mikroskoba sahip olmanızı gerektirse bile karar vermeye önce bildiğiniz şeyleri inceleyerek başlama yaklaşımının güzel yanı tam olarak budur. Az bir bilgi size çok şey kazandırabilir. Ve ne kadar çok bilirseniz o kadar iyidir.

Bu Neden Önemlidir?

Belirsizlik karar sürecini iki şekilde etkiler: Eksik bilgi ve şans. Eksik bilgi süreci karardan önce, şans ise karardan sonra ve sonuçtan önce etkilemektedir.

BELİRSİZLİĞİN İKİ ŞEKLİ

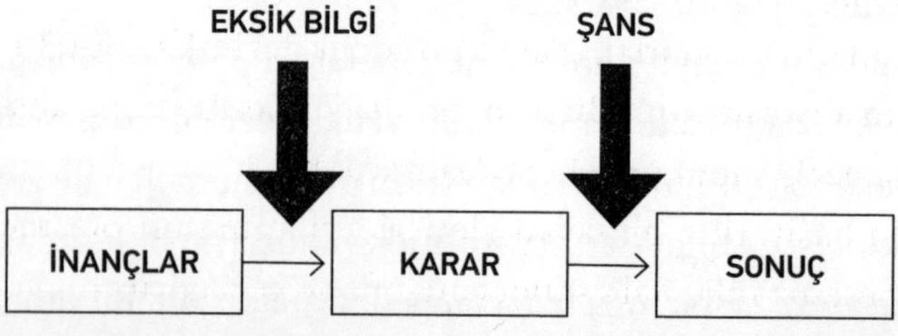

Şans doğası gereği müdahale edemeyeceğiniz bir şeydir. "Şansınızı kendiniz yaratırsınız," ifadesi ya bir hüsnükuruntudur ya da şansın tam olarak anlaşılamamasıdır. Eğer elinizde %95 ve %5 olasılıkla iyi sonuç verecek olan iki seçenek varsa seçiminiz üzerinde kontrolünüz vardır. Eğer daha iyi olan kararı verirseniz başarı şansınızı artırırsınız.

Ancak bir kez seçim yaptığınızda, %95 olasılıkla iyi sonuçlanacak kararı vermiş bile olsanız, sonucun nasıl olacağı üzerinde bir kontrolünüz yoktur. Tanım gereği, kararınızın %5 oranında kötü sonuçlanma ihtimali vardır ve bu %5'in hangi sefer gerçekleşeceğini belirleyemezsiniz.

Bu kitapta ekseriyetle daha iyi seçimler yapabilmeniz adına uygulayabileceğiniz şeylerin üzerinde durduk. Ancak şans faktörü yüzünden seçimleriniz muhteşem sonuçları garanti edememektedir.

Buna karşılık, eksik bilginin yarattığı belirsizlik üzerinde bir miktar kontrolünüz vardır. İnançlarınız kararlarınıza yön verir ve bu inançları daha iyi hâle getirme olanağına sahipsinizdir. Kusursuz bilgiyi nadiren elde edebilirsiniz ama bu bilgiye yakınlaşmanız mümkündür.

"Ekseriyetle", "genellikle", "nadiren" gibi terimler basit araçlar olsalar da hiç yoktan iyidirler, çünkü hedefe odaklanmaya başlamanızı sağlarlar. Zaten gündelik terimler olduğu için onlara alışıksınızdır. Bu terimler olasılıkçı düşünme alışkanlığına geçiş yapmanızı kolaylaştıracaktır.

Bu basit, titiz olmayan aletleri kullanmanın ötesine hiç geçmeseniz bile, hâlâ sonuçlamanın ve geri görüş ön yargısı gibi ön yargıların sonuçlardan öğrenme konusunda verdikleri inanılmaz zararı azaltacak araçlarınız olur. Yeni kararlar verirken, her seçeneğin muhtemel sonuçları, bunların olasılıkları ve tercihleriniz hakkında daha iyi bir genel fikriniz olur. Bu durum, geleceğin neler getirebileceği konusunda daha özenli, belirgin ve faydalı bir şekilde düşünmenizi sağlayarak, kararlarınızın kalitesini artıracaktır.

[8]

Tercihler, Karşılıklar, Olasılıklar: Özet ve Kapanış

Buradaki alıştırmalar şu kavramlar üzerinde düşünmenizi sağlamak üzere tasarlanmıştı:

- **Tercihleri, karşılıkları** ve **olasılıkları** karar ağacınıza dâhil etmek, iyi bir karar sürecinin ayrılmaz bir parçasıdır.
- **Tercih** meselesi, sizin **amaç** ve **değerlerinize** bağlı kişisel bir durumdur.
- **Karşılık**, bir sonucun sizi amaçlarınıza ilerleme konusunda nasıl iyi veya kötü yönde etkilediğidir.
- Bazı ihtimallerin değer verdiğiniz bir şeyler kazandığınız karşılıkları olur. Bunlar bir kararın üst potansiyelini oluştururlar.
- Bazı ihtimallerin değer verdiğiniz bir şeyleri kaybettiğiniz karşılıkları olur. Bunlar bir kararın **alt potansiyelini** oluştururlar.
- **Risk**, alt potansiyele maruz kalma durumunuzdur.
- Karşılık, değer verdiğiniz her şey ile ölçülebilir. (Para, zaman, mutluluk, sağlık, başkalarının sağlığı ya da zenginliği, sosyal değer vs.)

- Bir kararın iyi mi kötü mü olduğuna karar vermeye çalışırken üst potansiyeli alt potansiyel ile kıyaslarsınız. Üst potansiyel, alt potansiyelin **riskini** karşılıyor mu?
- **Olasılıklar**, bir şeyin gerçekleşme ihtimalini ifade eder.
- Olasılıkları, tercihler ve karşılıklarla birleştirmek; elinizdeki sonucun gölgesinden kurtulmanızı sağlayarak tecrübe paradoksunu aşmanızı sağlar. Böylece seçenekleri daha iyi değerlendirip kıyaslarsınız.
- Artı-eksi tabloları boyutsuzdur. Ne karşılıkların büyüklüğüne ne de artı veya eksiklerin gerçekleşme olasılığına dair herhangi bir bilgi içermezler. Bu nedenle, seçenekleri değerlendirmek ve kıyaslamak için düşük kalite birer karar aracıdırlar.
- Pek çok insan gelecekteki bir durumun gerçekleşme olasılığını hesaplama konusunda gönülsüzdür. ("Kesin olarak bilemem." "Yeterince şey bilmiyorum." "Ancak tahmin ediyor olurum.")
- Genelde bildikleriniz kusursuz olmasa bile **akıllı bir tahmin** yapmaya yetecek kadar bilgi sahibisinizdir.
- **Tahminde bulunmaya istekli olmak**, kararlarınızı geliştirmeniz açısından elzemdir. Eğer tahminde bulunmaya çaba göstermezseniz, kendinize, "Ne biliyorum?" ve "Ne bilmiyorum?" gibi soruları sormazsınız.
- **Olasılıkları yaygın terimler kullanarak ifade etmeye** başlayabilirsiniz. Bu durum, muhtemel sonuçların ne sıklıkla gerçekleşeceği hakkında düşünmeye başlamanızı sağlar. Böylelikle ihtimallerin birbiriyle ilişkisi ile en iyi ve en kötü sonuçların genel olasılığı hakkında bir fikir sahibi olursunuz.

Tercihler, Karşılıklar, Olasılıklar: Kontrol Listesi

Geçmiş bir kararınızı değerlendirirken ya da yeni bir karar verirken, Daha İyi Kararlar Almanın Altı Adımı'na başvurun:

- ☐ **Adım 1 – Mantık çerçevesinde gerçekleşme ihtimali olan sonuçlar kümesini belirleyin.** Bu sonuçlar, genel senaryolar ya da sonuçların bilhassa umurunuzda olan belirli özellikleri olabilir.
- ☐ **Adım 2 – Her bir sonucun karşılıkları vasıtasıyla tercihlerinizi (değerleriniz bağlamında her bir sonuçtan ne derece hoşlanıp hoşlanmadığınızı) belirleyin.** Bu tercihler sonuçlara bağlı olan karşılıklar ile ilişkilidir. Kazançlar iyi kısmı, kayıplar kötü kısmı oluşturur. Karar ağaçlarınıza bu bilgileri de dâhil edin.
- ☐ **Adım 3 – Her bir sonucun gerçekleşme ihtimalini ölçün.** Başlangıç olarak olasılıkları ifade eden alışılagelmiş terimleri kullanın. Tahmin etmekten çekinmeyin.
- ☐ **Adım 4 – Ele aldığınız seçenekte hoşunuza giden ve gitmeyen sonuçların gerçekleşme olasılığını değerlendirin.**
- ☐ **Adım 5 – Diğer seçenekler üzerinde de ilk dört adımı tekrarlayın.**
- ☐ **Adım 6 – Seçenekleri birbirleri ile kıyaslayın.**

BÜYÜKBAŞ TAHMİNLER

1906'da İngiliz bilimci Francis Galton, 800 kişinin şişman bir öküzün ağırlığını tahmin etmek için bilet aldığını görmüş. Ortaklaşa bir tahminin, bir uzman görüşünden daha kötü olacağını bu doğaçlama deneyle kanıtlamak istemiş ve yarışmadan sonra biletleri toplamış.

Uzman görüşü bireysel tahminlerin çoğundan daha iyi olsa bile biletlerdeki cevapların da bir noktada birleştiğini, hatta tahminlerin ortalamasının (kesilmiş ve temizlenmiş hâlde 543 kg) hayvanın gerçek ağırlığından yalnızca yarım kilo farklı olduğunu görmüş!

2015'te NPR'nin *Planet Money Podcast*'inde aynı deney internet üzerinden gerçekleştirildi. 75 kg ağırlığındaki bir muhabirlerinin, Penelope adında bir ineğin yanında durduğu bir fotoğraf yayınladılar ve okurlardan ineğin ağırlığını tahmin

BU İNEK KAÇ KİLO?

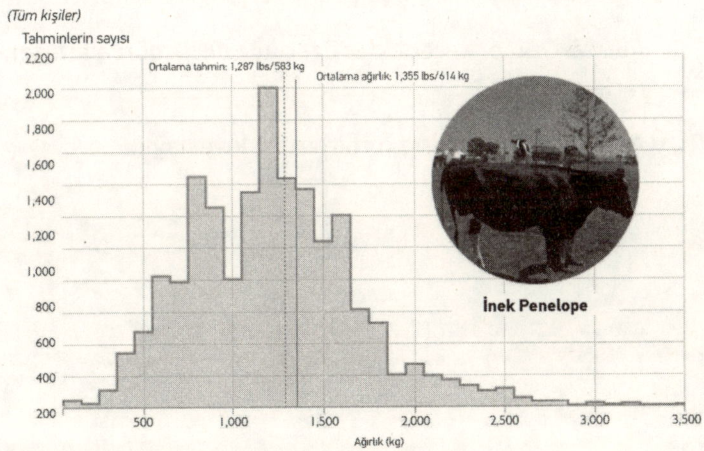

Kaynak: İnternet
Sahibi: Quoctrung Bui/NPR

etmelerini istediler. On yedi binin üstünde kişi geri dönüş yaptı. Sonuca Galton'un deneyindeki kadar yaklaşamasalar da tahminlerin ortalaması olan 583 kg, Penelope'un gerçek ağırlığı olan 614 kg'a oldukça yakındı.

V

Geleceğe Nişan Almak: Kesinliğin Gücü

[1]

Yitik Detaylar: Olasılık Belirten Kelimeler Kullanmanın Maliyeti

Andrew ve Michael Mauboussin'in olasılıkları ifade eden kapsamlı listesine geri dönelim. Listeyi hazırlama amaçları insanların bu ifadeleri kullandıklarında akıllarındaki olasılığın gerçekte ne olduğunu anlamaktı.

I. İlerleyen sayfalarda Mauboussin'lerin araştırmalarında kullandıkları anketi göreceksiniz ve isterseniz siz de doldurmayı deneyebilirsiniz. Bütün terimlerin yanlarında dört tane boş sütun listelenmektedir. Her birinin yanındaki ilk sütuna, terimi kullandığınız zaman kastettiğiniz olasılığı yazın. Her olasılığı %0 ile %100 arasında yüzdelik bir değer ile ifade edin.
Mesela, "Bence bunun olması için gerçek bir olasılık var." dediğiniz zaman bu olayın gerçekleşme olasılığı nedir? Bunu dediğinizde olayın yüzde kaç ihtimalle gerçekleşmesini beklersiniz?

Bazı insanlar olasılıkları yüzdelik olarak belirtmekten rahatsız olurlar. Eğer bu durum sizin için de geçerliyse kendinize şu şekilde sormayı daha rahat bulabilirsiniz: "Bir sonucun gerçekleşme olasılığı hakkında bu ifadeyi kullanmam için yüz denemeden kaçında bu sonuç ile karşılaşmam gerektiğini düşünüyorum?"

Örnek olarak, bir parayı yüz kere atsanız, bunların kaçında yazı gelirdi ve bu olasılığı ifade etmek için hangi terimi kullanırdınız?

Beyzbolcu Mike Trout kaleye geçtiğinde, fırlatılan yüz toptan kaçını karşılayabilirdi ve bu olasılığı hangi terimle ifade ederdiniz?

Teniste yüz servis kullandığınız takdirde, bunlardan kaçı karşıya geçerdi ve bu olasılığı nasıl tarif ederdiniz?

İş yerinizdeki dinlenme odasının önünden yüz sefer geçtiğiniz takdirde, bunların kaçında bir donut yerdiniz ve bu olasılığı hangi terimle ifade ederdiniz?

Tarak Krallığı uygulamanız üzerinden bir iş başlattığınız takdirde, yüz seferin kaçında erken safhalarda bu iş için milyon dolarlık bir teklif alırdınız ve bu olasılığı nasıl tarif ederdiniz?

Yüz deneme üzerinden bir durumun gerçekleşmesine dair yapacağınız her tahmin doğrudan bir yüzdelik hesabına dönüştürülebilir. Eğer yüz denemeden yirmisinde bir olayın gerçekleşeceğini düşünüyorsanız, bu %20'lik bir olasılıktır. Eğer 62 kere gerçekleşeceğini düşünüyorsanız bu %62'lik bir olasılıktır. Eğer 99 kez gerçekleşeceğini düşünüyorsanız bu %99 olasılıktır.

Yani gerçekleşme olasılığı "bal gibi de" olan bir şeyin (anketteki terimlerden biri değil) yüz denemede seksen beş kez gerçekleşeceğini düşünüyorsanız, bu durum "bal gibi de" ifadesinin %85 olasılığa eşit olduğu anlamına gelir. Bu durumda; eğer "iş yerindeyken bekleme odasının önünden geçtiğim takdirde bir donut yeme ihtimalim bal gibi de var." derseniz, bu 100 sefer içinden 85 tanesinde ya da %85'lik bir olasılıkla donutlara dalacağınız anlamına gelir.

Aşağıda cevaplarınızı doldurduktan sonra, üç kişiye daha anketi uygulayın.

Kişilerin, anket sonuçlanıncaya kadar birbirlerinin cevaplarını görmemesi önemlidir. Terimleri onlara sorun ve cevaplarını kaydedin ya da doldurmuş olduğunuz sütunların üzerini dikkatlice kapatın.

	Siz	A kişisi	B kişisi	C kişisi
Sıklıkla				
Neredeyse kesinlikle				
Genellikle				
Pek değil				
Banko				
Düşük ihtimalle				
Olabilir				
Neredeyse her zaman				
Ekseriyetle				
Belki				
Büyük olasılıkla				
Olasılıkla				
İhtimal dâhilinde				
Çoğunlukla				
Yüksek ihtimalle				
İhtimalsiz				
Kesinlikle				
Her zaman				
Asla				
Ciddi ihtimalle				
Nadiren				
İmkân dâhilinde				
Muhtemelen				

II. Cevap setlerinin dördünü de kıyaslayın. Birbirleriyle ne derece uyuşmuşlar? (Birini işaretleyin.)

Çok *Orta derecede* *Biraz* *Neredeyse hiç*

III. En düşük ve en yüksek ihtimaller için hangi terimler daha sık kullanılmış?

____

____

____

IV. Anlaşmazlık derecesini şaşırtıcı buldunuz mu?

EVET *HAYIR*

Keşmekeş Diyarı

Sanıyorum ki, bu terimlerin ne anlama geldiği konusunda büyük bir anlaşmazlık olduğunu siz de keşfetmişsinizdir. Mauboussin'ler de 1700 kişilik anketlerinde aynı şeyi keşfetmişlerdi. Sonraki sayfadaki rakamlar, insanların verdikleri numunelerde her terim için belirttikleri olasılık aralığını gösteriyor. (Her terim için ortalama cevap, koyu kutunun içindeki satırda gösteriliyor.)

İnsanların bu terimleri kullandıklarında düşündükleri olasılıklar arasında bariz ve büyük farklar var.

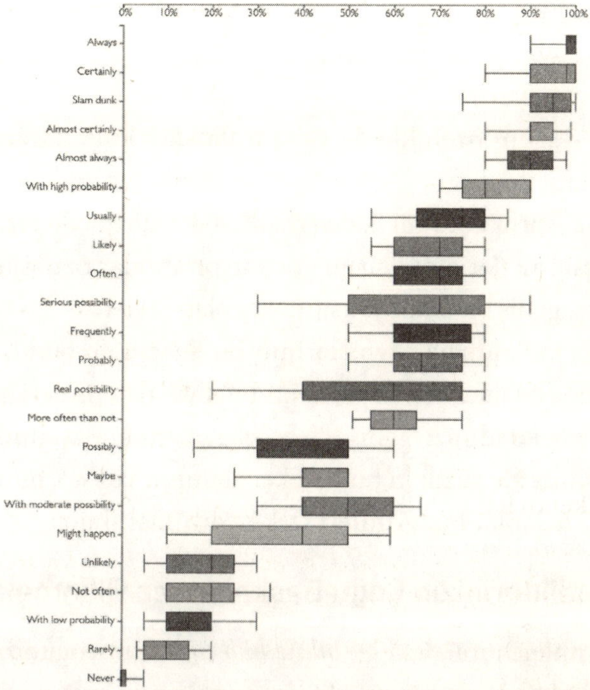

Sizin de dört kişilik anketinizde fark edeceğiniz üzere, bu terimlerin bazılarının aralığı şaşırtıcı derecede genişti. Mesela "büyük olasılıkla" ifadesinin aralığı %20'den %80'e uzanıyor. Anketi dolduranların çeyreği bunun %40 ya da daha az bir olasılık olduğunu düşünüyor. Bir çeyreği %40 ile %60 arasında olduğunu düşünüyor. Bir başka çeyreği %60 ile %75 arasında olduğunu düşünüyor. Son olarak, bir başka çeyreği ise %75'ten fazla olduğunu düşünüyor.

İnsanlar *her zaman* ve *asla* terimlerinin ne ifade ettiği konusunda bile ayrılığa düşüyorlar!

Eğer siz de çoğu insan gibiyseniz, bu sonuçlara oldukça şaşırmışsınızdır. Çoğumuz bu terimlerin çeşitli insanlara ifade ettiği anlamın ne kadar farklı olabileceğinin bilincinde değiliz. Bir ifade kullandığımızda, başka insanların da bunu bizimle aynı şekilde kullandığını ve bizimle aynı şeyi kastettiğini varsayarız.

Bu durum özellikle de yaygın ifadeler kullandığımızda geçerlidir.

Bu alıştırma, yaygın ifadelerin olasılık belirtmede gerçekten elverişsiz aletler olduklarını gösteriyor. Bunlar özü itibariyle belirsiz, geniş bir alanı yansıtmakta olan şeylerdir. İnsanların bunları kullanmayı sevmelerinin bir sebebi de budur tabii. "Hatalı" olmaktan korkuyorsanız, bu muğlak terimleri kullandığınızda kendinize geniş bir hareket alanı bıraktığınızı hissedersiniz. Ne yazık ki bu hareket alanının yüksek bir bedeli vardır: İnsanlar bu terimleri farklı yorumlayabilir.

Bilmediklerinizin Çoğu Başkalarınca Bilinmektedir

Bu terimlerin muğlaklığı, *bilmedikleriniz* kutucuğundakileri *bildikleriniz* kutucuğuna aktarma amacınızı eyleme dökme aşamasında devasa bir sorunla karşılaşmanıza neden olur. İnançlarınızdaki yanlışlıkların kararınızın temelinde oluşturduğu çatlakları gidermek güçleşir ve yeni şeyler öğrenerek bu temeli sağlamlaştırmanız engellenir.

Bilmediğiniz şeylerin çoğu başka insanların kafasının içinde olduğundan; inançlarınız ve kararlarınız hakkında başkalarından geri bildirim almak, dünyadan bilgi toplamak için en iyi araçlarınızdan biridir. Ancak iletişim kapsamında bu terimleri kullandığınızda, sizin kastettiğiniz şey başkalarının anladığından çok farklı olabilir. Bu devasa bir sorundur çünkü inanç ve kararlarınız hakkında güvenilir geri bildirim alabilmek için bu geri bildirimi sağlayan kişiyle aynı dili konuşuyor olmanız gerekir.

> Bu kült terimleri kullandığınız zaman, siz ve sohbetin içindeki diğerleri farkında bile olmadan farklı dillerde konuşuyorsunuz demektir.

Eğer bir şeyin %30 gerçekleşme olasılığı olduğunu düşünüyorsanız ve bu olasılığın %70 olduğu konusunda güvenilir bilgiye sahip biriyle konuşuyorsanız, aradaki bu uyuşmazlığı açığa çıkarmak önemlidir. İnancınızı düzeltmek adına, onun kafasının içindeki bu bilgiye ihtiyacınız vardır. Bu bilgiyi çekip alamazsanız bir fırsatı kaçırmış olursunuz ve neticede kendi tahmininize dayanan kararınızın sonucu düşük kalitede olur.

Eğer kastettiğiniz şeyi kesinlik içerisinde, yüzdelik olasılıklar kullanarak aktarırsanız, aradaki uyuşmazlık anında açığa çıkar. Eğer ben bir şeyin olasılığının %30 olduğunu söylersem, siz ise %70 olduğunu söylerseniz, aramızda anlaşmazlık olduğunu biliriz. Ortada belirsizlik yoktur.

Ancak eğer, "Bu olay büyük olasılıkla gerçekleşecek." dersem anlaşmazlık örtülü kalabilir çünkü "büyük olasılık" ile %30'luk bir olasılığı kastettiğimi bilmiyor olabilirsiniz. Ben de sizin %70'lik bir olasılığı kastettiğinizi bilmiyor olabilirim. Farklı diller konuştuğumuz için siz sadece onaylayarak kafa sallayabilir, sahip olduğunuz değerli bilgiyi asla bana aktarmayabilirsiniz. Belirsiz bir dil kullandığım için inançlarımı güncelleme ve düzeltme şansını kaçırmış olurum ve bu benim için ellerimden kayıp gitmiş olan kocaman bir fırsattır.

Bütün bu kaçan fırsatların, hayatınız boyunca kararlarınızın kalitesi üzerinde yapacağı biriken etkiyi bir düşünün.

Kesinlik uyuşmazlıkları, sizin inancınızın başkalarınınkinden farklı olduğu noktaları açığa çıkarır. Bu iyi bir şeydir çünkü yanlış bilgilerinizin farkına varmak istersiniz. Kesinlik, bu yanlışlıkları düzeltmenizi sağlar.

Şöyle düşünün: "2+2 küçük bir sayıdır." demek matematikte daha iyi olmanıza yardım edebilir ama sizi bir uzman yapmaz. "Küçük bir sayı" teknik olarak doğrudur ancak 5, 2, 4 gibi sayıların hepsi küçüktür ve öğretmeniniz için bunlardan hangisinin doğru olduğunu düşündüğünüzü bilmek daha faydalıdır. Kesin olmayan cevapların sizi hatalı olmaktan kurtardığı doğrudur ama matematikte ilerlemek istiyorsanız ne zaman hatalı olduğunuzu bilmeniz gerekir.

Ayrıca bu belirsizlik sizi gerektiğinde sorumluluk almaktan alıkoyar. Hedef alanını ne kadar geniş tutarsanız, kesin bir cevap vermek için ihtiyaç duyduğunuz bilgiyi o kadar az ararsınız. Bu geniş hareket alanı, sadece başkalarına değil kendinize karşı da hesap verebilirliğinizi azaltır.

Kesinlik bu yüzden önemlidir.

Terimlerin olasılık konusundaki muğlaklıklarının yarattığı yüksek bedelli sonuçların gerçek hayatta birçok örneği vardır. Philip Tetlock, 2015 tarihli *Süpertahmin: İsabetli Tahmin ve İyi Yargının Bilim ve Sanatı* adlı kitabında şu örneği veriyor: Başkan Kennedy, Fidel Castro'yu indirmek için hazırlanan (ve Domuzlar Körfezi Çıkarması olarak bilinen) CIA planını onayladığında, askeri danışmanlarına bu harekâtın başarılı olup olmayacağı hakkındaki görüşlerini sormuş. Genelkurmay Başkanlığı, Kennedy'e bu planın başarılı olmasının "mümkün" olduğunu söylemiş. (Değerlendirmenin yazarına göre bu %25'lik bir olasılık ifade ediyormuş.) Kennedy, "mümkünü" daha yüksek bir olasılık olarak düşündüğü için planı onaylamış. Sonuç olarak bu beceriksiz ve acemice görünen plan başarısız oldu ve Soğuk Savaş'ın kritik bir döneminde Amerika'yı küçük düşürdü.

[2]

Kesinlik Önemlidir: Akıllı Tahminlerle Hedefinizi Daha Belirgin Hâle Getirin

Tabii ki terimler kullanmanın tamamen işe yaramaz olduğunu söylemiyorum. İhtimalleri bu terimleri kullanarak ifade etmek, olasılıkçı düşünme alışkanlığı için iyi bir başlangıç noktasıdır. Bunları kullanmak, bir olayın gerçekleşme olasılığı hakkında düşünmeye başlamanızı sağlar. İstediğiniz ve istemediğiniz sonuçların olasılıklarını değerlendirirsiniz. Seçenekleri kıyaslamanız için bir imkân oluşmuş olur. En önemlisi de, kendinize "Ne biliyorum ve daha fazla ne öğrenebilirim?" diye sorma süreciniz başlar.

Bunların hepsi güzel şeyler.

Ancak bir kere bu süreci başlattığınızda, tam da onları çekici kılan nedenlerden ötürü, bu terimlerin ötesine geçmek isteyeceksiniz: *Hatalı olmayı zorlaştıran hareket alanı.*

Tam bir tahminde bulunmanın getirdiği sorumluluk ve kesinlik korkutucu olsa da bunu denemeye değer. Okçuluk yapan herkesin söyleyeceği gibi, tam ortaya ne kadar iyi nişan alırsanız orayı vurma (ya da yakın bir yeri vurup daha fazla puan alma) olasılığınız o kadar artar. Evet, bu terimleri kullandığınızda nişan alıyorsunuz ama *tam ortayı* hedef almıyorsunuz.

Olasılığı gündelik terimlerle ifade etmekten yüzdelik olarak ifade etmeye terfi etmek, eşeğe-kuyruk-tak oyunundaki göz bağından kurtulmanın bir aşamasıdır.

İyi haber şu ki, olasılıkları bu terimlerden yüzdelik hesaba çevirmek için hâlihazırda elinizde bir liste var.

Ne listesi mi?

Mauboussin'lerin anketi için oluşturduğunuz liste. Bir sonucun gerçekleşme ihtimalini hesaplarken bu terimlerden biri aklınıza gelirse, listeye bakarak bu terim yerine karşısına yazdığınız yüzdelik olasılığı kullanabilirsiniz.

Hadİ, bu çevİrme İşlemİnİ dördüncü bölümdeki işe alma örneği için yapalım. Bu kararın en önemli tarafı, adayın ne kadar süre şirkette kalacağı idi. Gündelik ifadeler, Mauboussin'lerin çalışmalarında elde ettiği ortalama cevaplar kullanılarak, yüzdelik olasılıklarla değiştirildiğinde, bu iki (birbirinin aynısı olan) ağaç şöyle görünüyor (orijinal ağaçlardaki terimler referans için yerlerinde bırakılmıştır):

Karar	**Olası Sonuçlar** *(şirkette kalması)%*	**İhtimâl** *(şartlar)*	**İhtimâl** *%*
Aday A'yı işe al	...6 aydan az	Nadiren	10
	...6 aydan bir yıla kadar	Düşük ihtimalle	15
	...bir yıldan iki yıla kadar	İhtimali yok	20
	...2 yıldan daha uzun süre	Çoğunlukla	55

Karar	**Olası Sonuçlar** *(şirkette kalması)%*	**İhtimâl** *(şartlar)*	**İhtimâl** *%*
Aday B'yi işe al	...6 aydan az	Muhtemel	10
	...6 aydan bir yıla kadar	İmkan dahilinde	15
	...bir yıldan iki yıla kadar	Nadiren	20
	...2 yıldan daha uzun süre	Düşük ihtimalle	55

Terimleri, yüzdelere çevirmenin bu hesaplamaları nasıl daha açık hâle getirdiğini görebilirsiniz. Bu kesinlik, özellikle seçenekleri kıyasladığımız altıncı bölümde işimize yarar. Olasılıkları bu şekilde ifade etmek cevabı da daha belirgin hâle getirir: Bu hesaplamalara göre, Aday A'nın şirkette daha uzun süre kalması muhtemeldir.

I. Gündelik dilde kullandığınız terimleri yüzdelikle ifade edilen olasılıklara çevirmek adına, bir alıştırma daha yapın. Bu sefer, daha önce Sweat Sensations'a (Ter Sansasyonu) katılmak üzerine hazırlamış olduğunuz karar ağacı için kullandığınız tahminleri ele alın.

Karar | **Olası Sonuçlar** *(İdman sıklığı)* | **İhtimâl**

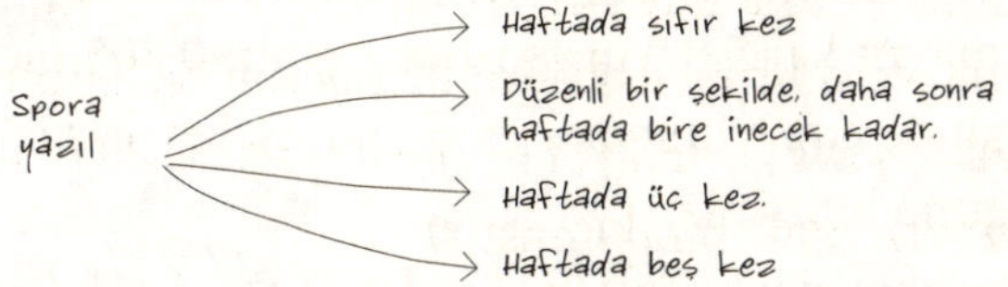

II. Olasılıkların toplamı %100'ü geçiyor mu? Eğer ihtimaller birbirinden ayrı olarak hesaplandığı için bu durum gerçekleşiyorsa gerekli düzenlemeleri yapmalısınız. Olasılıkların toplamı tam olarak %100 olmak zorunda da değil çünkü muhtemel sonuçlar tam olarak kusursuz değil. Burada, tüm sonuçları hesaba katmaya değil, gerçekleşmesi en muhtemel mantıklı sonuçların üzerinde yoğunlaşmaya çalışıyorsunuz.
Evet; Boston'a gök taşı düşmesi, piyangoyu kazanıp bir daha hiç çalışmak zorunda kalmamanız, yeraltı bir siyasi oluşuma katılıp Massachusetts Amerika'dan ayrıldıktan sonra New Boston'ın belediye başkanı olmanız gibi minik ihtimaller her zaman var. Ancak bu tip sonuçlar "mantıklı" kategorisine ait değil ve bu yüzden karar verme sürecine bunları dâhil etmeniz çoğu zaman faydasız olacaktır.

İhtimaller listesinin tam olarak eksiksiz olması gerekmediğinden, toplamları da %100'den az olabilir. Ancak aynı sebeple, birbirinden bağımsız sonuçların olasılığının toplamları da %100'ü aşmamalıdır.

[3]
Aralığın Yurdunda

Mükemmel (ya da mükemmele yakın) bilgiye sahip olduğunuzda olasılığı kesin olarak bilebilirsiniz. Hedef tahtasında tam ortanın nerede olduğunu kesin şekilde bilir ve on ikiden vurabilirsiniz.

Bir metal para hilesiz bir şekilde havaya atıldığında, tam olarak %50 yazı gelme olasılığı olduğunu bilirsiniz.

Mike Trout'un kariyer vuruş istatistiğinin 0.305 olduğu düşünüldüğünde, sıra tekrar ona geldiğinde isabet olasılığının %30.5 olduğunu bilirsiniz.

Para ve beyzbol oyuncuları hakkındaki bu şeyleri bilirsiniz çünkü onlarla ilgili elinizde çok fazla bilgi vardır.

Hayat ise nadiren bir madeni paraya ya da Trout'a benzer. Çoğu zaman, bizona olan benzerliği daha fazladır.

Ter Sansasyonu'nda ne sıklıkla spor yapacağınızı ya da Tarak Krallığı uygulamanızın sizi zengin mi edeceğini yoksa batıracağını mı hesaplarken olduğu gibi, başka çoğu durumda da kusursuz bilgiye yaklaşamazsınız.

Hesabınızı mümkün olduğunca hassas yapmak faydalı olsa da, "akıllı tahmininizin "ne kadar "akıllı" olduğu konusunda başkalarına ve kendinize karşı açık olmak da son derece önemlidir.

İnancınızın ne derece belirsiz olduğu konusunda açık olmak yararınızadır.

Doğru üzerinde sıfır bilgi ile kusursuz bilgi arasında, nerede olduğunuzu ifade etmenin uygun yollarından biri de, kesin tahmininizin *yanında*, bir de bu tahmine yakın bir aralık sunmaktır. Bu aralık, cevaba dair mantıklı en düşük tahmininiz

(alt sınır) ve mantıklı en yüksek tahmininizi **(üst sınır)** göstererek, hedef alanınızın genişliğini bildirir.

Bunu bizonun ağırlığı konusunda yapsaydım, kesin tahminim 815 kg olurdu. Alt limitim 500 kg ve üst limitim 1500 kg olurdu. Aralık geniş, çünkü bu bizonun ya da herhangi bir bizonun ağırlığı hakkındaki bilgim çok da iyi değil. Yine de bu aralık pek çok ihtimali eliyor çünkü genel olarak cisimlerin ağırlığı hakkında oldukça fazla şey biliyorum.

Eğer bir yerden bir yere gitme zamanınızı hesaplıyorsanız ve trafik sıkışıklığının, inşaatların ve kötü hava koşullarının az olduğu küçük bir yerde yaşıyorsanız; en hızlı ve en yavaş tahminleriniz arasındaki fark çok büyük olmaz.

Ancak bu küçük yer Colorado'nun Snowmass köyüyse sezonluk trafik ve kış şartları, bu hızlı ve keyifli yolculuğu buzla kaplı yollarda sürekli dur-kalk yaptığınız tehlikeli bir macera hâline getirebilir. Böylece havanın daha elverişli olduğu ve daha az turistin bulunduğu yaz mevsimi için tahmin aralığınız, daha fazla bilinmeyenin bulunduğu kış mevsimine göre daha dar olur.

Eğer yolunuz Los Angeles'taki bir ana caddeden geçiyorsa tahmin aralığınız çok daha geniş olacaktır. Los Angeles'ta trafik olmadan on beş dakika süren bir yolculuk, ağır trafikte saatler alabilir. Dolayısıyla alt limit ve üst limitiniz arasındaki fark da bu durumu yansıtacaktır.

Geniş bir tahmin aralığına sahip olmak kötü bir şey değildir. Bu şekilde daha fazla akıllı tahmininizin ne kadar "*akıllı*" olduğunu görebilmiş olursunuz. Bildiğiniz ve bilmediğiniz şeyleri doğru bir şekilde yansıtan geniş bir aralık, emin olmadığınız hâlde kesinliğinizi pazarlayarak verdiğiniz dar bir aralıktan daha faydalıdır.

Tahmini hedef noktanızın etrafındaki aralık, hedef aralığınızın genişliğini tanımlar ve kilit bir amaca hizmet eder: Size ve başkalarına, tahmininiz içinde ne kadar belirsizlik olduğunu düşündüğünüzü işaret eder. Sıfır bilgi ile kusursuz bilgi arasında uzayıp giden doğrudaki konumunuzu gösterir.

Kusursuz bilgiden ne kadar uzak olursanız, tanımladığınız hedefin aralığı o derece geniş olur. Kusursuz bilgiye ne kadar yaklaşırsanız, tanımladığınız hedefin aralığı o kadar daralır. Kusursuz bilgiye sahip olduğunuz ve ortada hiçbir belirsizliğin olmadığı ender anlarda, hedefinizin bir aralığı olmayacak, gözler önüne serilen sadece hedefiniz olacaktır.

Geniş bir aralık, başkalarına ve kendinize, ortadaki belirsizlik miktarına dair nasıl bir düşünceye sahip olduğunuz hakkında bir fikir verir. Bu da, karar verme süper güçlerinizi devreye sokarak, aralığı daraltacak bilgileri bulmanıza yardımcı olacaktır.

Emin olmadığınızı göstermek, iki şekilde yeni bilgilerle (özellikle de sizdekilerle çelişen bilgilerle) karşılaşma şansınızı artırır:

1. Emin olduğunuza dair yanlış bir algı yaratırsanız ki bunu tam bir olasılık vererek istemeden de yapabilirsiniz, başkalarının *hatanızı düzeltecek bilgileri* ortaya koyma ihtimali azalır. Çünkü *hatalı olduklarını düşünerek* mahcup duruma düşmek istemeyebilirler ya da sizin hatalı olduğunuzu düşünüp sizi utandırmak istemeyebilirler. *Eğer bir lider rolündeyseniz, bu durum özellikle o zaman büyük bir sorundur.*
2. Tahmininizin etrafında bir aralık bırakmak, dinleyiciye üstü kapalı bir soru yöneltir: *Bu konuda bana yardımcı olabilir misin?* Bir üst ve alt limit yarattığınız zaman, sıfır bilgi ile kusursuz bilgi arasında bir yerde

olduğunuzu ifade etmiş olursunuz. Emin olmadığınızı bildirmek, karşınızdakinin kendi bakış açısını ve bilgilerini paylaşmasını sağlar çünkü *onlardan yardım istemiş olursunuz.*

Olasılıkları yüzdelik şekilde belirttiğinizde ve bu tahminlerin yanında mantıklı bir aralık sunduğunuzda, *bilmediğiniz şeyler evrenine* kendinizi mümkün olduğunca fazla açmış olursunuz. Bu da, inançlarınızdaki yanlışları düzeltecek ve kararlarınızın kalitesini artıracak bilgilere ulaşma şansınızı artırır.

Şaşırma Testi

Bu aralıkları belirlerken amacınız, hesapladığınız şey her ne ise, o konudaki mantıklı alt ve üst değerler hakkında düşünmektir. Peki, *mantıklı* ne demek?

Mantıklı demek, doğru cevabı *kesin içerecek* alt ve üst limitler koymak *değil.* Böyle bir aralık bilgilendirici olmayacaktır.

Bizonun ağırlığı ne kadar? Eğer "sıfır ile sonsuz arasında" dersem verdiğim aralık doğru cevabı kesinlikle içerecektir.

Mike Trout'un bir sonraki seferde topa vurma olasılığı kaçtır? "Yüzde sıfır ile yüzde yüz arasında." İşte başka bir garanti cevap daha.

2+2 kaçtır sorusu için aralığım mı? "Küçük bir sayı" diyerek risk almazdım. "Eksi sonsuz ile artı sonsuz arasında," diyerek cevabı garantiye alırdım.

Ne güzel, üçte üç yaptık değil mi?

Hayır değil, çünkü bu aralıklar ne bildiğim şeyleri ne de bilmediğim şeyleri doğru bir şekilde yansıtıyor. Demek istediğim şu ki, 2+2'nin sonsuza eşit olmadığını tabii ki biliyorum.

Bildiğiniz *bir şeyler* daima vardır ve belirlediğiniz aralık bu şeyleri yansıtmalıdır. Doğru cevabı içermesi garanti olan alt ve üst limitler ancak bilgi eksikliğinin üstünü kapatır. Benzer şekilde, olması gerekenden daha dar bir aralık da ancak bildiğiniz şeyleri abartmaya yarayacaktır.

Bildiğiniz ve bilmediğiniz şeyleri doğru bir şekilde yansıtan, çok geniş ve çok dar arasında, tam olması gereken yerde bir noktayı hedeflemelisiniz.

Mantıklı demek işte budur.

Wharton Üniversitesi profesörü Abraham Wyner mantıklı bir üst ve alt limit belirlemek için kendinize şu soruyu sormanızı öneriyor: "*Cevabın bu aralığın dışında olmasına fazla şaşırır mıydım*?" Bunu ölçek alırsanız, aralığınız doğal olarak tahmininizin ne kadar *akıllı* olduğunu yansıtacaktır.

"Fazla şaşırmak", haddinden fazla emin olmak (ki bu durumda aslında hiç de emin değilsinizdir) ile cevabın asla yanlış olmayacağı bir genişliğe sahip olmak arasında iyi bir denge yakalar.

> Amacınız, daraltabildiğiniz kadar daralttığınız, eğer cevap belirlediğiniz aralığın dışında çıkarsa bunun sizi hâlâ şaşırtabileceği bir aralık belirlemektedir.

I. Bu şaşırma testini uygulayın.
Aşağıdaki ve sonraki sayfadaki on madde için en iyi tahmininizi yapın (tam bir sayı vermek zorunda olsaydınız yapacağınız en akıllı tahmin) ve bu sayının yanında bir de doğru cevabı temsil edebileceğini düşündüğünüz alt ve üst limitleri belirleyin.

Unutmayın, amacınız mümkün olduğunca dar bir aralık belirlemek ki cevap bu aralığın dışında olursa fazlaca şaşırasınız.

Alt ve üst limitleri, on seferden dokuzunda doğru cevabı içerecek şekilde belirlemek, "fazla şaşırma" durumu üzerine düşünebilmeniz için iyi bir yöntemdir. Dikkat ederseniz en az dokuz doğru cevabı amaçlayın demiyorum. Öyle olsa on maddenin tamamını bilmek de amacın bir parçası olurdu ve bu durum sizi haddinden geniş aralıklar belirlemeye teşvik ederdi. Kastettiğim şey, her cevabın doğru olma olasılığı %90 olacak şekilde aralık belirlemenizdir.

Onda dokuz hedefi, çok geniş ve çok dar arasındaki o doğru dengeyi bulmak için iyi bir hedeftir.

Şunu da unutmayın ki değişik konularda sıfır bilgi ve kusursuz bilgi arasındaki konumunuz farklı olacağından, üst ve alt limitleriniz arasındaki mesafenin de bu duruma uygun olması gerekir. Örneğin, eğer Meryl Streep hakkında fazla bir şey bilmiyor ama Prince hakkında oldukça fazla şey biliyorsanız, aşağıdaki B maddesi için aralığınız C için olandan muhtemelen daha geniş olacaktır.

	Kesin tahmininiz	Alt Limit	Üst Limit
a. Doğduğunuz şehrin güncel nüfusu			
b. Meryl Streep'in kaç kere Akademi Ödülü'ne aday gösterildiği			
c. Prens Rogers Nelson'ın öldüğünde kaç yaşında olduğu			
d. Nobel Ödüllerinin verildiği ilk yıl			
e. Ulusal Futbol Ligindeki takımların sayısı			
f. Birleşik Devletler'de yaşayan bir kişinin nüfusu bir milyonu aşan bir şehirde ikamet etme ihtimali			
g. 1860 Başkanlık seçimlerinde Abraham Lincoln'a oy veren kişi sayısı			
h. Özgürlük Anıtı'nın uç noktasının uzunluğu			
i. Beatles'ın Billboard'da 1 numara olan single'larının sayısı			
j. Birleşik Devletler'de yaşayan ortalama bir yetişkinin ölüm sebebinin kalp hastalıkları olması ihtimali			

Cevaplar için bu bölümün sonuna göz atınız.

II. Bu onu arasında kaçı için belirlediğiniz aralık doğru cevabı içeriyordu? ______

III. Şaşırma testini uygulamakta iyi bir iş çıkardığınızı düşünüyor musunuz?

EVET *HAYIR*

IV. Eğer üçüncü soruyu evet olarak yanıtladıysanız sebeplerini yazınız.

______

______

Eğer üçüncü soruyu hayır olarak yanıtladıysanız sebeplerini yazınız.

______

______

V. En emin şekilde verdiğiniz cevap hangisiydi?

______

______

Niçin?

______

______

Belirlediğiniz aralık bunu yansıtıyor muydu?

EVET *HAYIR*

Belirlediğiniz aralık doğru cevabı içeriyor muydu?

EVET *HAYIR*

VI. En emin olmadan verdiğiniz cevap hangisiydi?

______

Niçin?

______

______

Belirlediğiniz aralık bunu yansıtıyor muydu?

EVET *HAYIR*

Belirlediğiniz aralık doğru cevabı içeriyor muydu?

EVET *HAYIR*

EĞER ÇOĞU İNSAN GİBİYSENİZ, belirlediğiniz aralıklardan kaç tanesinin doğru cevabı içermediğine şaşırmışsınızdır. Eğer yalnızca bir veya iki maddede cevabı kaçırdıysanız, tebrikler. Bu tarz testleri uygulayan kişilerin çoğu %50'den yüksek bir sonuç alamaz.

Bu da, bildiklerimizi genellikle gereğinden az göstermekten ziyade gereğinden fazla bir şekilde gösterdiğimize işaret eder. Tahminlerimizden çoğu zaman inançlarımızın isabetliliği olduğundan daha fazlaymışçasına eminizdir.

Umarım bu alıştırma ve şaşırma testi, bu tarz hesaplamaları nasıl daha iyi yapabileceğiniz konusunda yol gösterici olmuştur. Zannettiğiniz kadar şey bilmiyor olabileceğinizi ya da inançlarınızın doğru olmayabileceğini ya da başkalarından zannettiğinizden daha fazla yardıma ihtiyaç duyabileceğinizi farz etmek her daim faydanızadır.

Birinci bölümde başkalarının olasılık terimlerini nasıl yorumladıklarını nasıl kendi adınıza test ettiğinizi hatırlayın. Bu alıştırmayı da üç arkadaşınızla beraber yapın ve testte nasıl bir performans sergilediklerini yine kendi adınıza gözlemleyin. İnsanların şaşırma testinde oldukça başarısız olduklarını göreceksiniz.

Bildiğinizi düşündüğünüz şeylerin kalitesine daha şüpheli biçimde yaklaşın. Bu şüphe, sizi, kendi inançlarınızı sorgulama ve başka insanların bildiklerini öğrenme konusunda daha istekli yapacaktır. Ve bu da kararlarınızın kalitesini artıracaktır.

I. Bu kitapta oluşturduğunuz karar ağaçlarından birini ele alın ve olası sonuçların her birinin gerçekleşme olasılığına dair en nokta atışı tahmininizi yapmaya çalışın. Her nokta atışı tahmininiz için de bir alt ve üst limit belirleyin.

Karar	**Olası Sonuçlar**	**Olasılık**	**Alt Limit**	**Üst Limit**

II. En geniş aralığa sahip olan sonuçların aralığını daraltmak için ne gibi bilgilerin arayışına girebilirsiniz?

III. En dar aralığa sahip olan sonuçların aralıklarını belirlerken, kendinize gereğinden fazla güvenip güvenmediğinizi belirlemenize yardımcı olacak ne gibi bilgilerin arayışına girebilirsiniz?

IV. Sonuçlardan birini seçin. Bir şekilde o sonucun gerçekleşme ihtimalinin aslında belirlediğiniz aralıkta yer almadığını keşfettiğinizi hayal edin. Bunun sebebi veya sebepleri sizce ne(ler) olabilir?

AŞIRI ÖZGÜVEN EĞİLİMİ, KARAR sürecini zedeler.

İnançlarımızı genelde yeterince sorgulamayız. Bildiğimizi düşündüğümüz şeyler hakkında fazla güvene sahibiz ama bilmediğimiz şeyler hakkında gerçekçi bir resme sahip değilizdir. İster doğru olduğunu düşündüğümüz şeyler, ister fikirlerimiz, ister gelecek hakkındaki görüşlerimiz olsun; biraz şüphecilik hepimizin işine yarayabilir.

"Eğer yanlış biliyor olsam bu neden kaynaklanırdı?" diye sorma alışkanlığını edinmeniz, bildiğinizi düşündüğünüz şeylere dair doğuştan gelen iyimser görüşünüzü dizginlemenize, bilmediğiniz şeylere odaklanmanıza ve inançlarınıza daha şüpheyle yaklaşmanıza yardımcı olur.

Kendinize neden hatalı olabileceğinizi sormak, aynı zamanda; bildiğiniz şeylerin, fikirlerinizin ve gelecek hakkındaki görüşlerinizin doğruluğunu da artıracaktır. Çünkü fikirlerinizi değiştirebilecek yeni ne öğrenebileceğinizi kendinize sormak, *bu bilgilerin bazılarına ulaşmanızı sağlayacaktır.* Bu soruyu sormak ve cevaplamak, bu bilgileri aramaya daha hevesli olmak demektir.

Fikirlerinizi değiştirecek bilgiye hemen şimdi ulaşamasanız da gelecekte ulaşabilirsiniz. Fikirlerinizi değiştirebilecek bilgiler hakkında önden düşünmek, hem bu bilgilere karşı tetikte olmanızı *hem de onlarla karşılaştığınızda açık görüşlü davranmanızı sağlayacaktır.*

I. Yukarıdaki alıştırmanın dördüncü sorusunda listelediğiniz her sebep için, kendinize 'bu bilgiyi şu anda arasanız bulup bulamayacağınızı' sorun ve eğer bulabileceğinizi düşünüyorsanız, bulun.

II. Kendinize neden yanılıyor olabileceğinizi sorma sürecinden geçmek, inançlarınızda herhangi bir düzenlemeye gitmenize sebep oldu mu? Bu konuda neler düşündüğünüzü buraya yazın.

[4]

Geleceğe Nişan Almak: Özet ve Kapanış

Buradaki alıştırmalar şu kavramlar üzerinde düşünmenizi sağlamak üzere tasarlanmıştı:

- "Olabilir" ve "Olmayabilir" gibi gündelik dildeki olasılık bildiren ifadeler, faydalı ancak kör enstrümanlardır.
- İlk yaptığınız tahmini geliştirmeye istekli olmak, **bilgilerinizi kontrol etmeye ve yeni şeyler öğrenmeye teşvik eden** bir şeydir. Genel bir ifadenin ardına saklandığınızda tahmininizi düzeltmek ve geliştirmek için bir neden yoktur.
- Olasılık ifade eden terimler, farklı kişiler için farklı anlamlar ifade edebilir.
- **Muğlak terimler** kullanmak, yardım almaya çalıştığınız kişi ile aranızda kafa karışıklığına ve yanlış anlaşılmaya neden olabilir.
- **Olasılıkları yüzdelik şekilde daha kesin ifade etmek**, yanlışlarınızı düzeltip ufkunuzu genişletecek bilgilere ulaşma şansınızı artırır.
- Mauboussin'lerin anketine verdiğiniz cevapları kullanarak, gündelik terimleri yüzdelik kesin olasılıklara dönüştürebilirsiniz.
- **Kesin tahminler** yapmanın yanı sıra, emin olmadığınızı ifade etmek için bir aralık vermeyi de unutmayın. Bunu hedefinizin genişliğini gösteren **alt ve üst limitler** belirleyerek yapın.
- **Aralığın genişliği**, neyi bilip bilmediğinize işaret eder. Aralık ne kadar genişse bildikleriniz o kadar az ya da

yanlış demektir ve o kadar fazla şey öğrenmeniz gerektiğini gösterir.

- Aralığınızın genişliği ayrıca karşınızdakine şu mesajı verir: "Bu aralığı kapatmak için senin bildiklerine ve görüşüne ihtiyacım var."
- Üst ve alt limitinizin mantıklı olup olmadığını görmek için şaşırma testini kullanın: Cevap belirlediğiniz sınırın dışında olsa, bu sizi şaşırtan bir şey olur muydu? Amacınız, her tahmininizde, nesnel biçimde doğru olan cevabı yaklaşık %90 olasılıkla yakalamak olmalı.
- "Hesaplarımın ve inançlarımın yanlış olduğunu görmemi sağlayacak hangi bilgileri öğrenebilirim?" diye sorma alışkanlığını edinin.

Geleceğe Nişan Almak: Kontrol Listesi

Geleceğe kesin nişan alırken tahminlerinizi aşağıdakileri de yaparak geliştirebilirsiniz:

- [ ] Mauboussin'lerin gündelik olasılık terimlerinin anlamı üzerine geliştirdikleri anketi doldurun.
- [ ] Eğer kesin tahminler yapmak sizi rahatsız ediyorsa, aklınıza gelen terimi kullanın ve bunu ankete verdiğiniz cevaplara bakarak bir kesin tahmine çevirin.
- [ ] Buna ek olarak, mantıklı üst ve alt limitleri içeren bir hedef tahmini yapın.
- [ ] Şaşırma testi ile üst ve alt limitlerinizin mantıklı olup olmadığını test edin.
- [ ] Kendinize, "Fikrimi değiştirmeme yol açacak hangi bilgileri keşfedebilirim?" diye sorun.
- [ ] Eğer bu bilgilere erişiminiz varsa, onları bulun.
- [ ] Eğer bu bilgilere erişiminiz yoksa gelecekte onlarla karşılaşma ihtimalinize karşı gözlerinizi açık tutun.

Belirsizlik Vergisi

Bazı toplulukların üyeleri, muğlak terimler kullanmanın yarattığı problemleri anlamış durumdadır. En nihayetinde belirli terimlerin aralarında anlaştıkları belirli anlamları olduğunu kabul ederler. Örneğin, avukatlar vergi durumu hakkında görüş bildirirken bir verginin "karşılanacak" olduğunu söylerlerse bu %90-95'lik olasılık demektir. "Karşılanması gerektiğini" söyleyen yazılı görüş %70-75'lik olasılık demektir. "Çoğunlukla" demek %50'den fazla demektir. "Kayda değer" olasılık %34-40'tır. "Gerçekçi bir ihtimal" %33 anlamına gelir. "Makul dayanak var." demek %20-30 olasılıktır.

Vergi mütalaası genellikle hem müşteri hem de avukat için yüksek risk içerir. Bir vergi mükellefi için bu görüşler belirsiz bir pozisyonda bulundukları durumların temelini oluşturabilmektedir. Bu kişilerin pozisyonları onaylanmadığı takdirde ne kadar risk aldıklarını bilmeleri gerekir. Sonuç olarak haksız bulunurlarsa ödemek zorunda kalabilecekleri cezalar vardır. Fikir beyanında bulunan avukatlar da müşterilerini yanlış yönlendirmekle suçlanabilir ve kendilerini görevi kötüye kullanma davalarının içinde bulabilirler.

Aynı şeyi biz de yapmaya özen göstermeliyiz. Geleceğe dair tahminler, tıpkı karmaşık bir finansal tahsilatta indirim olup olamayacağına dair ileri sürülen avukat görüşleri gibi belirsizlik içermektedir. Tıpkı vergi avukatları gibi biz de bu belirsizliği anlamalı, ilgili diğer herkesin de anlamasını sağlamalı ve mümkün olduğunca açık ve kesin olarak bu belirsizlikle mücadele etmeliyiz.

CEVAPLAR:

a. Bunun cevabını kendiniz bulmalısınız!
b. Sayın Streep yirmi bir kez Akademi Ödüllerine aday gösterilmiştir.
c. Prens Rogers Nelson, 21 Nisan 2016 tarihinde vefat ettiği zaman elli yedi yaşındaydı.
d. İlk Nobel Ödülleri 1901 senesinde verilmiştir.
e. NFL dâhilinde otuz iki takım bulunmaktadır.
f. Birleşik Devletler'de yaşayan birinin nüfusu bir milyonu aşan bir şehirde ikamet ediyor olmasının ortalama ihtimali %8'dir.
g. 1860 senesinde 1.865.908 kişi Lincoln'e oy vermiştir.
h. Özgürlük Anıtı 93 metre uzunluğundadır.
i. Beatles, Billboard'da 1 numara konumuna erişen yirmi şarkı yapmıştır.
j. Amerikalı dört yetişkinden biri kalp hastalıkları sonucu ölmektedir, yani cevap %25'tir.

VI

Kararları Dıştan İçe Yönlendirmek

[1]

İlişkilerin Çernobil'i

İlişki sorunlarını her daim sizinle paylaşan, eskiden beri tanıdığınız bir yakın arkadaşınız var diyelim. İster internetten, ister bekâr gruplarından, isterse de rastgele tanışmış olsun; bulduğu kişiler hep ya tuhaf ya da ahmak kişiler oluyor. Bu arkadaşınızın kötü şansından yakınmasını dinleyerek geçirdiğiniz saatlerin ne haddi ne de hesabı var.

"Sonunda dünya üzerindeki son normal insanı buldum," dediği ender zamanlarda da uzatmaları oynayan ilişkisi sıkıntılı bir şekilde sonra eriyor. "Meğerse berbat biriymiş. Sadece bunu saklama konusunda aynı bir bukelamun gibi çok yetenekliymiş."

Bir sonraki bir araya gelişinizde size en son ilişkisinin hikâyesini anlatıyor.

"Jordan'ı hatırlıyor musun? Hani şu Orta Doğu'ya gönderilen ve ayrılmamızın daha iyi olacağını söyleyen. Yalanmış meğer. Dün onu markette çorap alırken gördüm. Evet, Jordan'ı, çorap."

Bilmem kaçıncı kez size, "Artık kimseyle çıkmayacağım." diyor. "Bunun yerine gidip bir üfürükçü falan bulacağım, çünkü bence ben kesin lanetlendim."

Bu sohbet sırasında (sesli bir biçimde söylemeseniz bile) kendi kendinize düşünmenizin muhtemel olduğu cümleleri daire içine alın.

"Bana öyle geliyor ki sen sadece ahmaklarla bir araya geliyorsun."

"Elbette talihin düzelecektir. Doğru kişiyi bulacağından şüphem yok."

"Peki, senin ilişkilerin esnasında insanların içindeki serseriyi ortaya çıkaracak biçimde davranıyor olman mümkün mü?"

"Vay be! Gerçekten bu konuda şansın yok!"

"Bu dramdan keyif alıyor olma ihtimalin var mı?"

"Önünde sonunda serseri çıkan insanları çeken bir yönün mü var?"

I. Arkadaşınıza sesli biçimde söylemenizin muhtemel olduğu cümleleri daire içine alın.

"Bana öyle geliyor ki sen sadece ahmaklarla bir araya geliyorsun."

"Elbette talihin düzelecektir. Doğru kişiyi bulacağından şüphem yok."

"Peki, senin ilişkilerin esnasında insanların içindeki serseriyi ortaya çıkaracak biçimde davranıyor olman mümkün mü?"

"Vay be! Gerçekten bu konuda şansın yok!"

"Bu dramdan keyif alıyor olma ihtimalin var mı?"

"Önünde sonunda serseri çıkan insanları çeken bir yönün mü var?"

II. Arkadaşınıza sesli söylemenizin muhtemel olduğu şeyler bölümünde daire içine aldıklarınız, kendi kendinize düşüneceğiniz kanaatinde olduklarınızdan farklıysa, sizce bu neden böyle?

III. Genel olarak başkalarının sorunlarını çözmekte, kendi sorunlarınızı çözmekten daha başarılı olduğunuzu düşünüyor musunuz?

EVET *HAYIR*

Eğer cevabınız evet ise, neden böyle olduğunu düşünüyorsunuz?

EĞER SİZ DE ÇOĞU İNSAN gibiyseniz, böyle bir durumda arkadaşınızın sürekli ahmaklarla çıkıyor olmasının sadece tesadüf olmadığını düşünürsünüz. Pek çok kişi, başka bir insanın hayatındaki örüntülerin (çıktığı kişiler, çalıştığı işler, arkadaşlarıyla nasıl geçindiği ya da sürekli trafiğe takılıp işe geç kalıp kalmadığı gibi) muhtemelen sadece şans, rastlantı ya da bir lanet sonucu olmadığını fark edebilir.

Arkadaşınızın farkında olmadığı bir şey olduğunu, muhtemelen flörtleşme anlayışında bu ahmakları kendine çeken bir durum olduğunu fark edebilirsiniz. Eğer arkadaşınız da durumun farkında olsa bu konuda bir şeyler yapabilirdi.

"Arkadaş" pozisyonunda olduğunuzda dışarıdan bir gözlemci olarak bu durumu açıkça görebilirsiniz. Ancak sorun kendi sorununuz olduğunda görüşünüz bulanıklaşır. Başkalarında çok rahat fark edebildiğiniz durumları kendinizde fark edemezsiniz. Bu yüzden çoğu insan başkalarının sorunlarını çözmekte daha iyi olduğunu hisseder.

Merkezde siz olduğunuzda ise her şeyi o kadar net göremezsiniz.

(Arkadaşınıza tamamen kötü şans kurbanı olmadıklarını, kendilerinin de suçlu olabileceğini *söyleyip söylemeyeceğiniz* meselesine ise bu bölümün sonunda geleceğiz.)

[2]

İçten Bakış / Dıştan Bakış

İnançlarınızın iyi karar verme konusunda yarattığı *dar boğazın* tamamıyla açıklığa kavuştuğunu umuyorum. Karar verme yönteminizin ne kadar kaliteli olduğunun, eğer bu yönteme konu ettikleriniz işe yaramaz şeyler ise hiçbir önemi yoktur.

Konu ettiğiniz bu şeyler inançlarınızdır ve bunların arasında işe yaramaz pek çok şey bulunmaktadır.

Şaşırma testi bilmediğimiz şeyleri fark etmede ne kadar kötü olduğumuzu kanıtlıyor. İnançlarımızın doğru olmadığını anlamakta oldukça kötüyüz. Bildiğimizi düşündüğümüz şeylere çok fazla güvenmekteyiz.

Bu zaafın sebeplerinden biri, dünyayı kendi bakış açımızın dışından görmenin, bizim için oldukça zor olmasıdır.

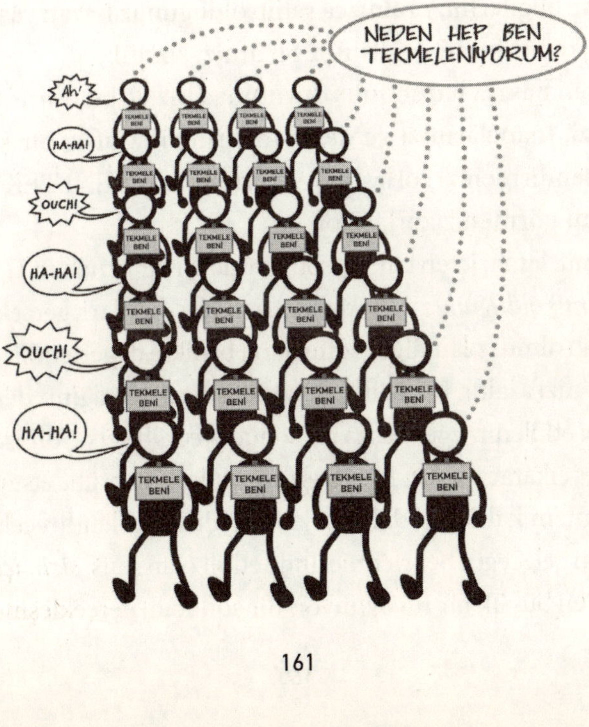

Bilgi ve inançlarınızdaki yanlışlıkları tespit etmeye gelince, adeta sırtınızda BENİ TEKMELE yazan bir kâğıtla dolaşıyor gibisiniz. Yazıyı göremiyorsunuz çünkü sadece gözlerinizin önündekini görebilmektesiniz. Ne kadar hızlı dönseniz de kendinizi arkadan görmeniz mümkün değil. Birileri sürekli tekmeyi basıyor ve bundan rahatsızsınız ancak sebebini bulamıyorsunuz; hem de başkalarının sırtındaki BENİ TEKMELE yazısını görüyor olmanıza rağmen.

İçten Bakış

Hepimiz dünyayı doğal olarak kendi özel durumumuza, kendi inançlarımıza ve bize özel olan deneyimlere göre algılıyoruz. Kendinin dışına çıkarak durumunu bir başkasının nasıl göreceğini anlamaya çalışmak herkes için zordur.

Nasıl olmasın ki? Sahip olduğunuz tek şey kendi tecrübeleriniz ve bilgileriniz. Yalnızca sahip olduğunuz hayatı yaşadınız ve başka bir insan değilsiniz. Sizdiniz, sizsiniz.

İçten bakışa hapsolmuş durumdasınız ve bu durum fikirlerinizi, inançlarınızı ve deneyimlerinizi tarafsız bir şekilde değerlendirmenizi zorlaştırıyor. Sırtınızdaki BENİ TEKMELE yazısını görmeniz zorlaşıyor.

Sonuçlama, içten bakış problemine iyi bir örnektir. *Gözlemleyebilmiş olduğunuz gerçekleşmiş sonuçlar*, bunları, gerçekleşme olasılığı olmuş olan diğer sonuçlarla birlikte değerlendirme kabiliyetinizi azaltır. Böylelikle de sonuçtan çıkaracağınız derslerin kalitesi etkilenir. Eğer başka bir sonucu tecrübe etseydiniz, farklı bir ders çıkaracaktınız. Eğer başka bir sonucu tecrübe etseydiniz, kararınızın kalitesini daha farklı şekilde değerlendirecektiniz.

Yani geleceğin belirlenmesinde etkili olan şans, *sizin için*, gereğinden büyük bir rol oynuyor. Bir sonucun gerçekleşmesinin objektif biçimde ne kadar muhtemel olduğu size fazla bir anlam ifade etmiyor. Önemli olan bu sonucu tecrübe etmiş olmanız.

İşte aynı zamanda kısmen içten bakış problemleri olan diğer bilindik bilişsel ön yargılardan bazıları:

İÇTEN BAKIŞ
Dünyanın sizin şahsi bakış açınızca, şahsi tecrübeleriniz ve inançlarınızın ışığında görünme biçimi.

- *Doğrulama ön yargısı;* yani mevcut inançlarımızı doğrulayan ya da güçlendiren bilgileri fark etme, yorumlama ve arama ön eğilimi.
- *Yanlışlama ön yargısı;* doğrulama ön yargısının kardeşi olan, inançlarımızla çelişen bilgilere karşı daha eleştirici ve şüpheci olma eğilimimiz.
- *Aşırı özgüven;* yani becerimize, zekâmıza ve yeteneklerimize haddinden fazla güvenip bunlara dayanarak karar verme eğilimi.
- *Ulaşılabilirlik ön yargısı;* yani çok tecrübe ettiğimiz ya da canlı anılar oldukları için hatırlaması kolay olayların yaşanma sıklığını olduğundan fazla sanma eğilimi.
- *Yakın zaman ön yargısı;* yani yakın zamanda gerçekleşen olayların tekrar etmesinin gerçekte olduğundan daha muhtemel olduğunu düşünme eğilimi.
- *Kontrol yanılgısı*; yani olayları kontrol edebilme yeteneğimizi abartma eğilimi. Başka bir deyişle, şansın etkisini küçümseme eğilimi.

Bunların her birinin kısmen içten bakışın bir sonucu olduğunu görüyorsunuzdur.

Doğrulama ön yargısı, *hâlihazırda inandığınız şeyleri* doğrulayacak bilgileri fark etmek ve aramak anlamına gelir.

Yanlışlama ön yargısı, *inançlarınızla* çelişen bilgileri daha ince eleyip sık dokuduğunuz anlamına gelir. Zaten bildiğiniz şeylerle uyuşan bilgilere, "Bu doğru *olabilir* mi?" sorusunu sorarken, bildiğiniz şeylerle çelişen bilgilere, "Bu illa *doğru mu olmalı*?" sorusunu sorarsınız.

Ulaşılabilirlik ön yargısı, *sizin için* hatırlaması kolay olan anılarınızın tekrar gerçekleşme olasılıklarını hesaplarken sizi yanıltmaları anlamına gelir.

Benzer şekilde, diğer ön yargılar da inançlarınıza ve tecrübelerinize gereğinden fazla ağırlık vermenin farklı şekilleridir.

Dıştan Bakış

Kararlarımızı doğal olarak kendi bakış açımızdan veririz. Hâlbuki çoğu zaman dünya dışarıdan çok daha farklı görünür. Bu gerçeği, kendi çarpık bakış açılarından kurtulamayan ve bu durumu da fark edemeyen insanlarla beraber olduğumuz anlarda hepimiz tecrübe etmişizdir. Sürekli kötü insanlarla çıkan, sorunda kendi payına düşeni göremeyen ve en iyi çözümünün üfürükçüye gitmek olduğunu düşünen arkadaşınız gibi.

Bu kişi kendi durumunu göremese de siz çok net görürsünüz. *Onun arkasındaki* BENİ TEKMELE yazısı açıkça ortadadır.

Aklınıza, içten bakışa hapsolmuş insanlarla yaşadığınız bir sürü etkileşimin geldiğinden eminim. Eğer bu örneklerden bol bol varsa sizin de bu durumun içinde olduğunuz gayet akla yatkın bir çıkarımdır.

Diğer insanları kendinize göre daha tarafsız değerlendirebilmenizin sebeplerinden biri, kendi durumunuz hakkında akıl yürütürken inançlarınızı koruma konusunda istekli olmanızdır. İnançlarınız kişiliğinizin kumaşını oluşturur. Bir konuda hatalı olduğunuzu fark etmek, inançlarınızı sorgulamak ya da kötü bir sonucun sadece şans değil sizin verdiğiniz kötü bir karardan kaynaklandığını kabullenmek... Bunların her biri o kumaşı yırtıp atabilir.

Hepimiz bu kumaşı sağlam tutmaya hevesliyizdir. Mesele kendiniz hakkında düşünmeye gelince, inançlarınız sürücü koltuğuna oturur ve sizi inançlarınızı ve kendi anlatınızı koruyabileceğiniz bir noktaya doğru çekerler. (Ahmak olan ben değilim, onlar!)

Başka insanlar hakkında düşünürken böyle bir motivasyona sahip değilsinizdir çünkü başka insanların inançlarına kendinizinkilere olduğunuz gibi bağlı değilsinizdir.

İçten bakışın çaresinin, kendinizi diğer insanların bakış açılarına ve sizden bağımsız olarak genel anlamda neyin doğru olduğuna mümkün olduğunca açmak olduğunu şimdiye kadar anlamış olmalısınız. Çünkü düzeltici bilgileri bulabileceğiniz yer burasıdır.

Bu, dıştan bakıştır.

Sezgileriniz içten bakışın emrindedir. İçgüdüleriniz de öyle. Sezgiler ve içgüdüler, doğru olmasını umduğunuz şeyler tarafından zehirlenmiş hâldedir. Panzehir dıştan bakıştır. Başka insanların görüşünü almanın tek faydası, işinize yarayabilecek bilgilere sahip olma olasılıkları değildir. Sadece hatalarınızı düzeltme olasılıkları da değildir. *Sizinle aynı bilgilere sahip olsalar bile bu bilgileri sizden çok farklı yorumlayabilecek olmalarıdır.* Aynı bilgilerle çok farklı bir sonuca varmış olabilirler.

Tıpkı arkadaşınızın flört geçmişi hakkında onunla aynı bilgilere sahip

DIŞTAN BAKIŞ

Dünyanın sizin bakış açınızdan bağımsız, olduğu şekli ile olan hâli. İçinde bulunduğunuz durumu başkalarının gördüğü biçim.

olmanıza rağmen durumunu çok başka bir şekilde görmeniz gibi.

Kendinizi başka insanların bakış açılarına açarak farklı görüşlerin çarpışmasına izin vermek, sizi tarafsız gerçeğe daha çok yaklaştırır. Tarafsız gerçeğe de ne kadar çok yaklaşırsanız, karar sürecinde işe yaramaz şeyler kullanma ihtimaliniz o kadar azalır.

BENİ TEKMELE yazısını dıştan bakış ile fark etmeniz çok daha olasıdır.

Bir karar üzerine düşünmeye başladığımızda, doğru seçeneğin ne olduğu hakkında fikir sahibi olmaya zaten başlamışızdır. Çoğu zaman bir fikir edinmeye başladığımızın farkına bile varmayız; yine de bu fikir, kontrolü ele geçirebilir ve karar sürecini yönlendirmeye başlayabilir.

Bu durum bir artı-eksi tablosunun en büyük sorununu ortaya koyar: Tıpkı sezgileriniz ve içgüdüleriniz gibi, onlar da içten bakışın emrindedir ve objektif olarak daha iyi olan karardan ziyade sizi arzu ettiğiniz karara yönlendirir.

Seçeneklerden birini beğenmiyor musunuz? Bu durumda, eksiler kısmını genişleterek ağırlığı listenin o tarafına verirsiniz. Seçeneklerden biriyle yola devam etmek mi istiyorsunuz? Bu durumda da eksiler kısmını boş bırakarak artılar tarafını genişletirsiniz.

Artı-eksi tabloları; tamamen kendi bakış açınızdan üretilmiş, dıştan bakış içermeyen, maksatlı akıl yürütmenin kolaylıkla etkisi altında kalabilecek olan şeylerdir. Hatta ön yargıların etkisini artıran bir karar verme aracı tasarlamak isteseniz, bu şey bir artı-eksi tablosuna benzerdi.

[3]

Düğünlerin İstenmeyen Misafiri

İşte içten ve dıştan bakış üzerine düşünmeniz için iyi bir yöntem: Bir düğün törenindesiniz ve yeni evli çiftle ilk defa konuşmak için sıranızı bekliyorsunuz.

Çiftin, konuşma sıraları size gelinceye kadar yeterince mutluluk gözyaşlarına, öpücüklere, abartılı iyi niyet dileklerine ve bilgece öğütlere maruz kaldığını düşünüyorsunuz. Tüm bunlar yerine doğrudan mevzuya girmeye karar veriyor ve soruyorsunuz: "Sizce evliliğinizin boşanma ile sonuçlanma olasılığı nedir?"

(Tabii ki bunu denemenizi kesinlikle tavsiye etmiyorum. Yine de bir nebze alaycı bir düşünce deneyi olarak akılda kalıcı bir yönü var.)

Çoğu çiftin %0 civarında bir cevap vereceğini tahmin ediyorum. "Biz farklıyız. Tamamen doğru sebeplerle evleniyoruz. Bizimkisi gerçek aşk. Sonsuza kadar devam edecek türden bir şey."

Külliyen içten bakış.

Tam o anda arkanızdan biri tosluyor. Sorunuzu duyup gelen ve durumdan pek memnun görünmeyen bu kişi gelinin babası. Size oradan ayrılmanız gerektiğini söylüyor.

Zaman öldürmek için aynı oteldeki başka bir düğün törenine dalıyorsunuz ve yanlışlıkla misafir karşılama sırasına giriyorsunuz.

Ayaküstü muhabbet etmeye mecbur kalmış bir durumda, kendinize az önce yaptığınız hatayı tekrarlamayacağınızı telkin etmektesiniz. Misafirperverliklerinden ötürü çifti kutluyor ve şöyle diyorsunuz: "Az önce koridorun öbür tarafındaki törendeydim ve sizinki kadar iyi olduğunu söylemek yalan olurdu doğrusu. Bu arada, *oradaki çiftin* boşanma olasılığı ne kadardır sizce?"

Muhtemelen cevapları %40 ile %50 arasında olacaktır çünkü evli çiftlerin boşanma oranı genel olarak bu civardadır. Diğer salonda olan tanımadıkları bir çift için şöyle şeyler söylemeyecekleri kesin: "Onlar farklı. Tamamen doğru sebeplerle evleniyor olmalılar. Aşkları gerçek ve ebedi."

Buna ise dıştan bakış diyoruz.

I. Geçmişte bir arkadaşınızın, ailenizden birinin ya da işten bir tanıdığınızın kendini içten bakışa kaptırdığı bir zamanı betimleyin.

II. Durumu onlara bildirdiniz mi? *EVET* *HAYIR*

III. Niçin bildirdiniz ya da neden bildirmediniz?

IV. Geçmişte kendinizi içten bakışa kaptırdığınızı düşündüğünüz bir zamanı betimleyin.

V. Kendinizi içten bakışa kaptırmış olmanızın karar süreciniz üzerinde nasıl olumsuz etkileri oldu?

VI. Önümüzdeki birkaç günde insanların kendilerini içten bakışa kaptırdıkları durumlar için gözlerinizi açık tutun. Bu örneklerden bazılarını, içten bakışın yaygınlığını ve etkilerini, gözlemlediklerinizin geneline dair izlenimlerinizi not edin.

[4]

Mutlu Bir Evlilik:
İçten Bakış ve Dıştan Bakışın Birlikteliği

- Profesörlerin %90'ından fazlası kendilerini ortalama öğretmenlerden iyi olarak derecelendirirler.
- Amerikalıların %90 kadarı araba sürme yetilerini ortalama üstü olarak görürler.
- Öğrencilerin sadece %1'i sosyal becerilerinin ortalama altı olduğunu düşünürler.

Elbette toplumun %90'ının bir konuda ortalamadan iyi olması doğal olarak imkânsızdır. Gelin görün ki toplumun yarısının tanım gereği ortalamanın altında olması gerektiğini bilmemize rağmen (dıştan bakış) kendimizin bu %50'nin içinde olabileceği düşüncesini genellikle aklımızdan bile geçirmeyiz (içten bakış).

Bu duruma "ortalamadan iyiyim yanılgısı" denir.

Sorun: Yetenekleriniz hakkında doğru bir fikre sahip değilseniz, oldukça kötü kararlar verebilirsiniz. Birden fazla işi aynı anda yapmak konusunda ortalamadan iyi olduğunuzu düşünerek, araba sürdüğünüz esnada mesajlaşmanız buna bir örnek olabilir.

Ve birçok konuda ortalamadan iyisinizdir tabii ki. Olamayacağınız şey, *her konuda* ortalamadan iyi olmaktır.

Mesele şudur: Sadece kendi deneyimlerinizi tecrübe ettiğinizden ve toplumun tamamı hakkında veriye sahip olmadığınızdan, hangi konularda ortalamadan iyi olduğunuzu bilmeniz zor olacaktır.

İşte bu noktada dıştan bakışa geçmek oldukça faydalıdır. Eğer kusursuz bilgi sağlayan bir kristal küreniz olsaydı herhangi bir konuda toplumun geneline göre ne kadar yetenekli olduğunuzu tam olarak bilebilirdiniz. Örneğin araç kullanımında %75'in, sosyal becerilerde %50'nin, öğretme becerilerinde %25'in içinde olduğunuzu görebilirdiniz.

Doğrunun evi ise dıştan bakış ile içten bakışın kesiştiği yerdedir.

Bu tarz kanılara varmak için içten bakışa yani kendi tecrübelerimize güveniriz:

"Yirmi senedir hiç kaza yapmadım, araba kullanmada ortalamadan iyi olmalıyım o hâlde."

"Arkadaşlarım beni sever ve onlarla iyi geçinirim. O zaman sosyal becerilerde ortalamadan iyi olmalıyım."

"Öğrencilerim beni seviyor ve öğretmekten gerçekten keyif alıyorum. Öğretme becerilerinde en yukarıda neden olmayayım?"

Dıştan bakış, içten bakışın sebep olduğu çarpıtmaları dizginler. Meseleye bakmaya dıştan başlamak ve oradan destek almak, genel doğrunun ne olduğu ve başkasının bizim durumumuzu nasıl gördüğü hakkında düşünmek, işte bu yüzden önem arz etmektedir.

DOĞRUNUN EVİ

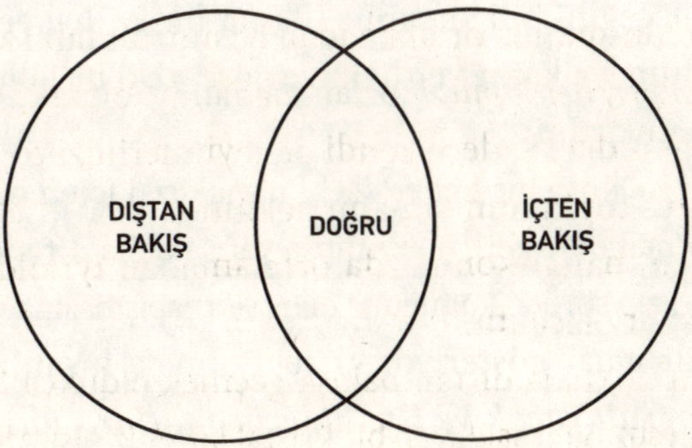

İçten ve dıştan bakış arasında başarılı bir birliktelik, tıpkı her birliktelikte olduğu gibi, çaba gerektirecektir. Benliğinizin kumaşını inançlarınız oluşturduğu için ve dünya hakkındaki görüşleriniz bu kumaşı sağlam tutma arzusu etrafında şekillendiğinden, dıştan bakışı benimsemek oldukça zordur; özellikle de bu görüşlerin kumaşta bir delik açma tehlikesi varsa.

Evliliklerin %50'sinin boşanmayla sonuçlanmasına rağmen çiftlerin sadece %5'inin evlilik sözleşmesi yapmalarının bir sebebi de budur.

Evlilikler hakkında genelgeçer bir doğruyu karar sürecinize dâhil etmek zordur çünkü bu durum, doğru olmasını istediğiniz şeyle yani aşkınızın ortalamadan iyi olduğu düşüncesiyle çelişir. Başarısızlık hakkında düşünmek rahatsızlık vericidir ama işler ideal şekilde ilerlemediği takdirde daha hazırlıklı olacağınız için bu rahatsızlığa katlanmanıza değer.

İçten ve dıştan bakışı birleştirmek; kim olduğunuza, nereden geldiğinize ve gelecekte başınıza neler geleceğine dair daha açık bir manzara sunar. Böylelikle, geçmişten aldığınız derslerin ve gelecekte vereceğiniz kararların kalitesi artacaktır.

Zeki Olmak İşleri Daha Beter Hâle Getirir

Size iyi bir haber: Artık içten bakışın karar sürecinizi nasıl saptırabileceğini biliyorsunuz. Başka bir iyi haber daha: Bu kitabı okumaya karar verdiğinize göre, zeki biri olduğunuzu tahmin ediyorum.

Şimdi ise kötü bir haber: Zeki olmak sizi içten bakışa karşı daha dirençli hâle getirmez. Yapsa yapsa daha dirençsiz yapar. İnançlarınızın sürücü koltuğuna daha sıkı yapışmasına neden olur.

Araştırmalar gösteriyor ki zeki olmak, insanları ***inançlarını doğrulayacak ve istedikleri sonuçlara ulaşmalarını***

sağlayacak şekilde akıl yürütme konusunda daha becerikli yapıyor. Bu iyi anlamda bir "beceri" değil.

- Silah kontrolü gibi politik olarak tartışmalı konular hakkındaki verileri yorumlarken, herkes bu yorumlamayı kendi görüşünü destekler şekilde yapma eğilimindedir. Veriler görüşleriyle çelişse bile. Tartışmalı olmayan konulardaki verileri yorumlama konusunda iyi olmak ise, zannedilenin aksine, sizi politik bir meselede görüşlerinize uygun yorumlamalar yapmaktan korumaz. Hatta bunu yapma ihtimalinizi artırır.
- Konu kendi ön yargılarımıza geldiğinde, hepimizin bir kör noktası vardır. Mantığımızın ne zaman ön yargılı olduğunu başkalarında gördüğümüz kadar kolay göremeyiz. Bu durum içten bakışın bir parçasıdır. Zeki olmak sizi kör noktanızdan koruyamaz. Durumu daha da kötü hâle getirir.
- Herkesin, politik konularda mantık problemleri çözmeye çalışırken, inançlarını destekleyen çıkarımlara varması daha olasıdır; doğru cevap bu inançlarla çelişse dahi. Mantık üzerinde bir eğitiminiz ve geçmiş deneyiminiz var ise bu hataya düşme olasılığınız daha da yüksektir.

Düşündüğünüz zaman, aslında bu gerçekten anlaşılabilir bir durum. Zeki insanlar, fikir ve inançlarına genelde daha fazla değer verirler. Bildiklerinin yanlış olabileceğini düşünme ihtimalleri daha düşüktür. Sezgileri ve içgüdüleri hakkında daha yüksek bir güvene sahiptirler. *Ne de olsa gerçekten zekidirler.* Neden bu konularda daha fazla özgüvene sahip olmasınlar ki? Zeki olduğunuz takdirde, doğru olduğunu düşündüğünüz konularda da doğal olarak daha az şüpheci olursunuz.

Zeki insanlar, aynı zamanda, görüşlerini destekleyen ve inançlarını sağlamlaştıran ikna edici argümanlar sunma konusunda ve haklı olduklarına dair başkalarını tatmin edecek anlatılar oluşturma konusunda da iyidirler. Bunu başkalarını kandırmak için değil, benliklerinin kumaşını korumak adına yaparlar.

Maksatlı akıl yürütmenin, kendini kandırmanın ve sezgilere olan aşırı güvenin karışımı, zeki insanların başkalarından geri bildirim arama ihtimalini azaltır. Geri bildirim aradıkları zaman ise ikna edici bir anlatı oluşturma kabiliyetleri, diğer insanların onlara karşı çıkma olasılıklarını düşürür.

Bu durum, ne kadar zekiyseniz, dıştan bakışa ulaşma konusunda o kadar dikkatli olmanız gerektiği anlamına gelir.

> Yanlış yönlendirme ihtimalinizin en yüksek olduğu kişi kendinizsiniz. İçten bakışın içinde yaşadığınız için de bunu yaptığınızın farkına bile varmazsınız.

Temel Sıklık Düzeyi: Dıştan Bakışı Elde Etmenin Kolay Bir Yolu

Dıştan bakışa ulaşmanın yollarından biri de herhangi birinin görüşünden bağımsız olarak genel anlamda doğru bilginin ne olduğunu kendinize sormayı, bunu karar verme sürecinizin bir parçası yaparak alışkanlık hâline getirmeyi bilmenizdir.

İçinde bulunduğunuz duruma benzer bir durumda ortaya çıkmış olabilecek farklı sonuçlar hakkında bilgi edinmeye çalışmak, genel anlamda doğru bilgiye ulaşma konusunda faydalı bir yöntemdir.

Bu bilgiye **temel sıklık düzeyi** denir.

Karar verdiğiniz konuyla alakalı yapılmış olabilecek anketlere, çalışmalara; ilişki, sağlık, yatırım, iş dünyası, eğitim, istihdam veya tüketim alanında istatistiklere ulaşabileceğiniz pek çok yer vardır. Aslına bakarsanız, bu kitapta pek çok temel sıklık düzeyi verisine atıfta bulunduk. İşte bunlardan bazıları:

- Amerika'da boşanma oranı ilk evlilikler için %40 ile %50 arasındadır.
- Amerikalı bir yetişkinin kalp hastalıklarından ötürü ölme ihtimali %25'tir.
- Amerikalıların yüzde sekizi nüfusu bir milyonu aşan şehirlerde ikamet etmektedir.

Temel sıklık düzeyine birkaç örnek daha vermek gerekirse:

- Bir lise mezununun araya hiç vakit sokmadan üniversiteye başlama ihtimali %63.1'dir.
- Yeni açılan restoranların yüzde altmışı ilk faaliyet yılları içinde kapanır.

Temel sıklık düzeyi, bir sonucun gerçekleşme olasılığını (ya da alt ve üst potansiyelini) hesaplamaya çalıştığınız durumlar için, size bir başlangıç noktası sağlar. Bu, hesaplamanız her zaman temel sıklık düzeyiyle aynı olmalı demek değildir. Şimdiye kadar anlaşılmış olması gerektiği gibi, sizin durumunuza özel olan hususlar, yani içten bakış önemlidir. Ancak, yeni bir restoran açmayı düşünüyorsanız ve başarı şansınızı %90 olarak hesapladıysanız, yeni açılan restoranların sadece %40'ının ilk seneyi çıkardığını bilmek aşırı güveninizi dizginlemenize yardımcı olacaktır.

Geleceğe dair tahmininiz ne olursa olsun, tahmininiz temel sıklık düzeyinin yörüngesinde bir yerlerde olmalıdır. Temel sıklık düzeyi, bir ağırlık merkezi işlevi görür.

TEMEL SIKLIK DÜZEYİ
Sizin değerlendirdiğiniz duruma benzer durumlarda bir şeyin olma ihtimali.

I. Dördüncü bölümde Ter Sansasyonu spor salonu üyeliği kararınıza yönelik yaptığınız tahminlere geri dönün. Aşağıdaki temel sıklık düzeylerini araştırmak için birkaç dakikanızı ayırın ve cevaplarınızı boşluklara yazın:

Spor salonuna katılan insanların yüzde kaçı ilk yıl içerisinde gitmeyi bırakıyor? % ___

Spor salonu üyeliklerinin yüzde kaçı hiçbir şekilde kullanılmıyor? % ___

Spor salonu üyelerinin yüzde kaçı spora haftada bir ya da daha az gidiyor? % ___

Spora yazılmanın, birini düzenli bir şekilde antrenman yapmaya başlatacağı ihtimali hakkında internette yaptığınız birkaç dakikalık araştırma sırasında başka bir şeyler bulduysanız, onları da aşağıdaki kısma yazın.

II. Bu temel sıklık düzeyi bilgileri ile ağaca tekrar baktığınızda, elde etmiş olduğunuz bilgiler sizi tahminlerinizi değiştirmeye itiyor mu? Eğer itiyorsa nedenlerini aşağıya yazın.

İŞTE SİZE SPOR SALONU üyelikleriyle ilgili temel sıklık düzeyine dair erişime açık bilgilerden birkaç örnek:

TheHustle.com'dan Zachary Crockett, İstatistiksel Beyin Araştırmaları Merkezi'nin çalışmasından yaptığı Ocak 2019 tarihli alıntıda, spor salonu üyelerinin %82'sinin salona haftada bir ya da daha az gittiğini söylüyor. Haftada bir ya da daha az giden bu %82 içerisinden %77'nin üyelikleri hiç kullanılmamış.

CouponCabin'e göre, Ocak ayında üye olanların (yeni yıl kararları alan kitle) %80'i ilk beş ay içerisinde spora gitmeyi bırakıyor. Dünya çapında bir örgüt olan Uluslararası Sağlık, Raket ve Spor Kulüpleri Birliğine göre de yeni üyelerin yarısı ilk altı ayda gitmeyi bırakıyor.

Eğer doktorunuzun tavsiyesine uyarak haftada üç kez spor salonuna gitme olasılığınızın %90 olduğunu düşünüyorsanız, bu istatistikler tahmininizi şiddetle gözden geçirmeniz gerektiğini göstermektedir. Kendinizi inanılmaz motive olmuş hissetseniz bile, devam etme olasılığınızın temel sıklık düzeyinden bu denli uzak olması nadir rastlanan bir durumdur.

Sizinle aynı durumda olan insanların vaziyetleri hakkında kendinizi eğitmek, dıştan bakışa geçmenizi ve böylece seçeneklerinizi (salona gitmek, eve ekipman almak ya da başka bir şey) değerlendirebilmenizi sağlar.

Yapmaya çalıştığınız bir şeyin temel sıklık düzeyine bakarak zor bir şey olduğunu öğrendiğiniz zaman, geleceğe gerçekçi bir gözle bakmanız, sizi karşılaşabileceğiniz engelleri belirleme konusunda cesaretlendirecektir. Erken tedbir alarak bu engellerden kaçınabilir veya onların üstesinden gelebilir, böylece başarı şansınızı artırabilirsiniz.

Dıştan Bakışa Giden Başka Bir Yol: Başkalarının Bildiklerini Aktif Bir Şekilde Öğrenmeye Bakın

Tennessee Williams'ın karakteri Blanche DuBois'nin dediği gibi, hepimiz başka insanların iyilikseverliğine muhtacız. Mesele dıştan bakış olduğunda bize yardımcı olacak başkaları çoktur ama bu yardımın ne olduğu konusunda kafaları karışıktır.

Şu durum hiç başınıza geldi mi?

Biri dişinizde ıspanak parçası kaldığını söyler. Bunu söylemeye de özür dileyerek başlar. Utanacağınızı düşündüğü için bu durumu söyleme konusunda gönülsüz olduğu bellidir.

Ona teşekkür edip ıspanağı temizlerken bir durum değerlendirmesi yaparsınız. "Ispanağı ne zaman yemiştim?" Bu zamanın, ıspanağı başkalarının da görmesine yetecek kadar uzun olduğunu ve kimsenin size bir şey söylemediğini fark edersiniz.

Birileri bunu daha önce söylemediği için rahatsız olursunuz. Oysaki bu insanlar, çoğunlukla sizin rezil olmanızı isteyen sinsi ve nezaketsiz kimseler değillerdir. Dişinizde ıspanak olması utancını size yaşatmak istememiş *kibar insanlardır*. Dişinizde bir şey kaldığını duymak utanç verici bir durum olsa da, kimse size bunu söylemediği için ıspanağın orada öylece kalması daha bir utanç vericidir. Bu kişiler, "kibar" olarak ve gördüklerini size söylemeyerek, istemeden o ıspanağı oradan temizleme şansınızı elinizden alırlar.

Bu durum, karar verme konusunda da böyledir.

Sürekli kötü flört anılarını anlatan arkadaşınız hakkındaki ilk alıştırmada, çoğu insanın, düşündükleri ve söyleceklerinin farklı olacağı şekilde cevap vermelerinin sebebi budur.

Arkadaşınızın duygularını incitmemeye, kibar davranmaya çalışıyorsunuz ama bunu yaparak gelecekte daha iyi kararlar vermesini sağlayacak değerli bir bilgiye ulaşmasını engelliyorsunuz. Arkadaşınızın şu anki hâline kibar davranarak, gelecekte flörtler konusunda karar vermek zorunda kalacak olan hâline insafsızlık etmiş oluyorsunuz.

Olaya bu şekilde baktığınızda, fikrinizi paylaşmamanın arkadaşınıza daha büyük bir zarar verdiğini fark edebilirsiniz. An içinde kötü hissettirdiği için çatışmadan kaçınmak da aynı şekilde kendinize en büyük zararı vermektedir. Bu şekilde, benlik kumaşınızın geçici olarak zedelenmesini engellemiş olabilirsiniz ama bu çatışmayı açığa çıkarırsanız, gelecekteki kararlarınızı geliştirerek, uzun vadede kumaşınızı güçlendirmiş olursunuz.

> İnsanlar size katılmadıklarında, eğer iyi niyetli iseler minnettar olun, çünkü bunu yaparken size kibarlık etmektedirler.

Dıştan bakışa ulaşmak için sadece tavsiye ve geri bildirim istemek, kendi başına yeterli değildir. İnsanlar, kaba görünme korkusu, sizi utandırma veya kötü gösterme korkusu gibi sebeplerle çoğu zaman anlaşmazlığa düşmekten kaçınırlar. Daha da kötüsü, içten bakışımızın başka insanlarca tekrarlanması hoşumuza gider ve sürekli dünyayı bizim gibi algıladığını düşündüğümüz insanları ararız.

İşte bu nedenle, yankı odalarına hapsolmuş hâldeyizdir. Birileri tarafsız bir bilgi sunuyormuş gibi, içten bakışımızı dıştan bakış kılığında duyduğumuzda kendimizi iyi hissederiz. Oysa bu durum, sadece içten bakışın etkisini artırır ve başkaları tarafından da onaylandığı için dünya hakkındaki inançlarımızı güçlendirir.

Bu kitaptaki stratejilerin çoğu, yankı odalarından kaçınarak doğru bilgi ve özgün bakış açılarına ulaşma şansınızı artırmak üzere tasarlandı. Etkileşimlerinizde insanları sizinle dıştan bakışı paylaşmaları konusunda ne kadar teşvik edebilirseniz, dünya görüşünüz o kadar hatasız olur.

Açık bir zihinle dıştan bakışa ulaşmaya çalışın. Böylece sırtınızdaki BENİ TEKMELE yazısını, dişinizdeki ıspanağı ve kendi bakış açınızdan ötürü göremediğiniz diğer her şeyi fark etme şansınızı artırmış olursunuz. İşe yaramaz şeylerden kurtulur ve kararlarınızı güçlendirirsiniz.

1. Uğraşmakta olduğunuz bir sorunu ele alın. (Belki de sizi bu kitabı okumaya teşvik eden sorun.)
Bunlar neden hiçbir ilişkinizin yürümediği ya da neden sürekli iş arkadaşlarınızla sürtüşme yaşadığınız gibi geriye dönük sorunlar olabilir. Ya da üniversite için nereye başvuracağınız, hayatınızın aşkıyla nasıl tanışacağınız, kariyer değişikliği veya bir satış problemini nasıl hâlledeceğiniz gibi ileriye dönük sorunlar da olabilir.

Şimdi de biraz BAKIŞ AÇISI TAKİBİ yapın.

Aşağıda iki sütun bulacaksınız. DIŞTAN BAKIŞ altında durumunuzu mümkün olduğunca iyi bir şekilde dıştan bakış açısıyla tarif edin. İÇTEN BAKIŞ altında da durumu içten bakışla tarif edin.

Bakış Açısı Takibi aracını kullanırken, önce dıştan bakış ile başlayıp, sonra içten bakışa geçtiğimize dikkat edin. Dıştan bakıştan başlamak, kendi görüşünüze çok bağlı kalmadan genel anlamdaki doğruya ve insanların sizin durumunuzu nasıl gördüğüne odaklanabilmeniz için elinizdeki en iyi fırsattır.

İşte dıştan bakışa ulaşmak için kullanabileceğiniz iki yöntem:

(1) Bir arkadaşınız, meslektaşınız ya da aile mensubunuz bu sorunun içinde olsa onların durumunu nasıl görürdünüz? Bakış

açınız, onlarınkinden ne şekilde farklı olurdu? Onlara hangi tavsiyede bulunurdunuz? Ne tür çözümler önerirdiniz?

(2) Sizinkine benzer durumdaki insanlar hakkında bulabileceğiniz bilgi ya da bunlarla alakalı temel sıklık düzeyi verileri var mı?

BAKIŞ AÇISI

DIŞTAN BAKIŞ	İÇTEN BAKIŞ

II. Aşağıdaki boşluğu, oluşturduğunuz iki anlatıyı bir araya getirmek için kullanın. İki bakışın isabetli bir şekilde kesiştiğini düşündüğünüz yerlerini betimleyin.

III. Bu alıştırma, durumunuza bakış açınızı değiştirdi mi?

EVET *HAYIR*

Eğer cevabınız evet ise, niçin?

Tıpkı, *Bilgi Takipçisi*'nin sizi bildiğiniz ve bilmediğiniz şeyler hakkında düşündürmesi, daha çok öğrenmeye teşvik etmesi, karar anında bildiğiniz şeylerin kaydını tutarak hafıza kaymasını önlemesi ve hesap verilebilirlik sağlaması gibi; *Bakış Açısı Takibi*'nin de benzer faydaları vardır.

Bakış Açısı Takibi'ni karar sürecinize dâhil etmek, inançlarınızı sürücü koltuğundan kaldırmanıza yardımcı olur. İçgüdülerinize daha şüpheci yaklaşmanızı sağlar. Bakış Açısı Takibi, sizi, dıştan bakışı da hesaba katmaya zorlar. Dıştan bakışı hesaba katabilmek için de onu aramanız gerekir: Hem başkalarının kararı nasıl gördüğünü hem de genel anlamda doğrunun ne olduğunu.

İster bir kararın ne derece iyi sonuçlanacağını, ister muhtemel sonuçlarını, ister potansiyel karşılığını düşünüyor olun, dıştan bakışı ve içten bakışı ayrı ayrı ele almak, sizi doğru bir anlayışa daha çok yaklaştıracaktır.

İçten ve dıştan bakışın kaydını tutarak, karar sürecini nasıl yönettiğinize dair daha iyi geri bildirime ulaşabilirsiniz. Gelecek vuku buldukça ve kaçınılmaz bir biçimde bakış açınızı değiştirdikçe, duruma söz konusu zaman diliminde nasıl bakmış olduğunuzun da bir kaydına sahip olursunuz. Böylelikle daha kaliteli bir geri bildirim döngüsü yaratır ve sürecinize bir hesap verebilirlik katmanı eklemiş olursunuz.

Bakış Açısı Takibi: Tecrübe Paradoksuna Karşı Başka Bir Araç

İster bir terfi şansını ya da satış hedefini kaçırmış ister bir sürü ahmak insanla çıkmış olun, Bakış Açısı Takibi olan biteni daha doğru anlamanıza yardımcı olacaktır. Bu da, gelecekte konuya dair alacağınız kararların daha iyi olmasını sağlayacaktır.

Kötü durumlar söz konusu olduğunda, içten bakış, sizi kararınızdan ziyade şansı suçlamaya yönlendirir. Ne de olsa şans kendi anlatınızı muhafaza etmek için en iyi kaçıştır. Ama şansı asıl suçlu olarak görmek, durumun altından kalkmanıza fazla yardımcı olmayacaktır.

Eğer suçlu şans ise verdiğiniz karar masum demektir. Suçlu şans ise sonuç kontrolünüz dışında gelişmiştir. Eğer gerçekten öyle ise dünyanın ahmaklarla dolu olduğu ve bunların sürekli size denk geldiğinden başka öğrenebileceğiniz bir şey bulunmamaktadır.

Kötü durumlar söz konusu olduğunda da, dıştan bakış sayesinde yeteneğin ve karar verme şeklinizin sonuç üzerinde oynadığı rolü daha açık görebilirsiniz. Şansınızı değiştiremezsiniz, yalnızca kararlarınızı değiştirebilirsiniz. Dıştan bakış değiştirebileceğiniz şeye odaklanmanızı sağlar.

İyi Durumlar

İyi durumlar söz konusu olduğunda, senaryoyu tersine çevirir ama yine aynı filmi çekersiniz.

İster hayalinizdeki işi kapmış, ister satış hedeflerinizi aşıp geçmiş, ister hayatınızın aşkıyla tanışmış olun; içten bakış sizi şansın rolünü küçümsemeye ve sonucu kendi kararınıza mal etmeye yönlendirir. Bu durum, her ne kadar kendi anlatınızı güçlendirse de elde ettiğiniz başarıyı gelecekte eksiksizce tekrar etme olasılığınızı gerçekte olduğundan çok daha fazla görmenize yol açabilir.

Eğer düzenli biçimde başarı elde etmek istemiyorsanız, tamamen içten bir bakışla yaşamak, becerilerinizi abartıp şansın rolünü küçümsemek oldukça iyi bir stratejidir. Dıştan bakış şansın rolünü daha fazla mercek altına alır. Mesele başarılı olmaya geldiğinde Bakış Açısı Takibi bu yüzden son derece önemlidir.

Şimdiki Zaman İçin Geleceği Gözden Çıkarmayın

İster bir başarıyı, ister bir başarısızlığı değerlendiriyor olun, dıştan bakışı keşfetmek rahatsız edici olabilir; özellikle de içten bakış bu kadar iyi hissettiriyorken. Fakat bu alışkanlığı edinmek rahatsızlığınıza değecektir. Tabii, benliğinizin kumaşını şu anda sağlam tutmak isteyebilir; kötü sonuçlarda becerinizin, iyi sonuçlarda da şansın etkisini hiçe sayabilirsiniz. Bunun yerine dıştan görüşü de benimseyebilir, bu kumaşı güçlendirir ve gelecekteki kararlarınızda kullanacağınız bilgiler arasından işe yaramaz olanları eleyebilirsiniz.

Yapmak zorunda olduğunuz seçim burada yatmaktadır.

[5]

Kararları Dıştan İçe Yönlendirmek: Özet ve Kapanış

Buradaki alıştırmalar şu kavramlar üzerinde düşünmenizi sağlamak üzere tasarlanmıştı:

- İçten bakış, dünyanın sizin şahsi bakış açınızca, şahsi tecrübeleriniz ve inançlarınız ışığında nasıl göründüğüdür.
- Birçok bilindik bilişsel yanılgı kısmen içten bakışın ürünüdür.
- Artı-eksi tabloları içten bakışı güçlendirir.
- **Dıştan bakış**, içinde bulunduğunuz durumu başkalarının görme biçimi ya da doğru olanın genel hâlidir. Dıştan bakış sizin bakış açınızdan bağımsızdır.
- Gerçek doğrulara sahip olduğunuzu düşünseniz bile, dıştan bakışı keşfetmeniz önem arz eder, zira başka insanlar aynı doğrulara bakarak farklı sonuçlara erişebilmektedirler.
- Dıştan bakış, yanılgıları ve içten bakışın barındırdığı hataları dizginler; bu sebeple ilk demir atmak isteyeceğiniz yer dıştan bakış olmalıdır.
- Doğrunun evi içten bakış ve dıştan bakışın kesiştiği yerdedir. Sizin durumunuza has olan şeyler önemlidir fakat bu şeyler genel anlamda doğru olan şeyler ile de çelişmemelidir.
- Dünya hakkında çıkarım yaparken sürücü koltuğunda inançlarınız bulunmaktadır.
- **Maksatlı akıl yürütme**, doğru olanı keşfetmek yerine bizi istediğimiz sonuca götürecek şekilde bilgi işleme eğilimimizdir.

- Zeki insanlar maksatlı akıl yürütme ve içten bakışa karşı koruma sahibi değildirler. Hatta zeki olmak durumu daha da kötüleştirebilir çünkü zeki insanlar inançlarından daha emindirler. Aynı zamanda başka insanları (ve kendilerini) şahsi görüşlerine doğru yönlendirmek için lafı kıvırma konusunda da daha yetenekli olurlar.
- Dıştan bakışı elde etmenin iyi bir yolu da **durumunuza hitap edecek temel sıklık düzeylerini** araştırmaktır.
- Dıştan bakışı elde etmenin bir başka yolu ise diğerlerinin bakış açılarının ve geri bildirimlerinin arayışında olmaktır. Fakat bunun için anlaşmazlıklarını ifade etmekte ya da sizi kötü bir ışık altında gösterebilecek bakış açılarını dile getirmekte rahat hissetmelidirler. Yoksa sadece içten bakışınızı kuvvetlendirirler. Siz de doğrularınıza, başkaları tarafından tasdik edildiği için, daha güçlü bir biçimde inanırsınız. Başka insanların size katılmadığı noktaları duymak için istekli olmalı, anlaşmazlıklarını dile getirmeleri için onları teşvik etmelisiniz.
- **Bakış Açısı Takibi** geliştirebileceğiniz iyi bir karar alışkanlığıdır. Bilerek durumunuzu önce tamamıyla dıştan bakış ile ve ardından bütünüyle içten bakış ile değerlendirmeniz, bu ikisinin birleşimi ile daha doğru bir görüşe sahip olmanızı sağlayacaktır.

Kararları Dıştan İçe Yönlendirmek: Kontrol Listesi

- [ ] Durumunuzu tamamen dıştan bakış ile betimleyin. Dıştan bakış, (a) temel sıklık düzeyini ve (b) başkaları tarafından sağlanan bakış açılarını içermelidir.
- [ ] Durumunuzu tamamen içten bakış ile betimleyin.
- [ ] Dıştan bakış ve içten bakışın kesiştiği yeri bulun ve böylelikle daha isabetli bir anlatıyı yakalamış olun.

Güneşli Günler?

Çoğu kişi güzel iklimi olan bir yerde yaşamanın insanları daha mutlu ettiğini zanneder. Nobel ödüllü Daniel Kahneman ve meslektaşı David Schkade bu inanışı araştırdıklarında ise bir bölgenin ikliminin, insanların mutluluğu üzerinde sadece küçük bir etkisi olduğunu buldu. Araştırmaların birinde Ohio Eyalet Üniversitesi, Michigan Üniversitesi, Los Angeles Kaliforniya Üniversitesi ve Irvine Kaliforniya Üniversitesinden iki bine yakın öğrenciyi teste tabi tuttular. Orta batı eyaletlerdeki ve Kaliforniya'daki bu kişilerin çoğu Kaliforniyalı olanların daha mutlu çıkmasını *bekliyordu.* Buldukları sonuç ise orta batıda iklimin daha kötü olmasına rağmen aradaki mutluluk farkının oldukça düşük olduğuydu.

Dıştan ve içten bakışın çakışmasına izin vermenin sağladığı faydaya güzel bir örnektir bu. İklimin bizi nasıl etkileyeceği hakkında bir şeyler bildiğimizi düşünürüz ve bundan eminizdir. Ancak bilimsel anlamda doğrunun ne olduğunu anladığımızda, bu konuda içgüdümüzün (bir şeye nasıl tepki vereceğimize dair ne düşündüğümüzü içeriyor olsa bile) son derece hatalı olduğunu fark ederiz. Bu hatayı ancak dıştan bakışa geçerek fark edebiliriz.

İklim hakkında düşünürken (Boston'daki iş ya da bir yerden başka bir yere taşınmayı düşünen milyonlarca öğrenci ve yetişkinin örneğinde olduğu gibi), güneyin ya da batının ılıman havasından kuzeydoğunun kışına gitmek size uygun gelmeyebilir. İ

klimin insanların mutluluğu üzerinde büyük bir etkiye sahip olduğuna ve soğuk bir yere taşınmanız hâlinde bu etkiye kesinlikle maruz kalacağınıza inanabilirsiniz.

Eğer bir an durup dıştan bakışa geçerseniz, iklimin mutluluğunuz üzerinde oluşturacağı etkiye dair daha gerçekçi bir fikre kavuşursunuz. İklimin normalde mutluluk üzerinde büyük bir etkisinin olmaması sizin üzerinizde de olmayacağı manasına gelmez tabii ki. Ancak pek çok insan bu varsayıma inanıyor diye siz de inanmak zorunda değilsiniz.

VII

Analiz Felcinden Kurtulmak

KARAR VERMEYE HARCADIĞINIZ ZAMANI NASIL DAHA İYİ DEĞERLENDİRİRSİNİZ

Aşağıdakilere karar verirken her hafta kaç dakika harcadığınıza dair tahminde bulunun:

	Hafta başına dakika
1. Ne yemeli	
2. Netflix'te ne izlemeli	
3. Ne giymeli	

İŞTE ORTALAMA BİR İNSANIN yukarıdakilere karar vermek için bir haftada ne kadar vakit harcadığı:

- Ne yemek istiyorsunuz? – Bir haftada 150 dakika.
- Netflix'te ne izlemek istiyorsunuz? – Bir haftada 50 dakika.
- Ne giymek istiyorsunuz? – Bir haftada 90 ile 115 dakika arası.

Eğer siz de çoğu insan gibiyseniz, bu durum, analiz felci içinde bolca zaman geçirdiğiniz anlamına gelmektedir.

Ortalama bir insanın ne yiyeceğine, izleyeceğine ve giyeceğine karar vererek geçirdiği zaman *yılda 250 ile 275 saat arası* bir süreye denk gelir.

Önemsiz olan kararlar üzerine harcamak için oldukça uzun bir süre. Bu şekilde rutin kararlar üzerinde fazladan bir-iki dakika harcamak çok önemli değil gibi görünse de bu durum bin tane kâğıt kesiğiyle ölmek gibidir. Bu minik harcamalar birike birike, bir yılda ne yiyeceğinize, izleyeceğinize ve giyeceğinize karar verdiğiniz yedi iş haftasına dönüşmektedir.

Zaman, akıllıca harcamanız gereken kısıtlı bir kaynaktır. Karar vererek harcadığınız süre, başka şeyler yaparak harcayabileceğiniz süredir. Örneğin restoranda biriyle oturup konuşabilirsiniz. Ne zaman hızlı karar verebileceğinizi (ve ne zaman yavaşlamanız gerektiğini) anlayabilme yeteneği, geliştirmeniz gereken önemli bir karar verme becerisidir.

Fazla Hızlı Gitmenin Bedeli

Dikkat edilmesi gereken nokta ise şudur: Çok yavaş karar verirseniz, bu zamanı başka işler için kullanamazsınız. Ancak çok hızlı olmanın da bir bedeli vardır. Ne kadar hızlı karar verirseniz, titizlikten o denli uzaklaşırsınız.

Karar veren herkesin karşılaştığı imtihan şudur: Çok fazla zaman harcamamanız ve titizlikten de çok fazla feragat etmemeniz gerekir. Tıpkı Goldilocks masalındaki gibi, "tam ayarında" bir denge yakalamanız gerekir. Ne yiyeceğini, izleyeceğini ve giyeceğini seçmekle ilgili istatistiğe bakarsak, "tam ayarında" çoğu insan için hızlanmaları gerektiği anlamına gelmektedir.

ZAMAN-TİTİZLİK TAKASI

Titiz karar vermek zaman alır. Zamandan tasarruf etmek titizlikten feragat anlamına gelir.

Pek çok kararı daha hızlı vermenin daha iyi olacağına katılıyorsunuzdur sanırım. Fakat şimdiye kadar kitapta anlatılanların bu konuda size nasıl yardımcı olacağını anlamamış olabilirsiniz. Tüm o karar ağaçlarını yarattıktan, olasılıkları hesapladıktan, varsayımsal düşüncelere kafa yorduktan sonra, belki de kendinize, "Üç günde bir karar versem iyi." dediniz.

Şu anda öyle görünmeyebilir ama bu kitapta sunulan çerçeve gerçekten de hızlanmanıza yardımcı olacak. Şu şekilde:

Harcanan zaman konusunda doğru dengeyi yakalamanın sırrı, az zaman harcayarak kötü kalite bir karar vermenin bedelinin ne olduğunu belirlemektir. Hız uğruna titizlikten ne oranda vazgeçebilirsiniz?

Bedel ne kadar küçükse, o kadar hızlanabilirsiniz. Bedel ne kadar büyükse, o kadar zaman harcamalısınız. Kötü bir sonucun *etkisi* ne kadar küçükse, o kadar hızlı gidebilirsiniz. Etki ne kadar büyükse, o kadar zamanı gözden çıkarmanız gerekir.

Altı adımdan oluşan karar yöntemi; tüm ihtimalleri düşünmenizi, bu ihtimallerle bağlantılı karşılıkları değerlendirmenizi ve her ihtimalin gerçekleşme olasılığını hesaplamanızı sağlar. Böylelikle, burada sunulan çerçeve size zaman ve titizlik arasındaki takası yapmanızda yardımcı olur, çünkü üst ve alt potansiyel üzerinden düşünüyor olursunuz.

Bu da etkinin boyutu üzerine düşündüğünüz anlamına gelir. Bir kararın muhtemel sonuçlarını düşünmek, bu kararı "tam ayarında" vermediğiniz takdirde ödeyeceğiniz bedelin ne derece küçük olduğunu anlamanıza yardımcı olur.

Buradaki çerçeve sayesinde içinde, yemekte ne yemeniz gerektiğinden çok daha önemli kararların da yer aldığı, birçok kararda hızlanabileceksiniz. Burada sunulan karar araçları, dikkatli olmanız gereken yerlerde içgüdülerinizi ya da başka kötü yöntemleri kullandığınız zaman yavaşlamanızı sağlayacak. Zaten, söz konusu böyle zamanlar ise yavaşlamanız da yerinde olacaktır.

Zaman Kazanmanın Bir Başka Faydası: Tercihlerinizi Anlamak!

Bu kitaptaki tekrar eden temalardan biri de şu idi: Dünyadan bilgi toplamaya, bilmediğiniz şeyleri bildiğiniz şeylere dönüştürmeye tam anlamıyla odaklanmış olmanız gerekmektedir. Topladığınız bu bilgi, sadece, yeni gerçekler öğrenme, bir şeylerin nasıl çalıştığını anlama ya da olasılıklar hakkında hesaplamalarınızı geliştirme konularında da olmamalıdır.

Bu aynı zamanda kendi tercihlerinizi, hoşunuza giden ve gitmeyen şeyleri öğrenmenizi de içerir.

Kendi tercihlerinizi ne kadar iyi bilirseniz, karar verme beceriniz o kadar artar. Neyi sevip sevmediğinizi anlamanın yollarından biri ise yeni şeyler denemektir. Ne kadar hızlı karar verirseniz, o kadar çok şey deneyebilirsiniz. Böylece, denemeler yapmak ve tercihlerinizi anlamak için daha fazla fırsat elde etmiş, gerek kendinize gerek de başka şeylere dair daha çok öğrenim şansı yakalamış olursunuz.

Madem öyle, şimdi de nasıl hızlanabileceğinize gelelim.

[1]

Mutluluk Testi: Kararınızın Etkisi Düşük Olduğunda

Bir restoranda birlikte yemek yiyoruz ve siz ne ısmarlayacağınıza kafa patlatıyorsunuz. En sonunda ne istediğinizi buluyor ve ısmarlıyorsunuz. Garson yemeğinizi getiriyor. Belki yemek muhteşem. Belki sadece iyi. Belki o kadar da güzel değil ve belki o kadar kötü ki tiksinti içerisinde tabağınızı iterek kendinizden uzaklaştırıyorsunuz.

I. Bir yıl sonra sizinle karşılıyoruz ve soruyorum, "Eee, yılın nasıl geçti?" Bana yılınızın iyi geçtiğini söyleyebilir, berbat bir yıl geçirdiğinizden yakınabilir ya da ikisinin ortasında bir yıl geçirdiğinizden bahsedebilirsiniz. Yılınızın iyi veya kötü geçmesi bir yana, ardından şöyle sorduğumu düşünün: "Bir yıl önce beraber yediğimiz yemeği hatırlıyor musun? O akşam yediğin yemek, bu geçmiş yılda mutluluğunu ne derece etkiledi?"
Cevabınızı aşağıdaki kısımda verin. Yemeğin geçmiş yıldaki mutluluğunuzu ne derece etkilediğini, 0 "hiçbir etki" ve 5 "muazzam bir etki" olacak şekilde 0 ile 5 arasında değerlendirin.

Hiçbir etkisi olmadı	0	1	2	3	4	5	Muazzam bir etkisi oldu

II. Şimdi de sizinle yemekten bir ay sonra karşılaştığımızı ve aynı soruyu sorduğumu düşünün. Yemeğin geçen ay içerisinde mutluluğunuzu ne derece etkilediğini, 0 "hiçbir etki" ve 5 "muazzam bir etki" olacak şekilde 0 ve 5 arasında değerlendirin.

Hiçbir etkisi olmadı	0	1	2	3	4	5	Muazzam bir etkisi oldu

III. Şimdiyse bir hafta sonra karşılaştığımızı ve size yine aynı soruyu sorduğumu düşünün. Yemeğin o hafta dâhilinde mutluluğunuzu ne derece etkilediğini, 0 "hiçbir etki" ve 5 "muazzam bir etki" olacak şekilde 0 ve 5 arasında değerlendirin.

Hiçbir etkisi olmadı	0	1	2	3	4	5	Muazzam bir etkisi oldu

EĞER SİZ DE ÇOĞU İNSAN gibiyseniz, bir sefer yediğiniz o yemeğin bir yıl sonra mutluluğunuz üzerinde çok da bir etkisi olmadığı cevabını vermişsinizdir. Ve siz de eğer çoğu insan gibiyseniz, cevabınız bir ay ve hatta bir hafta sonrası için de aynı olmuştur. Yemek iyi de olsa kötü de olsa, uzun vadede mutluluğunuz üzerinde önemli bir etkiye sahip olması pek mümkün değildir. Aynı durum Netflix'te başını izlediğiniz kötü bir film veya giydiğiniz rahat olmayan bir pantolon için de geçerli olacaktır.

Buradan çıkarılacak şey; ne yiyeceğiniz, izleyeceğiniz ve giyeceğinize dair kararlarınızın düşük bir etkiye sahip olduğudur. **Mutluluk Testi**, üzerinde karar verdiğiniz şeyin düşük bir etkiye sahip olup olmadığını anlayabilmek için kullandığımız bir yöntemdir.

Birçok farklı kategoride, verdiğiniz karar ne olursa olsun (tavuk ya da balık, gri ya da mavi takım, *Ajanlar Kralı* ya da *Prenses Gelin* filmi), sonucun mutluluğunuz üzerinde uzun vadede (ve de kısa vadede) büyük bir etkiye sahip olmayacağı karar durumları vardır.

MUTLULUK TESTİ

Kendinize kararınızın iyi veya kötü sonuçlanmasının bir yıl sonraki mutluluk seviyeniz üzerinde önemli bir etkisi olup olmayacağını sorun. Eğer cevabınız hayır ise kararınız testi geçmiş demektir, yani hızlanabilirsiniz.

Süreci bir ay ve bir hafta yapın ve aynı soruyu tekrar sorun.

Süre azaldıkça cevabınız hâlâ, "Hayır, mutluluğumu çok da etkilemeyecek." olarak kalıyorsa, zaman kazanmak için titizlikten daha da fazla feragat edebilirsiniz.

Eğer karar verdiğiniz kategori, Mutluluk Testini geçiyorsa hızlanabilirsiniz, çünkü daha az "doğru" bir karar vermeniz durumunda kaybedeceğiniz fazla bir şey yoktur. Geniş anlamı ile mutluluk, uzun vadeli amaçlarınıza ulaşmaya çalışırken kararlarınızın ne derece etkili olduğunu anlamanız adına iyi bir ölçüttür. Mutluluk üzerinden hesaplandıklarında potansiyel kazanç ve kayıpların küçük olduğunu fark ederseniz, kararınızın düşük etkili olduğunu görür ve hızlanabileceğinizi anlayabilirsiniz.

Buradan kazandığınız zaman, daha büyük etkili bir kararda ya da tercihlerinizi anlamak adına yapabileceğiniz düşük riskli deneysel seçimlerinizde kullanabileceğiniz bir zaman olacaktır.

Hızlıdan Daha Hızlı: Seçenekler Tekrarlandığında

Tavuk ya da balık ısmarlamak arasında gidip gelmektesiniz. Balığı seçiyorsunuz ve önünüze kupkuru, tatsız tuzsuz bir balık geliyor. "Tüh," diyorsunuz kendi kendinize, "Tavuk ısmarlamam lazımdı!"

Bir partide giymek üzere, biri oldukça şık diğeri ise gündelik iki kıyafet arasında karar veriyorsunuz. Şık olanı giymeye karar veriyorsunuz ve partiye gittiğinizde herkesin daha gündelik giyindiğini görüyorsunuz. Diğer seçeneği seçmediğiniz için anında pişman oluyorsunuz.

Pek çok karar *uzun dönem* mutluluğunuz üzerinde fazla etkiye sahip olmasa bile, kötü bir kararın *kısa dönemde* hâlâ bir bedeli vardır: *pişmanlık.*

Pişmanlık (ya da pişmanlık korkusu) sizi her tür karar konusunda kararsız yapabilir.

Hemen hemen herkes kötü bir karardan hemen sonra pişmanlık duyar. Bunun korkusuyla yaşamak analiz felcine neden olabilir çünkü kararınıza daha fazla zaman harcarsanız kötü bir sonuçla karşılaşma ihtimalinizin doğal olarak daha az olduğunu, bu sebeple de daha az pişmanlık duyacağınızı düşünürsünüz.

Uzun dönem üzerinde düşünmektense (ki önemli olan budur), pişmanlık korkusuyla karar veremez hâle gelir ve kısa döneme hapsolursunuz. Korkunuz zamanınıza mal olmuştur.

Seçeneklerin tekrarlanması ise bu maliyeti azaltmaya yardımcı olur.

Onları yeniden deneme şansına sahip olduğumuzda, seçeneklerimiz tekrarlanan seçeneklere dönüşürler. Maliyeti azaltmanız, özellikle çok sık tekrarlanan seçenekleriniz için, daha da faydalı olacaktır. Bir restoranda söylediğiniz balığı hiç beğenmeyebilirsiniz ama sadece birkaç saat sonra tekrar seçim yapabileceksiniz. Elbet bu da kısa dönem pişmanlığınızın acısını azaltmanıza yardımcı olacaktır.

Üniversitede ders seçmek tekrarlayan bir seçenektir.

Kiminle ilk randevuya gideceğiniz tekrarlayan bir seçenektir.

Hangi rotadan gideceğinizi seçmek tekrarlayan bir seçenektir.

Hangi filmi izleyeceğiniz tekrarlayan bir seçenektir.

Bir karar Mutluluk Testini geçtiğinde hızlı davranabilirsiniz. Seçenekler tekrarlanıyorsa daha da hızlı davranmak için alanınız olur. Nitekim tekrardan seçme şansınız, kötü bir kararın kısa dönemde yaşattığı küçük pişmanlığı azaltacaktır. Tekrar eden kararlar, hiç yemediğiniz yemekler veya izlemediğiniz diziler gibi konular için de size şans verirler çünkü bu kumarları oynadığınız için yüksek bir bedel ödeme riskiniz yoktur. Az bir maliyetle sevdiğiniz ve sevmediğiniz şeyler hakkında bilgi edinebilirsiniz ve bunların arasından şaşırtıcı şeylerin çıktığını da görebilirsiniz.

Öğrendiğiniz her şey gelecek kararlarınızda belirleyici olur. Gerçekten yüksek etkili bir kararla karşılaştığınızda da bütün o az riskli denemeleri yaptığınız için artık daha bilgilisinizdir.

TEKRARLAYAN SEÇENEKLER

Aynı türden kararların tekrar ve tekrar karşınıza çıkması durumunda seçenekler arasında tercih yaparken birçok kez yeniden seçim yapma şansına sahip olursunuz. Bu seçeneklerin arasında geçmişte reddetmiş olabilecekleriniz de yer alacaktır.

Öğrendiğiniz her şey gelecek kararlarınızda belirleyici olur. Gerçekten yüksek etkili bir kararla karşılaştığınızda da bütün o az riskli denemeleri yaptığınız için artık daha bilgilisinizdir.

I. Şu anda boğuşmakta olduğunuz ve/veya geçmişte boğuşmuş olduğunuz fakat şimdi Mutluluk Testini geçtiği için aslında düşük bir etkisinin olduğunu gördüğünüz bir karar türünü tanımlayın.

Sizce bu kararı hızlandırabilir misiniz? Nasıl?

II. Geçmişte boğuşmuş olduğunuz ve şimdi Mutluluk Testini geçen beş kadar daha karar belirleyin. Bunlardan en az bir tanesi aynı zamanda kendini hızlı biçimde tekrarlayan bir seçenek olmalı.

[2]
Kayıpsız Kazanç:
Kaybetmenin Bir Bedeli Olmadığında Hızlı Karar Vermek

Genel Kültür Zatı Efsanesi

Yolda yürüyorsunuz. Biri gelip, "Sana bir genel kültür sorusu soracağım ve bilirsen 10 kâğıt vereceğim," diyor.

Şüpheleniyorsunuz. "Peki, ya bilemezsem? Ben mi sana 10 kâğıt borçlanacağım?"

"Hayır! Ben sadece genel kültür soruları sormaktan ve bildiklerinde insanları ödüllendirmekten hoşlanan biriyim, hepsi bu!"

Kaybedecek bir şeyiniz olmadığına karar veriyorsunuz, "Sor bakalım," diyorsunuz.

"Hangi eyaletin başkenti en az nüfusa sahiptir?" Tahmininiz, "Vermont" oluyor. Karşınızdaki zat neşeyle ellerini çırpıştırıyor ve yanıtı doğru bildiğiniz için çıkarıp 10 doları size veriyor.

"Şehrin ismini de bilirsen bir 10 dolar daha."

Hmm… Emin değilsiniz ve Vermont eyaletindeki bildiğiniz tek şehrin ismini söylüyorsunuz. "Burlington!"

Zat hüsran içinde başını sallıyor. "Hay Allah! Montpelier olacaktı."

Verilen söz doğrultusunda, soruyu yanlış bilmenize rağmen, bir şey borçlanmış olmuyorsunuz. Bu zatı bir daha görmüyorsunuz ve 10 dolar kârdasınız.

Bu duruma *kayıpsız kazanç* denir.

Hiç, hoşlandığı birine bir türlü açılamayan bir arkadaşınıza, "Git konuş bence. Belki hayatının aşkı olacak. En kötü hayır der." şeklinde tavsiye verdiğiniz oldu mu? Eğer olduysa kayıpsız kazanç kavramını daha önce hiç duymamış olsanız bile, ne olduğunu biliyorsunuz demektir.

Kayıpsız kazanç konsepti, hızlıca yararlanmaya karar vereceğiniz fırsatları yakalamak için faydalanabileceğiniz bir zihinsel modeldir. Kayıpsız kazancın en önemli özelliği *alt potansiyelin kısıtlı oluşudur*. Yani kaybedeceğiniz fazla da bir şey yoktur. (Kazanacağınız pek çok şey olabilir ama.) Hızlı karar vermenin olağan tehlikesi kötü bir sonuç ihtimalinin artmasıdır. Kayıpsız kazanç söz konusu olduğunda bu durum geçerli değildir.

KAYIPSIZ KAZANÇ

Potansiyel kayıpların önemsiz olmasından ötürü üst ve alt limitler arasında bir asimetri durumunun bulunması.

Kendinize şu iki sorudan birini ya da ikisini de sorarak kısıtlı alt potansiyele sahip kararları ayırt edebilirsiniz:

1. En kötü ne olabilir?
2. Eğer sonuç istediğim gibi olmazsa, kararı vermeden önceki hâlime kıyasla daha kötü bir konumda mı olurum?

Olabilecek en kötü şey çok da kötü değilse ve işler istediğiniz gibi gitmediğinde öncekinden daha kötü durumda olmayacaksanız, o zaman bu karar kayıpsız kazanç kategorisine girer. Bu durum hızlı karar verebileceğiniz anlamına gelir çünkü titizlikten ödün vermeniz durumunda ödeyeceğiniz bedel kısıtlıdır.

Tabii ki her kararın her daim bir bedeli vardır. Bedel size genel kültür soruları soran bir zatı cevaplamakla harcadığınız zamandan ibaret de olsa yine de bir bedel söz konusudur.

Üst limit ve alt limit arasındaki asimetri ne kadar büyükse, potansiyel kayıplar o kadar kısıtlı ve kayıpsız kazanç o kadar büyüktür.

Kayıpsız kazanç kavramı, alt limitin sıfır olduğu durumlardan ziyade üst ve alt potansiyeli arasında asimetri bulunan durumları fark etmenizle ilgilidir.

Emeksiz Yemek

Kayıpsız kazançların gerçek olamayacak kadar iyi olduğunu düşünebilirsiniz. Ancak onlara karşı tetikte olmaya başladığınızda sandığınızdan daha yaygın olduklarını göreceksiniz.

Üniversite başvurusunda bulunuyorsunuz diyelim. Hayalinizdeki okulun çok uzağındasınız çünkü kabul edilme şansınız oldukça düşük. Yine de başvurmalı mısınız? Başvurmanın çok bir şeye mal olmayacağını düşünürsek, kabul edilmediğiniz takdirde de çok bir şey kaybetmeyeceksiniz. Kabul edilmeniz durumunda ise hayalinizdeki okula gitmiş olacaksınız.

Bir ev satın almayı düşünüyorsunuz diyelim. Her zaman olduğu gibi emlakçınız size olabilecek en iyi evi gösteriyor ve evin ücreti bütçenizin %20 üstünde. Bir teklifte bulunmalı mısınız? Eğer bütçe aralığınızda bir teklif verir ve reddedilirseniz daha kötü bir durumda olmayacaksınız. Teklifiniz kabul edildiği takdirde ise hayalinizdeki eve çok ucuza sahip olmuş olacaksınız.

Ne kadar hızlı davranırsanız fırsatın elinizden kaçma ihtimali o kadar azalır. Fırsatı ganimet bilmeye ne kadar hızlı karar verirseniz, kararın tek yönlü üst potansiyelini gerçekleştirme şansını da o kadar hızlı yakalarsınız.

Kayıpsız kazanç tespit ettiğiniz durumlarda, fırsatı *değerlendirip değerlendirmemek* üzerine fazla düşünmenize gerek yoktur. Ancak uygulama kısmında zaman harcamanız hâlâ faydanıza olacaktır. Okula *başvurup başvurmama* kararı üzerine fazla düşünmeyin ama başvurunuzun kaliteli olması için gereken zamanı da harcayın. Eve *teklif verme* konusunda hızlı davranın ama teklifin kulağa iyi geldiğinden de emin olun.

Buradan kazandığınız zaman, diğer kayıpsız kazançlar da dâhil olmak üzere, başka kararları alırken kullanabileceğiniz zamandır. Gelin görün ki insanlar bu tür kararların huzurunda acı çeker durur ve fırsatları değerlendiremezler. Tıpkı sevdiği kişiye bir türlü açılamayan arkadaşınız gibidirler. Neden daha fazla insan kayıpsız kazançları fark edemez (ve değerlendiremez) ki?

Muhtemel sebeplerden biri kayıpsız kazançların Mutluluk Testinden *geçmemesidir*. Buradaki örneklerin her biri cevapladığınız sorular karşılığında alma ihtimalinizin olduğu on ya da yirmi dolardan çok daha anlamlı potansiyellere sahiptir. Nerede üniversiteye gideceğiniz ve hangi evi alacağınız yüksek etkiye sahip kararlardır. İnsanlar bu potansiyel etkinin büyüklüğü nedeniyle analiz felcine girebilirler.

Böylelikle, etkinin büyüklüğü, kaybedecek fazla bir şeyin olmadığını ve bir kayıpsız kazanç ihtimalini görmenizi engelleyebilir.

ETKİ

KAYIPSIZ KAZANÇ

Burada anlaşılamayan durum, kayıpsız kazanç durumlarında büyük etki potansiyelinin *tek taraflı ve sizin lehinize* olduğudur.

Etkinin kayıpsız kazancı gölgelemesine ek olarak, başarısızlık ya da reddedilme korkusu da felç edici olabilir, özellikle de işlerin istediğiniz gibi gitmeme ihtimali yüksekse. Hayalinizdeki okuldan ret mektubu almak o an için can yakıcıdır. Kimse emlakçısının "Ev sahibi teklifinizin bir şaka olduğunu düşündü." dediğini duymak istemez.

Bu tür fırsatları geri teptiğiniz ve küçük, geçici olumsuzlukların önünüze geçmesine izin verdiğiniz zaman, kabul edilmeme anının etkisini büyütür ve lehinize olan asimetriyi göz ardı etmiş olursunuz. Fırsatların sonuç vermeyeceği durumlarda kendinizi bu geçici kötü hislerden korumuş olursunuz ama uzun dönemde faydanıza olacak anlamlı kazanç fırsatlarını da geri çevirirsiniz.

I. Üzerine uzun bir süre düşündüğünüz, kayıpsız kazanç (üst potansiyeli yüksek, alt potansiyeli kısıtlı) olarak nitelendirilebilecek, an itibariyle gündeminizde olan ve/veya geçmişte kafa yorduğunuz bir kararı tanımlayın.

Bu kararı hızlandırabilir misiniz veya hızlandırabilir miydiniz? Nasıl?

II. Geçmişinizden kayıpsız kazanç olarak nitelendirebileceğiniz ek kararlar tanımlayın.

Dikkat: Donutlar İkramımızdır ama Kayıpsız Kazanç Değildir

Bir kararın kısıtlı alt potansiyeli olup olmadığını anlamak için, tek seferlik kısa dönem zararından ziyade, bu kararı tekrar tekrar vermeniz durumunda biriken etkisi üzerine düşünmeniz gerekir.

Sağlıklı yemeye karar vermişseniz ve biri doğum gününde iş yerinize donut getirmişse, bu donutları kayıpsız kazanç olarak görmek işinize gelebilir. Sonuçta sağlığınız bir tane hamur işi yediniz diye bozulmayacaktır. Bu tatlı ikramdan aldığınız keyif muhtemelen bir donutın zararına ağır basacaktır.

Ama bu kararı sürekli tekrar ederseniz o zaman durum değişir. Eğer aynı şeyi dün bir pizza dilimiyle yaptıysanız, ondan önceki gün çok iyi zaman geçirdiğiniz için sinemada büyük boy patlamış mısır ile kendinizi şımarttıysanız ve geçen hafta da birinden ayrıldım diye kendi başınıza bir cheesecake devirdiyseniz... "Tek seferlik" önemsiz zararların birikerek dikkate değer sonuçlara dönüştüğünü sanırım görüyorsunuzdur.

Piyango biletlerinde de aynı durum geçerlidir. Şanslı Top bileti için harcadığınız birkaç doların uzun dönem mutluluğunuz üzerinde fazla etkisi olmaz ve eğer kazanırsanız hayatınız değişir. Bu durum piyangoyu kayıpsız kazanç sanmanıza neden olabilir. Ancak piyango berbat bir finansal tekliftir, uzun vadede potansiyel kayıpları kazancının çok daha üzerindedir. Her hafta birkaç kez oynadığınızı düşünürseniz bunun bir kayıpsız kazanç değil, kocaman bir kayıp olduğunu görürsünüz.

Kendinize, "En kötü ne olabilir ki?" diye sorduğunuzda, hemen ardından en kötü senaryoda aynı kararı sürekli tekrar edip duracak mısınız diye sormayı da ihmal etmeyin. Bedava bir donutın kayıpsız kazanç olmadığını böylece fark edebilirsiniz.

[3]
Kurt Postunda Bir Kuzu: Yüksek Bedeller, Zor Seçimler, Hızlı Kararlar

Gelecek yıl bir haftalık tatil hakkınız var ve büyük bir geziye çıkmayı planlıyorsunuz. Olası istikametinizi şimdiden iki seçeneğe kadar indirdiniz; ya Paris ya Roma. (Eğer hiç bulunmadığınız ama çok sevdiğiniz ve ölmeden önce kesinlikle gideceğim dediğiniz iki şehir varsa, bu düşünce deneyinde onları kullanın.)

I. İstikametinizi Paris ya da Roma olacak şekilde (veya sizin gitmeyi oldukça arzuladığınız iki şehir olacak şekilde) daralttıktan sonra, bunların arasında seçim yapmakta 0'dan 5'e kadar, ne derece zorlanırdınız?

Hiçbir zor olmazdı	0	1	2	3	4	5	Aşırı zor olurdu

II. Tatilinizden bir yıl sonra sizinle karşılaşıyor ve soruyorum: "Yılın nasıl geçti?" Belki de bana çok iyi bir yıl olduğunu söylersiniz ya da berbat bir yıl geçirmişsinizdir veya tecrübeniz ikisinin arasında bir yerlerdedir. Sorumu cevaplayışınızdan sonra size bu sefer de şöyle soruyorum:
"Çıktığın tatil yıl boyu mutluluk seviyeni 0'dan 5'e kadar ne derece etkiledi?"

Hiç etkilemedi	0	1	2	3	4	5	Aşırı etkiledi

III. Tatilinizden bir ay sonra sizinle karşılaşıyor ve soruyorum: "Ayın güzel geçti mi? Çıktığın tatil bu ay mutluluk seviyeni 0'dan 5'e kadar ne derece etkiledi?"

Hiç etkilemedi	0	1	2	3	4	5	Aşırı etkiledi

IV. Tatilinizden bir hafta sonra sizinle karşılaşıyor ve soruyorum: "Haftan nasıldı yahu? Çıktığın tatil hemen ardından gelen hafta mutluluk seviyeni 0'dan 5'e kadar ne derece etkiledi?"

Hiç etkilemedi 0 1 2 3 4 5 Aşırı etkiledi

EĞER SİZ DE ÇOĞU İNSAN gibiyseniz, bu tür kararlar almak size de oldukça zor geliyordur.

Sonuçta, Paris ve Roma arasındaki tercih Mutluluk Testini geçmez. Böyle bir tatil; bir hafta, bir ay, hatta bir yıl içindeki mutluluğunuzu kesin şekilde etkileyecektir. Sürekli jetine atlayıp egzotik yerleri gezen biri değilseniz, bu tekrarlayan bir karar da değildir. Hayatta bir kere vereceğiniz bir karar bile olabilir. Ve işlerin iyi gitmediği durumda büyük bir kayıp söz konusudur. İster Roma'yı ister Paris'i seçin; seyahatinizin bedeli yüksek olacaktır.

Hepimiz, kendimizi Avrupa'da tatil yeri seçmek gibi birçok yüksek etkili kararla karşı karşıya bulabiliriz.

Listenizin en üstündeki iki okul tarafından da kabul edilebilirsiniz, ev ararken iki tane muhteşem yere rastlayabilirsiniz ya da hayalinizdeki iki farklı işten de teklif alabilirsiniz. Sonra da iki veya daha fazla muhteşem seçenek arasındaki küçük farkları bulmaya çalışarak hangisini seçeceğiniz konusunda acı çekersiniz. Kendinizi her seçeneği delicesine araştırırken, yeni kıstaslar belirlerken, her önünüze gelene fikrini sorarken ve "doğru" seçeneğin hangisi olduğu konusunda sürekli gidip gelirken bulursunuz.

O hâlde, işte size küçük ve ilginç bir düşünce deneyi: Paris ve Roma yerine, bir konserve balık fabrikası ve Paris arasında seçim yapıyor olsaydınız? Bu seçim nedeniyle strese girip sorun yaşar mıydınız?

Cevabınızın hayır olduğunu tahmin ediyorum.

Bu demek oluyor ki sizi yavaşlatan şey, *seçeneklerin birbirine yakın olması*. Paris'te bir hafta ve balık artıkları arasında bir hafta gibi potansiyel karşılıkları arasında dağlar kadar fark olan seçenekler bir soruna neden olmuyor.

Ve bu da böylesi seçimleri niye hızlandırabileceğiniz ve hızlandırmanız gerektiği konusunda size bir ipucudur.

Eğer Bir Seçim Zorsa, Aslında Kolaydır

Kalite açısından birbirine çok yakın seçeneklere sahip olmak, yani yavaşlamanıza neden olan şeyin ta kendisi, aslında hızlanabileceğinizi gösteren bir işarettir. Çünkü neyi seçerseniz seçin, alt ve üst potansiyeller benzer olduğundan o kadar da yanılmış olmazsınız.

Genel potansiyel karşılıklar arasındaki gerek olumlu gerek olumsuz benzerliklere odaklanmak yerine, çoğu zaman potansiyel kayıplarla bağdaşık olan strese odaklanırız. Öyle ya, yaptığımız seçim kötü sonuçlanırsa?

Korsan bir taksici tomarla paranızı alıp sizi tamamen alakasız bir yerde indirebilir. Kuzeye taşındıktan sonra ilk kar yağdığı gün düşüp kayarak bacağınızı kırabilirsiniz. Hayalinizdeki evi satın aldığınızda kapı komşunuz manyağın teki çıkabilir.

Böyle asimetrik bir şekilde potansiyel kayıplara odaklanma, sonuçlamanın hortlamasına ve sizi yavaşlatmasına yol açar. Evet, kazanacak çok şey var ama kaybedecek de çok şey var. Hangi seçeneği seçerseniz seçin, kararınızın kötü sonuçlanması durumunda sonucun boyutu aynı olacak. Tabii siz bunu umursamazsınız. Tatiliniz berbat geçtiğinde kötü bir karar vermiş gibi hissedersiniz. Bu yüzden hata yapmaktan çekinir, harcamanız gerekenden fazla zaman harcayarak acı çekersiniz.

Bu açıdan bakınca, verdiğiniz karar tıpkı bir *kurt* gibi görünür. Tekrar etmeyen bir seçim ve ağır potansiyel kayıplardan oluşan, tesirli ve de tehlikeli bir canavar. Zor bir seçimle karşı karşıya kaldığınızda bu kurt kapınıza dayanmış gibi hissedebilirsiniz. Ama bu tür bir karar gerçekte *kurt kılığına bürünmüş bir kuzudur.*

Karara, *seçeneklerin birbirlerine kıyasla olan göreli kaliteleri* açısından bakarsanız fikriniz değişebilir. Aradaki ufak farklılıkları bulmaya çalışarak zaman kaybetmek yerine, şu soruyu sorarak kararı tekrar ele alın: *"Herhangi birini seçtiğim takdirde en fazla ne kadar yanılmış olabilirim?"*

Bu soru, sizi gelecek odaklı düşünmeye iter ve karar kalitesi açısından önemli olan şeyin muhtemel ihtimaller arasından hangisinin gerçekleşeceği değil, bu ihtimallerin sahip oldukları potansiyel olduğunu anlamanıza yardımcı olur. Bu soru size; elinizde iki tane benzer şekilde iyi seçenek olduğunu, dolayısıyla hangisini seçerseniz seçin fazla yanılmış olmayacağınızı gösterir.

Bu nedenle, bu tarzda seçimler aslında birer ***gizli kayıpsız kazançtırlar***. Seçenekler birbirine çok yakın olduğundan, ne seçerseniz seçin bir şekilde kazanmış olursunuz. İki seçenek de yanlış değildir.

Bu durum önemli bir karar verme ilkesini ortaya koyar: Eğer bir seçim zorsa, aslında kolaydır.

EĞER BİR SEÇİM ZORSA ASLINDA KOLAYDIR
Elinizde birbirine yakın iki seçenek varsa karar almak aslında kolay demektir. Hangisini seçerseniz seçin yanılıyor olmazsınız çünkü aralarındaki fark oldukça küçüktür.

Yel Değirmenlerine Saldırmak

Birbirine yakın seçenekler yüzünden kendinize işkence ederken ekseriyetle yeldeğirmenlerine saldırarak zaman kaybetmektesiniz. Değerli vaktinizi potansiyel kazançtaki önemsiz, ayırt edilemeyecek kadar küçük farklılıkları ayıklamakla heba etmektesiniz.

Paris ya da Roma'dan hangisini beğeneceğinizi, buralara zaten gitmemişseniz, bilmenizin bir yolu yoktur. Bunlardan birine gitmiş olsaydınız bile bu ziyaretinizde hangisini seveceğinizden emin olamazdınız. Kime fikrini sormuş ya da kaç tane inceleme okumuş olursanız olun, bu kişiler de sonuçta sizden farklı kimseler olacaktır. Bunlar kendilerine has tercihleri olan başka insanlardır, dolayısıyla tavsiyelerinin geçerliliği de bir noktaya kadardır. Sizin hangisini daha çok seveceğinizi *bilemezler*.

Boston'daki iş teklifini kabul etmeden önce uzay ve zamanı bükerek işi ya da şehri sevip sevmeyeceğinizi öğrenmenizin bir yolu yoktur. Benzer iki evden hangisini önünüzdeki on yıl içinde daha çok seveceğinizi ya da benzer kalitedeki iki okuldan hangisinden önünüzdeki dört yıl daha çok memnun kalacağınızı bilemezsiniz.

Hepimiz sıfır bilgi ile kusursuz bilgi arasında bir yerde olduğumuzdan hangi seçeneğin daha iyi olduğunu anlayabileceğinizi düşünmek gerçekçi değildir.

Fazladan zaman harcayarak hayali bir kesinliğin peşinde koşmaktasınız.

Yeterli zaman verildiğinde hangi seçeneğin daha iyi olduğunu bilebilecek olsanız dahi yine de bu durum kısıtlı bir kaynak olan zamanın akıllıca bir kullanımı olmayacaktır. Muhteşem bir Avrupa tatilinin, yıl içerisindeki mutluluğunuzu aşağı yukarı %5 oranında artırma potansiyeli var diyelim. Aynı zamanda kusursuz bilgiyi edindiğinizi; Paris tatilinin mutluluğunuzu %4.9, Roma'nın ise %5.1 artıracağını öğrendiğinizi varsayalım.

Görünen o ki, bütün o vakti %0.2'lik bir farkı bulmak için harcadınız. Bu zaman, başka kararların üzerinde, mutluluğunuza çok daha fazla etkisi olacak şeylerin ya da uzun dönem hedeflerinize ulaşmanızı sağlayacak yeteneklerin üzerinde harcayabileceğiniz bir zamandır.

Kilidi Kırmak: Tek Seçenek Testi

Barry Schwartz *Bolluk Paradoksu* kitabında kurt postuna bürünmüş kuzu türünden böylesi kararların, seçenekleriniz çoğaldıkça karşınıza çıkma ihtimallerinin arttığını belirtir. Seçeneklerinizin sayısı ne kadar fazla ise bu seçeneklerin birden fazlasının size güzel görünme ihtimali de o kadar fazladır. Güzel seçeneklerinizin sayısının artması ile analiz felcinde geçirdiğiniz vaktin de o kadar arttığını görürsünüz.

Paradoks budur; daha fazla seçenek, daha fazla telaş.

Hatırlayın, seçenekler sadece Paris ya da bir konserve balık fabrikası olduğunda kimse sorun yaşamamaktaydı. Peki, ya seçenekler Paris veya Roma yahut Amsterdam, Santorini ya da Machu Picchu ise? Anladınız diye düşünüyorum.

Bu kilidi kırmak için kullanışlı olan bir araç da Tek Seçenek Testidir.

Bu menüden sipariş verebileceğim tek şey bu olsaydı…

Bu akşam Netflix'te izleyebileceğim tek dizi bu olsaydı...

Tatile gidebileceğim tek yer burası olsaydı…

Yazılabileceğim tek üniversite burası olsaydı…

Satın alabileceğim tek ev bu olsaydı…

Bana teklif edilen tek iş bu olsaydı…

Tek Seçenek Testi kararınızın etrafında birikmiş olan tortuları temizler. Eğer Paris'in tek seçeneğiniz olması sizi mutlu ediyorsa ve tek seçeneğiniz Roma olduğunda da mutluysanız elinizdeki madeni parayı bir kenara koyabilirsiniz demektir. Yazı da gelse mutlu olacaksınız, tura da.

TEK SEÇENEK TESTİ
Üzerine düşündüğünüz her seçenek için kendinize "Elimde olan tek seçenek bu olsaydı mutlu olur muydum?" diye sorun.

I. Önünüzdeki hafta boyunca ne zaman bir restorana gitseniz Tek Seçenek Testini uygulayın. Menüye bakın ve tek seçeneğiniz olmaları durumunda sizi mutlu edecek olan yemekleri bulmaya çalışın. Menüyü bu şekilde gözden geçirdikten sonra, Tek Seçenek Testini geçen seçenekler arasında yazı-tura atın ve bir karara varın. Aşağıdaki kısmı, bunun size nasıl hissettirdiğini not etmek için kullanın.

Menü Stratejisi

Bir menüden ne sipariş edeceğinize dair bu strateji, genel anlamda karar vermek için de uygulanabilir. Herhangi bir karar verirken işe sevdiğiniz ve sevmediğiniz şeyleri sınıflandırarak başlayın. Bundan sonra ise hızlanın.

Karar verme sürecinde zaman harcayarak yapacağınız kazanımlar, *sınıflandırma* aşamasındadır. Bu aşamada *değerlerinizi* ve *hedeflerinizi* göz önüne alır, neyin bir seçeneği "iyi" kıldığını tespit edersiniz. Seçeneklerinizi sınıflandırmak, karar verme sürecinin asıl zor olan ve yavaşlamaktan en fazla fayda sağlayacağınız yeridir.

MENÜ STRATEJİSİ

Sınıflandırmanın başlangıç aşamasına zaman harcayın. Seçim aşamasında zamandan tasarruf edin.

Sınıflandırmayı yaptıktan ve bir-iki tane iyi seçenek belirledikten sonra ise hızlanmanın fazla bir sakıncası yoktur. Eğer seçenekleriniz çok yakınsa, genellikle yazı-tura atıp yolunuza devam edebilirsiniz. Bu noktada şartlarınıza uyan seçenekler arasından bir seçim yapmak için fazladan zaman harcamanız, içlerinden rastgele birini seçmenize kıyasla fazla bir kazanç sağlamayacaktır.

Düşük etkili kararları ve özellikle de tekrar edenleri tanımak işte bu yüzden çok önemlidir. Bu türden düşük riskli kararlar size denemeler yapmanız için şans tanımaktadır. Bu denemeler de neyin işe yarayıp yaramadığını ve neyi sevip sevmediğinizi anlamanızı sağlayacaktır.

Onların sonucunda daha bilgili ve sınıflandırmalarını daha doğru yapan birine dönüşeceksiniz.

[4]
Pes Edenler Genelde Kazanır ve Kazananlar Genellikle Pes Eder: Pes Etmenin Gücünü Kavramak

Sinemaya gittiniz ve saat 19:00'da 1. salonda gösterilen filmi izlediniz. Aynı zaman aralığında 2'den 18'e kadar olan salonlarda gösterilen filmleri görememiş olursunuz.

Diplomanızı almak için dört sene harcadınız. Bu, tüm dikkatinizi müzik grubunuza odaklayarak geçirememiş olduğunuz bir zamandır.

Winston Churchill'in biyografisini okudunuz. (Söz konusu biyografi 8 cilt ve 8.562 sayfadan oluşur. İki kuşak biyografi yazarı tarafından 26 yılda tamamlanmıştır.) Bu sürede otuz beş farklı kitap daha okuyamamış ya da hukuk fakültesinin iki dönemini tamamlayamamış olursunuz.

Verdiğiniz her kararın bir *fırsat maliyeti* vardır. Her bir seçim yaptığınızda, diğer seçenekleri ve onların getireceği üst potansiyeli *reddetmiş* olursunuz. Reddettiğiniz seçeneğin kazancı ne kadar fazlaysa, fırsat maliyeti de o kadar yüksektir. Fırsat maliyeti ne kadar yüksekse, hızlı karar vermenin bedeli de o kadar yüksek olur.

FIRSAT MALİYETİ
Bir tercih yaptığınızda seçmemiş olduğunuz olasılıklarla bağlantılı potansiyel kazanımları kaybedersiniz.

Bir menüden bir şey sipariş ettiğinizde ve tadını beğenmediğinizde fırsat maliyetinin anında farkına varırsınız. Farklı bir şey sipariş edebilirdiniz ve çok daha iyi olabilirdi ve belki yeterince zaman harcasaydınız "yanlış" siparişi vermeyecektiniz. Aynı durum gittiğiniz filmi, seçtiğiniz işi ya da aldığınız evi beğenmediğiniz zamanlar için de geçerlidir.

Fırsat Maliyeti ve Etki

Fırsat maliyeti, bir kararın etkisini belirleyen faktörlerden biridir; dolayısıyla zaman ve titizlik arasında seçim yaparken dikkate alınmalıdır. Yapmadığınız seçimin getirisi ne kadar fazlaysa, bu seçimi yapmayarak o kadar çok şeyden ödün vermiş olursunuz. Hız için titizlikten vazgeçtiğinizde de benzer bir bedel ödersiniz. Fırsat maliyetinin düşük olduğu durumlarda ise ödün vereceğiniz fazla bir şey yok demektir ve hızlanabilirsiniz.

Mutluluk Testinin anlatmaya çalıştığı şey bir noktada budur. Eğer karar verdiğiniz kategori düşük bir etkiye sahipse, mevcut seçeneklerden hepsinin de fırsat maliyeti düşük olacaktır. Seçeneklerin hiçbirinden kazanacağınız ya da kaybedeceğiniz fazla bir şey yoktur.

Seçimlerin tekrar edilebilir olması da fırsat maliyetini düşürür. Bir karar tekrar ettiğinde daha önce seçmediğiniz bir şeyi tercih edebilirsiniz. Böylelikle seçeneklerin hepsinin üst potansiyelini kısa bir süre içinde elde edebilirsiniz. Seçmediğiniz şeylerin kazancından sonsuza kadar vazgeçmiş olmazsınız.

Fırsat maliyetini düşürmenin başka bir yolu daha vardır: Pes etmek.

Fırsat Maliyeti: Bir tercih yaptığınızda seçmemiş olduğunuz olasılıklarla bağlantılı potansiyel kazanımları kaybedersiniz.

Israrcılık mı Peşçilik mi?

"Pes edenler asla kazanamaz ve kazananlar asla pes etmez." Thomas Edison ve Ted Turner gibi iş dünyası öncülerinin, Vince Lombardi ve Mia Hamm gibi spor dünyasından kişilerin, Dale Carnegie ve Napoleon Hill gibi yazarların, James

Cordon ve Lil Wayne gibi eğlence dünyası isimlerinin hepsinin de hemfikir olduğu bir düşüncedir bu.

Israrcı olmanın başarı getirdiği kanıksanmış bir bilgelik anlayışı gibi görülüyor. Evet, ısrar etmenin bir kıymeti vardır ama ***pes etmenin de öyle.***

Pes etmek, neredeyse evrensel biçimdeki kötü şöhretini hiç hak etmez. Pes etmek, fırsat maliyetinizi düşürmekle kalmayan, aynı zamanda ısrarcı olmanız gereken konularda daha iyi karar vermenizi sağlayacak bilgilere ulaşmanızı da sağlayan güçlü bir araçtır.

Ne zaman kısıtlı kaynaklarınızı bir seçeneğe yatırmaya karar verseniz, bunu kısıtlı bir bilgiyle yapmış olursunuz. Seçiminizin sonuçları ortaya çıktıkça da yeni bilgiler kazanırsınız. Bu bilgiler, bazen, yaptığınız tercihin hedefinize ulaşmanız adına en iyi seçenek olmadığını gösterebilmektedir.

Daha fazla şey öğrenmeniz durumunda, çok iyi olduğunu düşündüğünüz bir kararın zannettiğinizden daha düşük bir alt potansiyele sahip olduğunu, dolayısıyla da kaybettirme olasılığının kazandırma olasılığından daha yüksek olduğunu fark edebilirsiniz. Ya da yaptığınız seçimle kazanıyor olsanız bile, çok daha fazlasını kazandıran başka seçeneklerle karşılaşabilirsiniz.

Pes etmeyi düşünmek için iyi bir zamandır bu.

Poker oyuncularının ve Kenny Rogers'ı "Ne zaman bırakacağını bileceksin." diye şarkı söylerken dinleyen herkesin bildiği bir şeydir bu. Eğer kaynaklarınızı işe yarama ihtimali olmadığını hissettiğiniz bir seçeneğe yatırmışsanız, elinizde yön değiştirmeniz için bir şansınız da bulunuyorsa, artık vazgeçmenizin ve zararınızı azaltmanızın vakti gelmiş de geçiyordur.

Pes etmenin de bir bedeli vardır tabii: Para, iyi niyet, itibar, sosyal sermaye ve zaman kaybı gibi.

İlk buluşmadan sonra bir ilişkiden vazgeçmek, evlilikten sonra bir ilişkiden vazgeçmeye göre çok daha düşük maliyetlidir.

Kiraladığınız ama sevmediğiniz bir evden çıkmanın bedeli, sahibi olduğunuz bir evden taşınıp evi satmaktan daha azdır.

Başka bir mahalleye taşındıktan sonra kararınızı değiştirmeniz, başka bir ülkeye göç ettikten sonra kararınızı değiştirmeniz kadar zararlı olmayacaktır.

İyi bir karar sürecinin bir kısmı da kendinize, "Bu seçeneği seçtiğim takdirde pes etmemin maliyeti ne olurdu?" diye sormaktır. Gelecekte rotanızı değiştirmenin maliyeti ne kadar düşük olursa o kadar hızlı karar verebilirsiniz çünkü pes etme seçeneğinizin olması fırsat maliyetini azaltarak kararınızın etkisini düşürmektedir.

İlk defa randevulaşacağınız kişiyi seçerken kiminle evleneceğiniz konusunda düşündüğünüz kadar düşünmeyebilirsiniz. Kiralayacağınız evi seçmeniz satın alacağınız evi seçmenizden daha az vakit alabilir. Başka bir mahalleye taşınma seçeneği üzerine kafa patlattığınız zaman dilimini başka bir ülkeye göç etme seçeneğini düşündüğünüz zaman diliminden daha kısa tutabilirsiniz.

PESÇİLİK

Pes etmenin maliyeti ne kadar düşükse o kadar hızlı karar verebilirsiniz çünkü tercih etmiş olduğunuz şeyden vazgeçmek ve daha önce reddetmiş olduğunuz seçenekler de dâhil olmak üzere tekrar başka bir seçeneği seçmek daha kolay olacaktır.

Pesçilik, Sezgi İşi Değildir

İnsan zihninin çalışma şeklinden dolayı kararları nihai ve kalıcı gibi görürüz, özellikle de bunlar yüksek etkili kararlarsa. Kararın öncesinde pes etme seçeneği üzerine çok fazla düşünmeyiz. Ancak kararlara bir kez pes etmenin penceresinden baktığınızda, geri alamayacağınızı düşündüğünüz (ya da zannettiğiniz) çoğu kararın kabul edilemez derecede yüksek bedellere sahip olmadığını göreceksiniz.

Örneğin insanlar bir üniversite seçerken acı çekebilirler, çünkü önlerindeki dört yıl için kalıcı bir karar verdiklerini düşünürler. Ancak, dıştan bakışın gösterdiği üzere, üniversite öğrencilerinin %37'si yeni bir okula geçiş yapıyor ve bu sayının da neredeyse yarısı için de bu tek sefere mahsus bir durum olarak kalmıyor.

Geçiş yapmanın bir seçenek olduğunu fark ettiğinizde, pes etme tercihinin var olup olmadığını düşünmek yerine bunu yapmanın size neye mal olacağı üzerine düşünmeye başlayabilirsiniz. Ders kredileriniz aktarılacak mı? Arkadaşlarınızdan ayrılmanın bedeli ne? Yenilerini edinmek ne kadar zor olacak? Taşınmanın maliyeti ne? Daha iyi bir okula geçebilecek misiniz?

Cevaplar ne olursa olsun, maliyetin düşündüğünüzden daha az olduğuna iddiaya girebilirim. Çünkü muhtemelen daha önce böyle bir seçeneğinizin olduğunu bile düşünmüyordunuz.

Pes etmeyi bilmek, kararlarınızın kalitesini yükseltecektir.

Çift Taraflı Kararlar: Daha Hızlı Kararlar, Daha Fazla Deneyim

Pes etme maliyetinin düşük olduğu kararlar, size, yenilik ve denemeler yaparak, daha başka bilgiler edinme şansı da vermektedir. Hem Amazon'un kurucusu Jeff Bezos, hem de

Virgin'in kurucusu Richard Branson, "çift taraflı" karar denilen bir kavramı karar süreçlerine dâhil etmektedirler. Çift taraflı kararlar, basitçe ifade etmek gerekirse, pes etme maliyetinin düşük olduğu kararlardır.

Çift taraflı bir kararla karşı karşıya geldiğinizde, daha az emin olduğunuz seçimleri yaparak daha az bir riskle kendinizi bilmediğiniz şeylere açabilirsiniz. Bu süreçte topladığınız bilgi, seçeneklerinizi sevdikleriniz ve sevmedikleriniz olarak sınıflandırma becerinizi artıracak ve menü seçimi stratejisini uygulamanıza yardımcı olacaktır.

Pes edebileceğiniz şeyleri deneyin. Neyi sevip sevmediğinizi bulun. Neyin işe yarayıp yaramadığını keşfedin.

Piyano çalmayı sevip sevmeyeceğinizden emin değilseniz bir kursa kaydolun. Hoşunuza gitmezse pes edin. Ömrünüzün sonuna kadar piyano çalmak zorunda değilsiniz. Doğaçlama oyunculuk derslerine yazılın ya da kaya tuzu kullanarak yemek yapmayı öğrenin.

Bazı konularda elbette ki ısrarcı olmanız gerekecektir. Dayanıklılık ve inat olmadan herhangi bir konuda başarılı olmak kolay değildir. Ama pes etmeyi bilmek de inatçı olmanız gereken zamanları daha iyi seçmenizi sağlar.

Karar Biriktirmek

Pes etmeyi zihinsel bir kavram olarak kabul edip olaylara pes etmenin maliyeti açısından bakmaya başladığınızda, iyi kararlar vermek adına etkili bir yöntem keşfetmiş olursunuz: **Karar biriktirmek.**

Hayatta birçok kez yüksek etkili, tek taraflı ve kritik sonuçları olan kararla yüz yüze geliriz. (Ev almak, başka bir ülkeye taşınmak ya da meslek değiştirmek gibi.) Böyle bir kararla karşı karşıya kalacağınızı eğer biliyorsanız, yüksek etkili bu seçeneğin önüne koyabileceğiniz; tek taraflı kararınızı daha bilgili biçimde almanıza yarayacak, düşük etkili ve pes etmesi kolay kararların olup olmadığına bakın.

Biriyle randevuya çıkmak, karar biriktirmenin doğal bir uygulanış şeklidir. Eğer pek çok kez birileriyle randevuya çıkarsanız, ciddi bir ilişkiden önce neyi sevip sevmediğiniz hakkında daha fazla şey öğrenebilirsiniz. Benzer şekilde, eğer bir semtten ev almayı düşünüyorsanız daha önceden o civarlarda bir yer kiralayabilirsiniz.

KARAR BİRİKTİRME

Etkisi büyük olan ve pes etme maliyetinin yüksek olduğu zor kararları almadan evvel düşük etkili ve cayması kolay kararlar alabilmenin yollarını bulmak.

Hızlı Seçimler Yapmak ve Paralel Tercihlerde Bulunarak Ders Çıkarmak

Ivan Boesky, 1980'lerde başarının ve aşırıya kaçmanın sembolü olmuş bir Wall Street borsacısıydı. İçeriden bilgi ticareti yaptığı suçunu kabul edip, 100 milyon dolar tutarında bir ceza ödeyerek hapse girdiği vakte kadar da öyle kaldı. Dönemin ikonik bir figürü olarak birçok gerçek dışı hikâyenin kahramanı olmuştu: Mesela günde üç saat uyurdu, iş yerinde asla oturmazdı, bir işletme okulunun mezuniyet töreninde "Açgözlülük iyidir" konuşmasının orijinal versiyonunu o yapmıştı, Wall Street filmindeki Gordon Gekko karakterinin ilham kaynağıydı vb. Bir rivayete göre de Ivan ne zaman New York'taki Tavern on the Green restoranına gitse, menüdeki her şeyi sipariş eder ve hepsinden sadece birer ısırık alırdı.

Her ne kadar uydurma da olsa bu hikâye önemli bir karar verme ilkesine örnek teşkil eder: Seçeneklerden hangisine yöneleceğinize karar verirken, bazen aynı anda birden fazlasını tercih edebilirsiniz.

Birden fazla seçim yapmanız doğal olarak fırsat maliyetini düşürür çünkü tek seferde birden fazla seçeneğin üst potansiyelini deneme şansına sahip olursunuz. Birden fazla seçim yapmanın yollarını bulmak, aynı zamanda, alt potansiyele maruz kalma riskinizi de azaltır.

Ivan Boesky kadar zengin olmayabilirsiniz ama beraber restorana gittiğiniz kişiyi yemekleri paylaşmaya ikna edebilir, böylece birden fazla meze ve ara sıcak sipariş edebilirsiniz.

Eğer birden fazla spor müsabakasını aynı anda izlemek isterseniz çoklu monitör sistemi kurabilir ya da bir spor barına gidebilirsiniz.

Eğer iki pazarlama kampanyasından birini seçiyorsanız, ikisini de küçük bir pazarda test edip hangisinin daha iyi performans sergilediğini görebilirsiniz.

Hem Paris *hem* Roma'ya gideceğiniz bir tatili ayarlayabilirsiniz.

Aynı anda birden fazla şey yapabildiğiniz zaman dünyayı tanımak ve deneyim kazanmak için çok daha fazla fırsat yakalamış olursunuz.

> Pes etmenin maliyeti düşük olduğunda hızlanabilirsiniz demektir. Birden fazla seçeneği aynı anda seçebilmeniz demek ise hızınıza hız katabileceğiniz anlamına gelir.

Aynı anda yapılan seçimler, riski de azaltacaktır. Kötü bir sonuç olasılığı %10 ise yüz denemenizin onunda işler kötüye gidecek demektir. Her birinin kötü sonuçlanma olasılığı %10 olan birkaç şeyi aynı anda yaptığınızda ise hepsinin birden kötü gitme olasılığı *yok denecek kadar az olur*. Bu durum doğal olarak hızlı karar vermenin maliyetini düşürmektedir.

Her şeyi aynı yapmanın bir maliyeti de yok değildir. Menüdeki her şeyi sipariş etmek, doğal olarak, tek bir şey sipariş etmekten daha pahalıdır. Aynı anda birden çok şey yaptığınızda, yapış biçiminizin kalitesi açısından da bir maliyet vardır. Dikkat denilen şey esnektir ama sınırsız değildir. Birden fazla seçim yaparak kaybettiğiniz zaman, para, yapış biçimi kalitesi gibi şeyler birden fazla seçim yapmanın size kazandırdıkları ile dengeli olmalıdır.

Eğer bir balo için aynı anda iki kişiye randevu vermeyi konu edinen klişe dizilere aşinaysanız, iki işi, *sadece yapabildiğiniz için*, aynı anda yapmanın *iyi bir fikir olmadığını* bilirsiniz.

Sürekli boğuştuğunuz yüksek etkili bir kararı düşünün. Alternatif olarak geçmişte boğuşmuş olduğunuz yüksek etkili bir kararı da düşünebilirsiniz. Bu kararınızı peşçiliğin zihinsel modelini kullanarak değerlendirin.

I. Kararı ve sahip olduğunuz başlıca seçenekleri kısaca belirtin.

II. Bir seçeneği seçtikten sonra pes etmenin ve bir başka seçeneğe yönelmenizin bedeli nedir/neydi?

III. Bu karar baş edilebilir bir pes etme maliyeti olan iki taraflı bir karar mı/mıydı?

EVET *HAYIR*

IV. Eğer cevabınız evet ise, pes etmenin maliyeti nedir/neydi?

V. Eğer cevabınız hayır ise, tek taraflı kararınızın önüne daha az maliyeti olan başka kararlar yerleştirerek, gelmekte olan karar için daha fazla bilgi toplama fırsatı yakalamanızın yani bir karar birikimi yapmanızın yollarını düşünebiliyor musunuz?

VI. Eğer mümkün ise bu karar için birden fazla seçeneği tercih edebilmenin yollarını belirtin.

İŞTE SİZE ZAMAN-TİTİZLİK takasını nasıl uygulayabileceğinize dair bu bölümde yer alan fikirleri içeren bir akış diyagramı:

NE KADAR HIZLI GİDEBİLİRİM

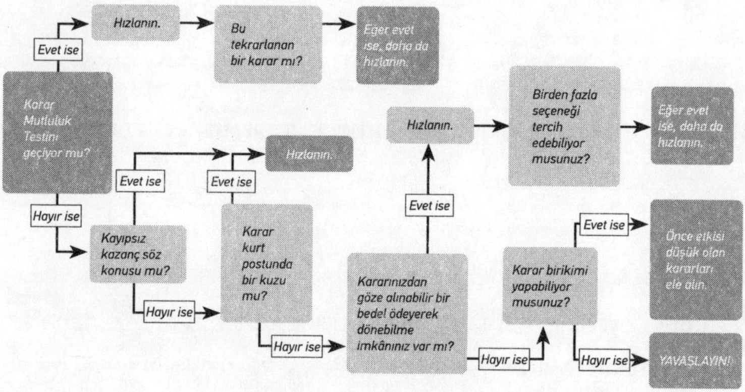

[5]

Son Kararınız Bu mu?: Karar Süreciniz "Sona Erdiğinde" Bunun Farkında Olabilmek

1950'lilerin sonu ve 60'ların da başında *Leave it to Beaver* (Beaver'a Bırak) isimli ve "tipik" bir banliyö ailesini konu edinen popüler bir komedi dizisi vardı. "Beaver" ailenin iki oğlundan küçük olanının ismiydi ve bölümler sıklıkla onun başını ufak belalara soktuğu maceralardan oluşuyordu. Örneğin, Beaver bir bölümde berbere kendi başına gidebileceği konusunda ısrar eder, daha sonra tıraş parasını kaybeder, ardından da ağabeyi Wally'den saçını keserek onu kurtarmasını ister.

Wally makası eline alır ve o kestikçe Beaver'ın da saçları yerde birikmeye başlar. Derken Beaver sorar: "Bitirdin mi?"

Bu sahnenin ardından izleyici Beaver'ı gördüğünde, saçları arasında büyük gedikler vardır. Wally şöyle der: "*Bitirdim mi bilmiyorum ama bence dursam iyi olacak.*"

Konu bir kararı nihayetine erdirmek olduğunda siz de kendinizi aynı durumun içinde bulursunuz. Peki, ne zaman incelemeyi bırakmalı ve ne zaman bir karar vermelisiniz?

Eğer seçiminiz hakkında kesinliğe ulaşmayı amaçlıyorsanız, hiçbir zaman *nihayete ulaşamazsınız.* Kesinliğin peşinden koşmak, analiz felcine neden olur. Bu bölümde amaç, kesinlik hedefinden vazgeçmenizi sağlayarak daha hızlı kararlar vermenize yardımcı olmaktır.

Karara ne kadar zaman harcadığınız, uzun bir karar yöntemini mi yoksa yazı-tura atmayı mı tercih ettiğiniz, seçeneklerin birbirlerine çok yakın olup olmadıkları ya da içlerinden birini diğerine kıyasla açıkça daha çok arzulayıp arzulamadığınız gibi durumlar bir yana; iyi bir karar süreci için, kararınızı verdiğiniz zaman, kendinize en son şu soruyu sormanız gerekmektedir: *"Keşfedebileceğim ve fikrimi değiştirmeme neden olacak bir bilgi var mı?"*

Yazı-tura attınız ve "Paris" geldi. Roma'yı tercih etmenize neden olacak, keşfedebileceğiniz bir bilgi var mı?

Özenli bir işe alım sürecinden sonra Aday A üzerinde karar kıldınız. Aday değiştirmenize ya da aramaya devam etmenize neden olacak, keşfedebileceğiniz bir şeyler var mı?

Hemen hemen her karar eksik bilgi ile verilir. Bu son soru ise her şeyi bilebilmeniz ya da falcılarınki gibi bir kristal küreye sahip olmanız durumunda ulaşabileceğiniz faydalı bilgilerin olup olmadığını düşünmenize yardımcı olur.

Kusursuz bilgiye sahip olabilseydiniz, fikrinizi değiştirmenize sebep olacak bir şeyler olur muydu? Eğer cevabınız evet ise bu bilginin ruhani ve psişik güçler olmadan da hâlihazırda ulaşılabilir olup olmadığını sorgulayın.

Bu sorunun cevabı çoğunlukla hayır olacaktır. Eğer Paris ile Roma arasında karar veremiyorsanız, henüz tatile çıkmamışken ve tatilinizin nasıl geçeceğine dair bir bilgi sahibi olmadan kararınızı açıklığa kavuşturamazsınız. Zaman makinasına erişimi olmayan sıradan bir insan olarak, bu türden bir bilgiye, dolayısıyla da bu konuya dair herhangi bir kesinliğe ulaşmanız mümkün değildir.

Eğer cevabınız "Hayır, keşfedebileceğim başka bir bilgi yok" ise devam edin ve kararı verin. İşiniz bitti. Artık durma zamanı.

Eğer cevabınız evet ise ve bu bilgiye *ulaşabilmeniz de mümkünse*, o zaman bunun ardından kendinize söz konusu bilginin maliyetini karşılayabilecek durumda olup olmadığınızı sorun.

Bilgi, ulaşılabilir durumda da olsa, birtakım sebeplerle zaman, para veya sosyal sermaye gibi yüksek maliyetleri olabilir.

Eğer yeni bir iş teklifinden ötürü Boston'a taşınmayı düşünüyorsanız, kuzeydoğunun havasına uyum sağlayıp sağlayamayacağınızı öğrenebilirsiniz. Ancak bunun için kararınızı vermeden önce bir kış boyunca Boston'da yaşamanız gerekir. Bu denemeyi yapmanın kendi maliyeti bir yana, siz kışın tahammül edilir olup olmadığını öğrenene kadar iş teklifi de uçup gidecektir. Bu durumda bilgiye ulaşma maliyetinin oldukça fazla olduğunu görüyoruz.

Eğer birini işe alacaksanız her zaman adaylarla tekrar görüşme, bir arama ekibi tutma veya düşündüğünüz adayla daha fazla mülakat yapma şansınız olacaktır. Fakat tüm bunları yapabiliyor olmanız, *yapmanız gerektiği* anlamına gelmez. Kimseyi işe almadan zaman harcamış olursunuz. Bu işlerin altından kalkabilmek için gerekli parayı da harcamış olursunuz üstelik. Süreci çok fazla uzattığınız takdirde tercih ettiğiniz adayı (veya Tek Seçenek Testini geçen görüştüğünüz herhangi bir adayı) da kaybedebilirsiniz.

Ulaşabileceğiniz belirleyici bir bilginin olduğunu, bu bilginin maliyetini karşılayabileceğinizi ve maliyetin bu bilgiye değeceğini düşünüyorsanız, o zaman gidin ve bulun bu bilgiyi.

Ancak cevabınız hayırsa, kararınızı verin ve olsun bitsin.

İşte size, iyi bir karar süreci kapsamında, bir seçeneği seçtikten sonraki nihai adımda nasıl hareket etmeniz gerektiğini gösteren bir çizelge:

HERHANGİ BİR KARAR İÇİN SON ADIM

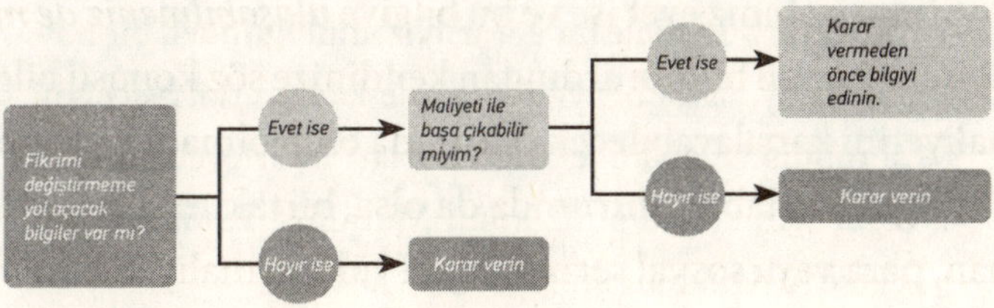

[6]
Analiz Felcinden Kurtulmak: Özet ve Kapanış

Buradaki alıştırmalar şu kavramlar üzerinde düşünmenizi sağlamak üzere tasarlanmıştı:

- Rutin ve önemsiz kararlar üzerinde inanılmaz fazla zaman harcarız. Ortalama bir insan ne yiyeceğine, izleyeceğine ve giyeceğine karar vererek yılda 250-275 saatini harcar. Bu süre, altı ya da yedi iş haftasına denktir.
- Bir **zaman-titizlik takası** vardır: Titizliği artırmak zamana mal olur. Zamandan kazanmak için titizlikten feragat etmek gerekir.
- Zaman-titizlik takasının dengesini ayarlamaktaki püf nokta, **tam olarak doğru bir karar vermediğiniz durumda ödeyeceğiniz bedeli** anlamaktır.
- İhtimalleri, karşılıkları ve olasılıkları hesaplayarak **kararın etkisini** önceden anlayabilirsiniz. Bu bedelin küçük olduğu ya da hiç olmadığı durumları belirleyerek titizlikten zaman adına feragat etmeniz hızlı karar vermenizi sağlayacaktır.
- Kararların etkisinin düşük olduğu durumları fark etmek, **dünyayı tanıma fırsatlarınızı** da çoğaltacaktır. Bu da bilginizi artırarak neyi sevip sevmediğinizi anlamanızı sağlayacak ve bütün gelecek kararlarınızın kalitesini artıracaktır.
- **Mutluluk Testi** ile bir kararın mutluluğunuzu bir hafta, bir ay ya da bir yıl içinde ne kadar etkileyeceğini sorabilir ve düşük etkili kararları belirleyebilirsiniz. Eğer karar verdiğiniz konu Mutluluk Testinden geçerse hızlanabilirsiniz.

- Eğer bir karar Mutluluk Testinden geçiyor ve **seçenekler tekrar ediyorsa** daha da hızlanabilirsiniz.
- **Kayıpsız kazanç**, alt potansiyelin kısıtlı olduğu durumlardır. Bir kayıpsız kazanç durumunu değerlendirsem mi değerlendirmesem mi diye düşünerek zaman harcamayın. Ne şekilde değerlendireceğiniz üzerine zaman harcayın.
- Potansiyel getirileri birbirlerine çok yakın olan seçeneklerle yüz yüze geldiğinizde bilin ki bunlar esasında **kurt kılığına bürünmüş fakat kuzu olan** seçimlerdir. Yüksek etkili ve birbirlerine yakın seçenekleri olan kararlar analiz felci geçirmenize neden olabilir. Fakat kararsızlık aslında hızlı davranabileceğinizin bir işaretidir.
- Bir kararın kurt postu içinde bir kuzu olup olmadığını anlamak için **Tek Seçenek Testini** uygulayın ve kendinize her seçenek için, "Eğer tek seçenek bu olsaydı durumdan memnun olur muydum?" diye sorun. Eğer cevabınız birden fazla seçenek için evet ise yazı-tura atabilirsiniz çünkü hiçbir şekilde fazla yanılmış olmayacaksınız.
- Karar sürenizi **menü stratejisini** uygulayarak paylaştırın. Hangi seçenekleri sevdiğinize karar verip zamanınızı **sınıflandırma yaparak harcayın**. Sevdiğiniz seçenekleri belirledikten sonra da **karar verirken zamandan tasarruf edin**.
- Herhangi bir şeyi seçtiğinizde tercih etmediğiniz seçeneklerin potansiyel kazançlarından vazgeçmiş olursunuz. Buna **fırsat maliyeti** denir. Fırsat maliyeti ne kadar yüksekse emin olmadığınız seçimlerin bedeli de o kadar yüksektir.

- **Pesçilik** vasıtasıyla acaba fikrimi değiştirebilir ve düşük bir maliyet karşılığında başka bir şeye yönelebilir miyim diye düşünmek daha hızlı karar vermenizi ve fırsat maliyetini düşürmenizi sağlayacaktır.
- Pes etme maliyeti düşük olan, çift taraflı adını verdiğimiz kararlar, düşük maliyetli ve deneysel seçimler de yapmanızı sağlayarak bilgi toplamanıza ve değerlerinizi öğrenmenize yardımcı olur.
- Eğer geri dönülemez bir kararla karşılaşırsanız, **karar biriktirmeyi** yani bu tek taraflı karardan önce başka başka çift taraflı kararlar vermeyi deneyin.
- **Aynı anda birden fazla seçim yaparak** da fırsat maliyetini azaltabilirsiniz.
- Kusursuz bilgiye sahip olmanız ya da kararınızın sonucunu kesin olarak bilmeniz çok zor olduğu için çoğu kararı hâlâ tam olarak emin değil bir hâlde verirsiniz. Harcadığınız fazladan zamanın hangi noktada kararınızın doğruluğuna daha fazla katkı sağlayamadığını anlamak için kendinize şunları sorun: "Seçeneklerden birini tercih etmemi sağlayacak, ulaşılabilir ve uygun maliyetli başka bir bilgi var mı? Peki, hâlihazırda tercih ettiğim bir seçenek varsa, bunu değiştirecek bir bilgi mevcut mu?" Eğer böyle bir bilgi varsa gidin ve onu bulun. Eğer yoksa kararınızı verin ve yolunuza devam edin.

"Yeterince İyi" Neden Yeterince İyidir: Tatminatçılık mı, Mükemmeliyetçilik mi?

Hem düşük hem de yüksek etkili kararlarda tereddütte kalır ve çok fazla zaman harcamaya meylederiz. Bu yüzden, burada yer alan stratejiler, harcadığınız fazladan zamanın, ne zaman buna değmez noktaya geldiğini anlamanız için tasarlanmıştır. Bir kararın ne zaman "yeterince iyi" olduğunu bilmeniz gerekir. Eksik bilgiyle hareket ettiğiniz durumlarda hayalî bir "mükemmel" karar idealinin peşinde koşmamanız için de bu oldukça önemlidir.

%100 kesinliğe mümkün olduğu kadar yaklaşmaya çalışmak **mükemmeliyetçilik** adını alır. Çoğu insanın mükemmeliyetçiliğe ve kararlarında kesinliğe ulaşmak için zaman harcamaya bir eğilimi vardır.

MÜKEMMELİYETÇİLİK
Olabilecek en iyi kararı verme ihtiyacı tarafından güdülenen, kararın her seçeneği gözden geçirmeden verilmediği ve en iyi seçimin yapılmaya çalışıldığı bir karar alma biçimi.

Tabii ki kusursuz bilgiye ancak nadiren ulaşabilirsiniz. Kesinliğe ilişkin hayali ya da çok küçük olan kazanımlar uğruna zaman harcamayı bırakın. Bu zamanı daha büyük kazançlar üzerinde düşünerek, daha iyi sınıflandırma yapmaya çalışarak ya da düşük maliyetli bilgi sağlayacak deneysel seçimler yaparak harcama şansınızı kaçırmaktasınız. Bu kısımdaki stratejilerin çoğu işte bu nedenle, sizi, kararlarınız hakkında daha gerçekçi bir yaklaşım olan **tatminatçılık** ("tatmin" ve

TATMİNATÇILIK
Mümkün olan ilk tatmin edici seçeneği tercih ettiğiniz bir karar alma biçimi.

"kanaat" kelimelerinin birleşimi) durumuna yönlendirmek üzere tasarlandı.

Bu kitapta sunulan çerçeve, yeterince iyi olan seçenekleri seçebilmek ya da "doğru" ve "yanlış" arasındaki alanda yaşayabilmek konusunda yani aslında tatminatçılık hakkında daha rahat hissetmenizi sağlayacaktır.

VIII

Olumsuz Düşüncenin Gücü

Kısa bir mola verin ve on yıl veya daha öncesinde sahip olduğunuz, zamanında hararetle savunacağınız, fakat şimdi geriye dönüp baktığınızda temellerinin o kadar sağlam olmadığını gördüğünüz inançlarınızı düşünün.

I. Bu inançlardan beş tanesini aşağıda listeleyin.

1. ______________________________
2. ______________________________
3. ______________________________
4. ______________________________
5. ______________________________

II. Şimdi de bir süre kafa patlatın ve şu anda sahip olduğunuz, hararetle savunduğunuz inançlarınızı gözlerinizin önüne getirin. Bunlardan sizce hangilerinin temelleri, on ya da yirmi yıl sonra geriye dönüp baktığınız zaman, size o kadar da sağlam gelmeyebilir? Beş tanesini yazın.

1. ______________________________

____

2. ______________________________

____

3. ______________________________

____

4. ______________________________

____

5. ______________________________

____

III. Size hangisi daha kolay geldi? Eskiden sahip olup şimdi olmadığınız inançları belirlemek mi yoksa şu anda sahip olup on yıl sonra şüphelenebilecekleriniz mi? (Bir tanesini işaretleyin.)

On yıl öncesinin görüşleri

Şimdi sahip olduğunuz ama
on yıl sonra şüphelenebilecekleriniz

Eğer siz de çoğu insan gibiyseniz, eskiden sahip olduğunuz ama aradan geçen zamanda yeniden gözden geçirdiğiniz güçlü inançlardan bol bol bulabilmişsinizdir. Aklınıza bu kadar çok örnek geldiği için de size sunulan yazım alanından daha fazlasına ihtiyaç duymuşsunuzdur. Gelecekte gözden geçirmenizin ya da aksini düşünmenizin muhtemel olduğu güncel inançlarınıza ise pek fazla (belki de hiç) örnek bulamamış ve bu konuda zorlanmışsınızdır.

Bölümün ilerleyen kısımlarında buraya tekrar geri döneceğiz.

[1]

Olumlu Düşünün, Olumsuz Düşünerek Plan Yapın: Amaçlarımızı Hayata Geçirirken Karşılaşacağımız Zorlukları Belirlemek

Yeni yıl gelip çattığında, iş günleri gece geç saatlere kadar dışarıda kalmayacağınıza dair bir karar veriyorsunuz. Ocak ayının ikinci haftasında ise kendinizi bir Çarşamba gecesi dışarıda, arkadaşlarınızdan birinin doğum günü partisini kutlarken buluyorsunuz.

Yeni yıl kararlarını hızla bozan tek kişi siz değilsiniz. Yeni yıl kararlarının %23'ü ilk bir hafta içerisinde terk ediliyor. İnsanların %92'si ise kararlarında amaçladıkları şeylere *hiçbir zaman* ulaşamıyor.

Mesele amaçlarımıza ulaşmak olduğunda bir uygulama sorunu söz konusudur.

Sağlıklı yemeye karar vermeniz ile bir doğum günü pastasıyla karşılaştığınızda kararınıza sadık kalmanız tamamen birbirinden ayrı şeylerdir.

Her gün işten önce spora gitmeye karar vermek ayrı, alarm çaldığında yataktan fırlamak ayrı bir şeydir.

Borsa düştüğünde panik yapmamaya karar vermek ayrı, %5'lik bir düşüşte pozisyonunuzu bozmamak ayrıdır.

Amaçlarımıza ulaşmak için yapmamız gerektiğini bildiğimiz şeyler ile gerçekten yaptığımız şeyler arasında büyük bir fark vardır. Finansal planlamacı Carl Richards, 2012'de yayımladığı aynı isme sahip kitabında bu durumu *davranış açığı* olarak tanımlamış ve bilinir hâle getirmiştir.

Davranış açığı, uygulamayla ilgilidir. İyi haber ise bu açığı kapatmanızı sağlayacak karar verme araçlarının bulunduğudur. **Olumsuz düşünmek**, bu araçlar içerisinde en etkili olanlardan biridir.

Tüm Bunlar ve Düşünsel Mıknatıslar: Olumlu Düşüncenin Gücü

Napoleon Hill'in *Düşün ve Zengin Ol*'u ve tabii ki Norman Vincent Peale'in *Olumlu Düşünmenin Gücü* kitabı başta olmak üzere, olumlu düşünce hakkında yazılmış oldukça geniş ve popüler bir yazın dizisi vardır. Hatta Peale'in çalışmaları o kadar popüler olmuştu ki yakın arkadaşları ve hayranları arasında Başkan Eisenhower ve Başkan Nixon bile vardı. Kendisi aynı zamanda Donald Trump'ın ilk evlilik töreninde de görev aldı.

Bu yazın türünün temel dayanağı, olumlu düşüncenin ve olumlu görselleştirmenin başarı şansını artırdığı fikridir. Bazen açıktan bazen gizliden ima edilen ise olumsuz düşüncenin başarı şansını azalttığı hatta başarısızlığa neden olduğudur.

Aşırıya kaçıyor da olsa olumlu düşünce anlatısının doruk noktası *The Secret* (Sır) kitabıdır. Kitabın internet sayfası, New York Çok Satanlar Listesi'nde 190 hafta kaldığını ve 20 milyondan fazla basıldığını söylüyor. *The Secret*, olumlu düşüncenin steroid vurulmuş hâlidir. Kitapta olumlu ve olumsuz düşünceler ile başarı ve başarısızlık arasında nedensel bir ilişkinin olduğu açıkça iddia edilmektedir. Bu nedensellik için bir de mekanizma sunulur: Manyetizm.

The Secret'a göre beynimizde olumlu düşüncelerin olumlu şeyleri, olumsuz düşüncelerin de olumsuz şeyleri çekmesini sağlayan manyetik bir özellik vardır. Pırlanta bir yüzüğü doğru şekilde hayal edin ve eşiniz getirip size bir tane versin. İşe giderken trafiği hayal edin ve bir bakmışsınız ertesi sabah tampon tampona gidiyorsunuz.

(İpucu: Bunların hiçbiri doğru değildir. Düşünceleriniz bir şeyleri kendinize çekmenizi sağlayamaz.)

The Secret'ın önerdiği mekanizma bir tuhaftır, doğru. Buna rağmen düşünceler ile sonuçlar arasında nedensel bir ilişki olduğu iddiası, bu türden yazınların dünyasında tartışma yaratan bir iddia değildir. Bunları okuyan hemen hemen herkes de makul surette olumlu düşüncelerin olumlu şeylere, olumsuz düşüncelerin ise olumsuz şeylere neden olduğu çıkarımını yapacaktır.

Nereye Varacağınızı Oraya Nasıl Gideceğinizle Karıştırmayın

Olumlu düşünce kitaplarının büyük kısmı, sizden, kendinize olumlu bir rota çizmenizi ve her bir adımda başarılı ola ola bu rotada ilerlediğinizi hayal etmenizi ister. Burada, nasıl başarısız olabileceğiniz üzerine düşünürseniz başarısız olacağınız ima edilmektedir. Nereye varacağınız ile varacağınız yere nasıl gideceğiniz bir tutulmaktadır. Gerçekteyse, "Başarısız olacağım" diye düşünmek ile "*Başarısız olursam* buna ne sebep olabilir?" diye düşünmek arasında büyük bir fark vardır. Bu ikisini birbirine karıştırmamaya önem vermelisiniz.

Nasıl başarısız olabileceğinizi hayal etmek, başarısız olmanıza neden olmaz. Hatta sizi yavaşlatabilecek, yolunuzu kaybetmeye itecek, hedefe varmaktan alıkoyabilecek bazı engelleri aklınıza getirdiği için oldukça da faydalıdır.

Bu faydayı, eski tip bir harita ile bir navigasyon uygulaması arasındaki fark gibi düşünebilirsiniz. Kâğıt harita, hedefinizi ve sizi oraya ulaştıracak rotaları görmenizi sağlar. Fakat bu rotaların hepsini de engelsiz yollarmış gibi gösterir. Kâğıt bir harita size kapalı yolları, ağır trafiği, kazaları ya da hız radarlarını; yani ilerleyişinizi yavaşlatabilecek engelleri göstermekten acizdir. Bir navigasyon uygulamanız olduğunda ise bunların hepsini görebilirsiniz.

İnsanların bugün ancak nadiren kâğıt harita kullanmalarının sebebi budur.

İstikamet belirlerken olumsuz düşünmek, sizi gideceğiniz yere daha güvenli bir şekilde ulaştıracaktır.

Kararlarınız İçin Bir Navigasyon Uygulaması: Karşıt Akıl Yürütme

Karşıt akıl yürütme üzerine yapılmış ve olumsuz düşüncenin gücünü gösteren birçok nitelikli araştırma bulunmaktadır. Karşıt akıl yürütme sürecinde, hedefe ulaşırken önünüze çıkabilecek engelleri hayal edersiniz.

Bu tıpkı karar verme sürecinizde bir navigasyon uygulamasından faydalanmaya benzer.

New York Üniversitesinde psikoloji profesörü olan Gabriele Oettingen, yolda karşılaşabileceğiniz engeller üzerine düşünmenin sizi hedefe ulaşmada daha başarılı kıldığını gösteren araştırmalar üzerinde yirmi yılı aşkın bir süredir çalışmaktadır. Örnek olarak, en az yirmi kilo vermek üzere bir programa başlayan kişiler arasında buna engel olabilecek durumlar üzerine düşünmüş olanlar, sadece olumlu görselleştirme kullanmış olanlara göre on kilo daha fazla vermişlerdir. Oettingen; sınavlardan daha iyi notlar alma, okul projelerini zamanında teslim etme, iş bulma, ameliyat sonrası iyileşme ve hatta birine çıkma teklif etme gibi daha birçok farklı alanda da karşıt akıl yürütmenin benzer bir fayda sağladığını gözlemlemiştir.

KARŞIT AKIL YÜRÜTME
Neyi başarmak istediğinizi hayal etmek ve istediğiniz şeyi başarmanıza mani olabilecek engellerle yüzleşmek.

Nasıl, bir navigasyon uygulamasını bir haritaya tercih ediyorsanız, karar verirken de nerede yanlış yola sapabileceğinizi ya da kötü şansın yolunuzu nasıl kesebileceğini görmek istersiniz. Böylelikle, bu durumlar sizin için sürpriz olmaktan çıkar *ve* vereceğiniz tepkiye dair bir planınız olur.

İşte bu, olumsuz düşüncenin gücüdür.

Karşıt akıl yürütmenin faydalı olduğu açıkça belli olsa bile, zamane insanlarının olumlu düşünceyi olumsuza tercih etmeleri de şaşırtıcı değildir.

Başarıyı hayal etmek, yeterlilik duygunuzu ve hedeflerinize ulaşma becerinizi olumlar. Ayrıca tıpkı başarıyı elde etmenin kendisi gibi muhteşem hissettirir.

Olumlu görselleştirme size başarının sevincinden aldığınız tadın aynısını verebilir. Başarısızlığı hayal etmenin verdiği duygu ise, daha çok, gerçekten başarısız olduğunuzda sahip olduğunuz duygu gibidir. Bizi iyi hissetmemiz konusunda cesaretlendiren ve kötü hissetmekten kaçınmaya teşvik eden bir kişisel yardım türüne, doğal olarak, kendimizi daha yakın hissederiz.

Fakat karşıt akıl yürütme üzerine yapılan araştırmalar, başarısızlığı hayal etmenin geçici rahatsızlığının hissetmenize değdiğini, çünkü bu rahatsızlığı kabul etmenin aslında *başarılı olma ihtimalinizi artırdığını* göstermektedir.

Zihinsel acılarınız size gerçek dünyada kazanım sağlar.

Zihinsel Zaman Yolculuğu: Görüş Menziliniz Zirvede Daha Fazladır

İşin içine **zihinsel zaman yolculuğunu** katarak, karşıt akıl yürütme sürecini daha da geliştirebilirsiniz.

Zihinsel zaman yolculuğu, basitçe, kendinizi geçmişte ya da gelecekte bir yerde hayal etme becerisine verilen isimdir. İnsanlar sürekli bu şekilde zaman yolculuğu yaparlar.

Çocukluğunuzu düşünerek hayallere dalarsınız; bundan on, yirmi sene sonra, hatta siz öldükten sonra dünyanın nasıl bir yer olacağını hayal edersiniz. (Emlak planlaması, zihinsel zaman yolculuğuna bir örnektir.)

Doğallıkla yaptığınız bir şey olan kendinizi geçmişte ya da gelecekte hayal etme işini, üretken bir karar verme aracı olan **gelecekten geri bakışa** dönüştürebilirsiniz.

Gelecekten geri bakış, karşıt akıl yürütmeyi güçlendirmektedir. Çünkü en iyi rotayı belirlerken, gitmek istediğiniz hedeften geriye doğru bakmak, bulunduğunuz yerden hedefinize bakmaya göre daha etkili bir yöntemdir.

GELECEKTEN GERİ BAKIŞ

Kendinizi gelecekte, amacınızı gerçekleştirmiş ya da ona erişememiş bir durumda hayal edip, geriye doğru bakarak, vardığınız noktaya nasıl varmış olduğunuzu gözlemlemek.

Bir dağın zirvesine tırmanmak için en aşağıdan başlamanız gerekir. O anda önünüzde bulunan şeyler görüş alanınızın büyük bir kısmını kaplar; zirveye giden yolları ve karşınıza çıkabilecek engelleri görmenizi engeller. Zirveye ulaştığınızda ise başladığınız yere bakıp bütün araziyi, en aşağıdan görememiş olduğunuz devrik ağaçları ve geçilmez sarp kayalıkları görebilirsiniz. Kullandığınız yoldan daha güvenli veya elverişli olabilecek rotalar şimdi önünüzde serpilip gitmektedir.

Tırmanmaya başlamadan önce sizden evvel zirveye ulaşmış birinden rehberlik almak işte bu yüzden faydalıdır.

Karar verirken düşüncelerimizi haddinden fazla etkileyen şeylerden biri de mevcut şartlarımızdır çünkü bu şartların hep devam edeceğini sanarız. Durumların hep şimdi oldukları gibi devam edecekleri hissine *mevcut durum ön yargısı* denir.

MEVCUT DURUM ÖN YARGISI
Mevcut durum dâhilinde var olan şartların gelecekte de var olacaklarına inanma eğilimimiz.

Tabii ki neredeyse her şey zamanla değişir. Duygu durumunuz, ne kadar para kazandığınız ve politik iklim de bunlara dâhildir. Yaklaşımlar dönüşür, zorluklar değişir, pazar şartları evrilir, teknoloji bir yandan çözümler sunar ve bir yandan yeni sorunlar yaratır.

Mevcut durum ön yargısı, şu andan geleceğinize bakarken görüşünüzü bozar.

Fakat eğer gelecekteki hayali bir noktadan planlamanızı yapar ve geriye, içinde bulunduğunuz ana doğru gelirseniz, hemen önünüzde yer alanların ötesini görme becerinizi geliştirmiş olursunuz. Sadece yoldaki engelleri değil, şartların nasıl değişebileceğini de öğrenebilirsiniz.

Mutluluk Testi, zihinsel zaman yolculuğunun size nasıl daha açık bir görüş sağladığına bir örnektir. Mutluluk Testini uyguladığınızda, geleceğe yaptığınız yolculuk ile o an önemli görünen yanlış bir film izlemek ya da yanlış bir meze seçmek gibi bir konunun, zaman geçtiğinde nasıl da önemsizleştiğini göreceksiniz.

Zihinsel Zaman Yolculuğunun Başka Bir Avantajı: Dıştan Bakışı Yakalamak

Bu bölümün başında, on yıl önceki inançlarınız ile bugünkü inançlarınızı kıyasladığınızı hatırladınız mı? İnsanların geçmişte inandıkları ama bugün inanmadıkları şeyler bulmak konusunda, bugün inandıkları ama gelecekte muhtemelen değişime uğrayacak şeyleri bulmaya kıyasla genelde daha iyi olduklarını anımsayın.

Bu durum zihinsel zaman yolculuğunun bir başka faydasını ortaya koymaktadır: Dıştan bakışa geçiş yapar ve kendinizi daha sık başkalarının sizi gördüğü şekilde görmüş olursunuz. Hepimiz *kendi* kimliğimizi korumaya ve *kendi* inançlarımızı sağlam tutmaya istekli oluruz. Bu durum kendinizi tarafsız bir şekilde görmenizi zorlaştırır. Oysa *diğer insanların* kimliklerini ve inançlarını koruma konusunda aynı istekliliğe sahip değilizdir.

Kendinizin geçmişteki bir versiyonuna bakmak, biraz da başka birine bakmaya benzer. Sürekli çıktığı ahmaklardan dert yanan arkadaşınızı dinlerken nasıl hissettiğinizi düşünün. Durumu daha tarafsız ve bağımsız bir şekilde görebilirsiniz. Uzun süre önce inandığınız ama bugünkü sizin pek de sağlam olmadığını gördüğünüz inançların listesini oluşturmanız da işte bu nedenle kolaydır.

Gelecekten geri bakış yapmak, gelecekteki sizin bugünkü kendinize bakmasını sağlar. Şimdiki zamanın çekim etkisinden kurtulup gelecekten baktığınızda, "o insanın" hedefleri ve kararları hakkında daha açık bir şekilde düşünebilirsiniz.

[2]
Premortem ve Tersine Tahmin: Hak Ettiğiniz İster Bir Otopsi, İster Bir Zafer Alayı Olsun; Nedenini Önceden Bilmelisiniz

Premortems: Hasta ölmeden *önce* yapılan otopsi

Eğer bir polisiye ya da hastane dizisi izlediyseniz, ölüm nedenini belirlemek için ceset üzerinde yapılan *postmortem (ölüm sonrası)* incelemeye aşinasınızdır. İş dünyasında kötü bir sonucun nedenlerini saptamak için genellikle postmortem kullanılır. Amaç, geçmiş hatalardan öğrenebilmektedir.

Postmortem, olay bittikten sonra gerçekleştiği için, doğal olarak öğretecekleri de gelecekte kullanılacaklar ile sınırlıdır. Bu dersler de biliriz ki, sonuçlama gibi ön yargılar nedeniyle mükemmel olmayacaktır.

Postmortemin sınırlı olmasının daha temel bir başka nedeni de *hastanın hâlihazırda ölmüş olmasıdır*. Cesedi tekrardan hayata döndüremezsiniz. Mevzu iş olduğunda da aynısı geçerlidir ve başarısızlık zaten yaşanmıştır.

Kısmen bu nedenle, psikolog Gary Klein, *premortem (ölüm öncesi)* dediği bir karar verme aracını kullanmanızı tavsiye ediyor. Gerçekten de bir premortem, ölüm nedenini bulmaya yönelik incelemenizi, *hasta henüz yaşarken* yapmanıza olanak sağlar. Premortem esnasında kötü sonuçlanan bir karar verdiğinizi ya da bir hedefe ulaşmakta başarısız olduğunuzu hayal edersiniz. Gelecekte başarısız olduğunuz noktadan bugüne bakar ve bu başarısızlığın neden kaynaklanmış olabileceğini bulmaya çalışırsınız.

PREMORTEM
Kendinizi gelecekte, amacınıza ulaşmakta başarısız olduğunuz bir noktada hayal etmek ve vardığınız yere nasıl varmış olduğunuzu anlamak için *geriye doğru* bakmak.

Amacınız önümüzdeki altı ay boyunca her sabah spor salonuna gitmek diyelim. Şimdiden altı ay sonrasında olduğunuzu ve salona yalnızca üç kez gittiğinizi hayal edin. Neden böyle olmuş olabilir?

Son teslim tarihleriyle ilgili bir sorununuz var diyelim. Bir sonraki ödevinizi vaktinde teslim etme konusunda kararlısınız. Son teslim tarihi geldi geçti; hatta üstünden bir gün de geçti ama siz yine ödevinizi bitiremediniz. Niçin bu şekilde bir sonuç elde ettiniz?

Araştırmalarınız sonucunda, işe almak üzere bir aday buldunuz. Teklifi yapmadan önce teklifi yapmış olduğunuzu, üzerinden bir yılın geçtiğini ve adayınızın işten ayrıldığını hayal edin. Peki, ya sebep?

Premortem Nasıl Yapılır ve Size Neler Öğretebilir

Karar alma sürecinizin bir parçası olarak premortem uygulamanızın yolu (Gary Klein'dan uyarlandığı üzere) şu şekildedir:

PREMORTEMİN ADIMLARI

I. Ulaşmaya çalıştığınız hedefi ya da üzerinde düşündüğünüz kararı tanımlayın.
II. Hedefinize ne kadar zamanda ulaşabileceğinize ya da kararınızın şekillendirdiği sonuçların ne kadar zamanda ortaya çıkabileceğine dair makul bir tahminde bulunun.
III. Belirlediğiniz sürenin bittiğini ve ertesi günde olduğunuzu düşünün. Hedefinize ulaşamadınız ya da kararınız iyi sonuçlar vermedi. Gelecekteki bu hayali noktadan geriye doğru bakarak takımınızın ya da kendinizin vermiş olduğu hangi kararlar yüzünden başarısız olmuş olabileceğinize dair beş kadar sebep listeleyin.
IV. Başarısızlığınızda rolü olan ve kontrolünüz dışındaki sebeplerden beş kadarını listeleyin.
V. Eğer bir takım alıştırması yapıyorsanız, sebepler hakkında bir grup tartışması yapmadan önce takımın her üyesinin üçüncü ve dördüncü adımları diğer üyelerden bağımsız şekilde uygulamalarını isteyin.

Genel olarak bir hedefe ulaşmanıza engel olabilecek iki tip şey vardır:

- *Kontrolünüzde olan şeyler* yani kendi kararlarınız ve eylemleriniz ya da bir iş ortamında sıklıkla olduğu gibi takımınızın karar ve eylemleri.
- *Kontrolünüzde olmayan şeyler* yani şans ve buna ek olarak üzerinde etkinizin bulunmadığı insanların karar ve eylemleri.

Etkili bir premortem, bu kategorilerin hepsi için başarısızlığa yol açmış olması muhtemel nedenler bulabilmelidir.

Yarın sabah erkenden bir toplantıya katılmak için işe vaktinde gitmeniz gerektiğini varsayalım. Geç kaldığınızı ve toplantının bir kısmını kaçırdığınızı hayal edelim. Buna ne sebep oldu?

Kendi karar mekanizmanızla ilgili olabilecek nedenler: Alarmı ertele butonuna arka arkaya bastığınız için uyuyakaldınız. Alarmı kurmayı unuttunuz. Trafikte harcayabileceğiniz zamanı iyi hesaplamadınız. Araba kullanırken mesajlaşıyordunuz ve kaza yaptınız.

Kontrolünüz dışında oluşabilecek nedenler: Elektrikler kesildi, telefonunuzun şarjı bitti ve dolayısıyla alarm çalmadı. Aniden bir kar fırtınası çıktı. Normalde yollar açık olmasına rağmen iş güzergâhınız üzerinde bir kaza vardı. Başka biri araba kullanırken mesajlaşıyordu ve size çarptı.

Kendinizi yeni girişiminiz olan Tarak Krallığı'na adadınız diyelim. Şimdiden bir yıl sonrasında ve başarısız olduğunuzu hayal edin. Neden böyle oldu?

Kendi karar mekanizmanızla ilgili olabilecek nedenler: Yıpratıcı bir patrondunuz ve değerli çalışanlarınızı elinizde tutamadınız. Başlangıç için sermaye toplayacağınız zaman fazla açgözlü davranıp anlaşmalara yanaşmadınız ve sonuçta aileniz ve arkadaşlarınız dışında kimseden finansman sağlayamadınız. Kötü göründüğü hâlde kendi saçınızı kesmekte ısrarcı davrandınız ve potansiyel yatırımcılar üzerinde kötü bir etki bıraktınız.

Kontrolünüz dışında oluşabilecek nedenler: Tam başlangıç için sermaye toplayacağınız sırada ekonomi bozuldu ve dolayısıyla girişimin sermayesi kurudu. Başka bir alandaki öncü bir firma sizinle aynı iş koluna girmeye karar verdi ve önünüzü kesti.

I. Hedeflediğiniz bir şeyi ya da üzerinde düşünmekte olduğunuz bir kararı belirtin.

II. Hedefinize ulaşmanız için ya da kararınızın sonuçlarının ortaya çıkması için makul bir süre ne kadar olacaktır?

Bu sürenin yeni bittiğini ve işlerin umduğunuz gibi gitmemiş olduğunu hayal edin. Niçin böyle oldu?

III. İşlerin umduğunuz gibi gitmemiş olmasının sizin kendi kararlarınız ve uygulama hatalarınızla ilişik olan beş sebebini yazın.

1.

2.

3.

4.

5.

IV. İşlerin umduğunuz gibi gitmemiş olmasının sizin kontrolünüz dışında olan beş sebebini yazın.

1. ____________________

2. ____________________

3. ____________________

4. ____________________

5. ____________________

V. Yaptığınız bu premortem daha önce parmak basamamış olduğunuz bir engeli teşhis etmenizde size yardımcı oldu mu? (Birini

EVET *HAYIR*

Eğer siz de çoğu insan gibiyseniz, premortem inceleme yapmak normalde fark edemeyeceğiniz bazı başarısızlık nedenlerini görmenize yardımcı olmuştur.

Araştırmalar, zihinsel zaman yolculuğu ve karşıt akıl yürütmeyi birleştirdiğiniz zaman bir şeyin neden başarısız olabileceğine dair %30 daha fazla neden görebildiğinizi söylüyor. Kristal küreniz için kayda değer bir gelişmedir bu. Premortem, geleceğe dair bakışınızı keskinleştirir. Geleceği görüşünüz ne kadar kapsamlıysa da kararlarınız o derece iyi olur.

Premortem İncelemenin Gruplara Olan Ekstra Bir Katkısı: Kafaları Beyinlere Dönüştürmek

Mesele karar vermeye geldiğinde içgüdüsel olarak daha fazla insanın daha iyi olacağını düşünürüz. Dıştan bakışa ulaşarak daha iyi karar verebileceğinize göre ve bu dıştan bakışın bir kısmı da başka insanlara ait ise, grup (yani daha fazla kafa) hâlinde düşünmek daha fazla dıştan bakış sağlamalı, öyle değil mi?

Basit matematiktir bu.

Fakat ne yazık ki, grup dinamikleri çoğu zaman potansiyel avantajların önüne geçer. Takımlar doğal olarak sürü psikolojisine yatkın olmaktadır. Üyeler birbirlerinin inançlarını onaylarlar. Fikir birliğine yaklaşıldığı hissi oluştuğunda genelde grubun fikriyle çelişen düşüncelerini söylemekten, farkında olmayarak da olsa çekinirler. Bu durumun sebebi üyelerin bazen farklı düşündüklerini bile unutuyor ve fikir değiştiriyor olmaları olabilir. Başka zamanlarda ise "mızmız" ya da "çıkıntılık yapan kişi" olarak görülmek istemeyebilirler. Uyumlu ve fikir birliğini destekleyen bir "takım oyuncusu" gibi görülmeyi yeğlerler.

Takımdaki her üyenin diğerlerinin fikrini alarak dıştan bakışa erişme potansiyeli olsa bile, takımlar pratikte farklı kafaların aynı içten bakışı tekrar ettiği şeylere dönüşebilirler.

Premortemler farklı fikirleri ortaya çıkararak ve bunları teşvik ederek takımların sürü psikolojisi sorununu çözmelerine yardımcı olur. Bir grup hâlinde premortem inceleme yaparken iyi bir takım oyuncusu olmak, kararın nasıl başarısız olabileceğine dair en yaratıcı fikirleri bulmayı ve ortak fikrin yanlış olduğunu gösteren nedenleri saptamayı gerektirir.

Premortemler ayrık sesleri açığa çıkarır ve ödüllendirir.

Eğer bilmediğiniz şeyler evrenine bakmak ve inançlarınızla çelişen şeyleri görmek istiyorsanız, premortem bunun için iyi bir yoldur.

Tersine Tahmin: Başarınızın Sırrını Kendinizle Paylaşmak

Geleceğin resmini eksiksiz olarak görebilmek için elbette ki sadece olumsuz ihtimallerden fazlasını keşfetmek gerekecektir. Yağmurlu bir gün için hazırlanmak faydalıdır, evet, fakat yağmur her gün yağmaz. Tıpkı neden başarısız olabileceğiniz gibi, neden başarılı olabileceğinizi de hayal etmeniz gerekir. İki türlü geleceği de hayal etmek, en başarılı tahmini yapmanızı sağlayacaktır.

Tersine tahmin, premorteme eşlik eden bir tekniktir. Tersine bir tahmin yaptığınızda olumlu bir gelecek hayal edip oradan geriye doğru gelirsiniz. Chip ve Dan Heath, bu yöntemi *preparade (zafer alayı öncesi)* olarak adlandırırlar: Gelecekte birinin neden size zafer alayı hazırlıyor olacağını bulmaya çalışmak.

Bir tersine tahminde kararınızın işe yaradığını, hedefinize ulaştığınızı hayal edersiniz ve kendinize, "Bu neden oldu?" diye

TERSİNE TAHMİN
Kendinizi gelecekte, hedefinize ulaşmayı başardığınız bir noktada hayal etmek ve *geriye doğru bakarak* vardığınız yere nasıl varmış olduğunuzu tahlil etmek.

TERSİNE TAHMİNİN ADIMLARI

I. Ulaşmaya çalıştığınız hedefi ya da üzerinde düşündüğünüz kararı tanımlayın.

II. Hedefinize ne kadar zamanda ulaşabileceğinize ya da kararınızın şekillendirdiği sonuçların ne kadar zamanda ortaya çıkabileceğine dair makul bir tahminde bulunun.

III. Belirlediğiniz sürenin bittiğini ve ertesi gününde olduğunuzu düşünün. Hedefinize ulaşmayı başardınız ya da kararınız iyi sonuçlandı. Gelecekteki bu hayali noktadan geriye doğru bakarak takımınızın ya da kendinizin vermiş olduğu hangi kararlar yüzünden başarılı olmuş olabileceğinize dair beş kadar sebep listeleyin.

IV. Başarınızda rolü olan ve kontrolünüz dışındaki sebeplerden beş kadarını listeleyin.

V. Eğer bir takım alıştırması yapıyorsanız sebepler hakkındaki grup tartışmanızdan önce takımın her üyesinin üçüncü ve dördüncü adımları diğer üyelerden bağımsız şekilde uygulamasını isteyin.

sorarsınız. Tersine tahmin için izlenilen adımlar, premortemin adımlarına benzemektedir.

Premortem örneğinde kullandığınız hedef ya da kararı tekrar ele alın ve bu sefer başarılı olduğunuzu düşünün. Kendinize bunun nedenlerini sorun.

I. Başarınızın kendi karar ve uygulama tercihlerinizle ilişkili olduğunu düşündüğünüz beş sebebini yazın.

1. ______________________________
____

2. ______________________________
____

3. ______________________________
____

4. ______________________________
____

5. ______________________________
____

II. Başarınızın kontrolünüz dışında geliştiğini düşündüğünüz beş sebebini yazın.

1. ______________________________
____

2. ______________________________
____

3. ______________________________
____

4. ______________________________
____

5. ______________________________
____

GELECEĞE DAİR NET BİR görüş için hem premorteme hem de tersine tahmine ihtiyaç duyarsınız. Buna rağmen, bu bölümdeki vurgunun olumsuz düşünce üzerinde olmasının sebebi, sizi sadece başarıyı hayal etmekten fazlasına teşvik etmektir. Olumlu bir gelecek hayal etmek çoğu insan için zor değildir. Muhtemelen tersine tahmin *hâlihazırda* sürekli yaptığınız bir şeydir.

Premortem ve tersine tahmin arasındaki ilişki, tıpkı içten ve dıştan bakış arasındaki ilişkiye benzer. İyi bir karar süreci dıştan bakış ile başlar ve ağırlığını oraya verir, çünkü zaten doğal olarak içten bakışın ülkesinde yaşıyorsunuzdur. Dıştan bakış, içten bakıştan kaynaklanan ön yargılarınızı dizginlemeye yarar. Benzer şekilde, iyi bir karar süreci de premortem ile başlar ve ağırlığını oraya verir çünkü zaten doğal olarak tersine tahminin ülkesinde yaşıyorsunuzdur.

> Nasıl doğrunun evi dıştan bakış ve içten bakışın kesiştiği yerde ise, geleceğin doğru bir tahlili de premortem ve tersine tahminin kesiştiği yerde bulunmaktadır.

Bunlar, beraberce, size geleceğin bütünleşmiş bir resmini sunar. Premortem; aşırı güven, kontrol yanılsaması ve işlerin yolunda gitme olasılığını abartmanıza neden olan diğer ön yargılara yönelik doğal eğiliminizi azaltır. Tersine tahmin ise eğer karamsar mizaçlı ya da özgüveni düşük biriyseniz beklentilerinizi daha dengeli bir hâle getirir.

En önemlisi ise yaptığınız şeyin sadece başarı ya da başarısızlığı *hayal etmekten* çok daha fazlası olmasıdır. Yaptığınız şey aslında her iki sonuca da çıkma ihtimali olan rotaları belirlemek, başarıya giden yolu, bu yolda önünüze çıkabilecek olan ve kaçınmak ya da başa çıkmak zorunda kalacağınız engelleri saptamaktır.

Premortem ve Tersine Tahminlerinizi Bir Karar Keşif Tablosuna Dönüştürmek

Hem premortem hem de tersine tahminin sonuçlarını bir arada görmek faydalıdır. Bunu bir *Karar Keşif Tablosu* kullanarak yapabilirsiniz.

Sonraki sayfada yer alan Karar Keşif Tablosunda, başarıya ya da başarısızlığa neden olabilecek sebeplerin gerçekleşme olasılığını tahmin edebilmeniz için de bir sütun olduğunu göreceksiniz. Kontrolünüzde olan ve olmayan tüm bu şeylerin gerçekleşme ihtimalleri birbirinden farklı olacağı için olasılıklarını da tahmininize eklemek yararlı olacaktır. Eğer bunu da faydanıza veya zararınıza olacak tüm bu durumların yapabilecekleri etki üzerine bir tahminle birleştirirseniz, hangisine öncelik vermeniz gerektiğini çok daha iyi görebileceksiniz.

I. Aşağıda yer alan Karar Keşif Tablosunu kullanarak az önce yapmış olduğunuz premortem ve tersine tahminlerin sonuçlarını kaydedin. Her bir maddenin gerçekleşme olasılığını da tabloya ekleyin.

KARAR KEŞİF TABLOSU

	BAŞARISIZLIK (premortem)	*%*	*BAŞARI (tersine tahmin)*	*%*
BECERİ (Kontrolünüz dâhilindekiler)	*1.*		*1.*	
	2.		*2.*	
	3.		*3.*	
	4.		*4.*	
	5.		*5.*	

	BAŞARISIZLIK (premortem)	*%*	*BAŞARI (tersine tahmin)*	*%*
ŞANS (Kontrolünüz haricindekiler)	*1.*		*1.*	
	2.		*2.*	
	3.		*3.*	
	4.		*4.*	
	5.		*5.*	

EĞER HEDEFLERİNİZ VE KARARLARINIZ için bir navigasyon uygulamasına sahip olsaydınız, bu tıpkı premortem ve tersine tahmin gibi çalışırdı ve çıktısı da aynı Karar Keşif Tablosu gibi görünürdü. Gelecekte kontrolünüzde olacak ve olmayacak, başarı şansınızı artırabilecek veya azaltabilecek olaylar için iki geniş kategori belirlemiş oldunuz ve bunların olasılığı hakkında akıllı bir tahminde bulundunuz. Amacınıza giden yolda karşınıza çıkabilecek şeyler hakkında artık iyi bir haritaya sahipsiniz.

Şimdi çıktı elinizde olduğuna göre, önceden öğrendiğiniz bu bilgiyi başarı şansınızı artırmak için nasıl kullanabilirsiniz?

Bu alıştırmaları yaptıktan sonra, ilk değerlendirmeniz gereken şey, amaçlarınız ve kararlarınızda öğrendiklerinizin ışığında bir değişiklik yapmak isteyip istemediğinizdir.

Örneğin tıbbi cihazlar üreten ve bu cihazlardan birini yurtdışında satmayı planlayan bir şirkette olduğunuzu varsayalım. Takımınızla bir premortem yapıyorsunuz ve sonuçlar satış yapacağınız ülkede cihazın yasaklanmasına neden olabilecek düzenlemelerin gündemde olduğunu ortaya koyuyor. Tahminleriniz bu düzenlemelerin hayata geçme olasılığının yüksek olduğu yönünde. Bu belirsizlik durumu ortadan kalkana kadar o pazarda satış yapmamaya karar verebilirsiniz.

Bu alıştırmaları tamamladıktan sonra hâlâ vermiş olduğunuz karar ile yola devam etmeniz için iyi sebepler olduğunu düşünüyor olmanız mümkündür. Bu durumda kararınızı nihayetine erdirmeden önce, premortem ve tersine tahminlerinizin sonuçları doğrultusunda aşağıdaki eylemleri hayata geçirmeyi değerlendirin:

1. Kararınızı iyi sonuçlar verme ihtimalini artıracak ve kötü sonuçlar verme ihtimalini azaltacak şekilde değiştirmek
2. Sizi hazırlıksız yakalamamaları için gelecekte elde edeceğiniz sonuçlara nasıl tepki vereceğinizi planlamak
3. Gerçekleşmeleri ihtimaline karşı kötü sonuçların etkilerini azaltmanın yollarını aramak

[3]
İyi Niyetlerinizle Bir Ön Bağlılık Anlaşması Yapmak: Cehenneme Giden Yolda Bir U-Dönüşü

Karar Keşif Tablosu, tıpkı sizi hedefinize yaklaştıracak karar ve eylemler gibi, ilerlemenizi yavaşlatacak karar ve eylemleri de belirlemenizi sağlar. Alıştırmayı tamamlamış olduğunuzdan, artık başarınızı geciktirecek eylemleri nasıl engelleyebileceğiniz ve başarınıza katkı sağlayacak eylemleri nasıl destekleyebileceğiniz konusunda bilgi sahibisiniz.

Bu karar aracı ön bağlılık anlaşması olarak bilinir.

Bu tür ön bağlılıklar, Homer'ın *Odyssey* destanındaki kahraman Ulysses'in aldığı yaratıcı bir önlemden dolayı *Ulysses anlaşmaları* olarak da bilinmektedir. Ulysses, şayet eve dönmek istiyorsa, gemisiyle denizkızlarının adasından geçmek zorunda olduğunu biliyordu. Eğer kendisi ya da tayfasından biri denizkızlarının şarkı söylediğini duyacak olursa gemiyi adanın sarp kayalıklarına yani kendi ölümlerine doğru sürmek için karşı konulamaz bir arzu duyacaklarına ilişkin uyarılmıştı

O ise kaliteli bir karşıt akıl yürütme yapmıştı.

Ulysses nasıl başarısız olabileceğini önceden belirlemiş, kendisini ölüme götürecek arzu baş gösterdiği takdirde eyleme geçmemek için alması gereken önlemleri almıştı. Henüz adanın yanından geçmemişken, denizkızlarının

> **ÖN BAĞLILIK ANLAŞMASI**
> Sizi çeşitli eylemlerde bulunmaya ya da çeşitli eylemlerden geri durmaya bağlı kılan ve önceden yapmış olduğunuz bir anlaşma. Bu türden anlaşmalar başkalarıyla (grup tercihleri için ya da kendinizi bir başkasına karşı hesap verebilir kılmak adına) veya kendi kendinizle yapılabilir.

şarkısını duymamaları için tayfasının kulaklarını bal mumu ile doldurdu. Güzel ama ölümcül şarkıyı duyduğunda gemiyi o tarafa sürmemek için ise adamlarına kendisini bayrak direğine bağlamalarını emretti.

Ulysses anlaşmaları bu tip ön bağlılıklar içerir:

- Tıpkı Ulysses gibi, kötü kararlar vermenizi *fiziksel bir şekilde* engelleyebilirsiniz.
- Amaçlarınıza ters düşecek eylemlerde bulunmanıza engel olacak önlemler alabilirsiniz. Bu tarz önlemler aldığınızda, kendinizi bayrak direğine bağlamak gibi fiziksel engeller koymuş olmazsınız. Fakat planlarınıza mani olacak şeylere karşı direncinizi artırmış olursunuz. Aldığınız bu önlemler harekete geçmeden önce durup düşünmeniz için size ek bir fırsat tanırlar.
- Amacınıza giden yolda dirence neden olan engelleri ortadan kaldırmanız mümkündür.

Engel koyucu bu Ulysses anlaşmalarının, buzdolabınızı kilitleyip anahtarı zaman ayarlı bir kasaya koymaktan tutun da bir arkadaşınıza niyetinizi söylemenize kadar türlü türlü çeşidi vardır. Kilit, buzdolabına ulaşmanızı fiziksel olarak engeller. Niyetinizi bir arkadaşınıza söylemek ise sizi başka birine karşı hesap verebilir kılar ve sözünüze sadık kalmaya zorlar.

Muhtemelen hâlihazırda kararlarınıza sadık kalmanızı sağlayan birtakım Ulysses anlaşmalarını zaten kullanıyorsunuzdur.

Bir taksi uygulaması kullanırsanız yılbaşı gecesi sarhoş araba kullanmanızı fiziken engellemiş olursunuz.

İşe vaktinde gitmek için alarmı odanın diğer ucuna koyarsanız erteleme butonuna basmanız fiziksel olarak engellenmiş olur.

Sağlıklı beslenmeye karar verdiyseniz gece atıştırmalarının sorun olacağını biliyorsunuzdur. Evdeki bütün abur cuburu atmayı deneyebilirsiniz. Hâlâ eve sipariş verebilmekte ya da yakındaki bir yerlere gidebilmektesinizdir. Fakat evdeki abur cuburdan kurtulmak anlık dürtülere teslim olmaya karşı direncinizi artırır. Ayrıca evinize sağlıklı yiyecekler depolayabilir ya da iş yerine giderken yemeğinizi evden götürebilirsiniz. Bu da iyi seçimlere karşı olan direncinizi azaltacaktır.

Amacınız emeklilik için para biriktirmek diyelim ve anlık alışverişler çok fazla para harcamanıza neden oluyor. Mesela maaşınız yattığında emeklilik hesabınıza otomatik olarak aktarım yapan bir işlem talimatı verebilirsiniz. Böylelikle bütçenizde delik açmanız zorlaşacaktır.

I. Hazırlamış olduğunuz Karar Keşif Tablosunu kullanarak, planlarınıza aykırı biçimde davranmaktan sizi fiziksel olarak alıkoyacak üç ön anlaşma belirleyin. Alternatif olarak, kendinizde (ya da takımınızda) teşvik etmek veya engel olmak istediğiniz davranışlar için direnci artıracak veya kıracak üç adet unsur da belirleyebilirsiniz.

1. ____________________

2. ____________________

3. ____________________

Ön bağlılık anlaşmaları size amacınıza giden ideal yoldan hiç sapmayacağınızın garantisini veremez. Elinizin altında Ulysses gibi kendinizi bağlayabileceğiniz ve belli bir şekilde hareket etmenizi temin edecek bir direk çoğu zaman bulunmayacaktır. Ön bağlılık anlaşmaları gelecekteki kararlarınızın mükemmel olacağını garanti edemeseler de yoldan sapma ihtimalinizi azaltırlar. Ayrıca, kararlarınızın kalitesindeki küçük artışlar bile zamanla birikerek, hedefinize ulaşmanızı çok daha muhtemel kılacaktır.

[4]

Dr. Kötü Oyunu: Başarısız Olacağınızdan Emin Olmak İsteyen Kötü Bir Dâhiyi Alt Etmek (Not: Kötü Dâhi Sizsiniz)

Premortem inceleme yaptığınızda, gelecekte istemeyerek de olsa elde ettiğiniz bir mağlubiyet üzerine düşünürsünüz. Amacınız başarılı olmaktı fakat olamadınız.

Peki ama *isteyerek başarısız olabileceğiniz* yolları hayal etseydiniz? Gelecekten geri bakış konusunda öğrendiklerinize dair bir olumsuz düşünme alıştırması yapacak olsak, en uç noktası bu olurdu herhâlde.

Bunu yapabilmenizi sağlayan karar aracı **Dr. Kötü oyunudur**.

Dan Egan'dan uyarlanan Dr. Kötü oyununda, Dr. Kötü'nün beyninizi kontrol ederek başarısız olmanızı garanti eden kararlar vermenize neden olduğunu hayal edersiniz. Kötü niyetli bir dâhi olan Dr. Kötü, yanlış kararlar verdiğinizi fark ettiğiniz takdirde başarısız olacağını bilmektedir. Eğer çok bariz bir şekilde kalitesiz kararlar verirseniz, oyunu ortaya çıkmış olacaktır. Siz ve çevrenizdekiler yanlış kararlar verdiğinizi anlarsanız, sinsi planları suya düşer.

Dr. Kötü, şeytani planları dâhilinde *hem* sizi başarısız kılmalı *hem de* yakalanmamalıdır. Bu konudaki çözümü, mazeret sunması kolay ama tekrar ettiğiniz takdirde sizi kesin başarısızlığa götürecek kararlar vermenizi sağlamaktır.

Bedava bir donutı, kayıpsız kazanç olarak görmemeniz gerektiği konusunda sizi uyardığım zaman Dr. Kötü'nün icraatlarından biriyle karşılaşmıştınız aslında. *Bedava* bir donut ne kadar kötü olabilirdi ki? Yalnızca bir donut yemek, beslenme hedeflerinizde fazla bir kayba sebep olmayacaktı ve mazeret sunması kolay bir istisnaydı. Bu tür küçük kayıpların nasıl birikebildiğini ancak zaman geçtikten sonra görebilirsiniz.

Dr. Kötü sizi bu şekilde alt eder. Eğer beslenme hedeflerinizde başarısız olmanızı istiyorsa, siz sağlıklı beslenme kararı aldıktan bir saat sonra üstünüze kürekle patlamış mısır, pizza, dondurma ya da cheesecake atmayacaktır.

Bunun yerine, ilişkinizin gidişatından memnun olmadığınız için bir dilim cheesecake yersiniz. Birkaç gün sonra ise bir kutu patlamış mısırı paylaşırsınız ama bu da sevgilinizle barıştığınız ve sinemada çok iyi zaman geçirdiğiniz içindir. Sonra da işte bir dilim pizza yersiniz çünkü geç saatlere kadar çalışmışsınızdır, yorgunsunuzdur ve patron herkese pizza ısmarlamıştır. Sonraki haftasonu ise yeğeninizin doğum gününde herkes dondurma yiyordur ve siz de ayıp olmasın diye eşlik edersiniz.

İşte Dr. Kötü sizi bu şekilde başarısız kılar. Göze görünmeyen minik, yanlış kararlar vermenizi sağlar ve bunları sürekli tekrarlamanın garanti başarısızlık getireceğini fark etmenizi engeller. Bu küçük anların hepsini tekil ve açıklanabilir olarak görürsünüz; büyük resimde oynadıkları rolleri anlamazsınız.

Alarmı ertele butonuna bastığınızda, fazladan beş dakika daha uyuyabiliyor oluşunuzun kazancını görürsünüz.

Görmediğiniz şey ise güvenilmez ve geç kalmayı alışkanlık edinmiş birine dönüşmenize neden olan kararları biriktirmenizin kaybıdır. Dr. Kötü oyunu sayesinde bu türden kararlar etrafınızı kuşatmadan önce kendinize gelirsiniz ve başarısız olmanıza sebep olacak pek çok farklı karar türünü ayırt edebilmeye başlarsınız.

DR. KÖTÜ OYUNUNUN ADIMLARI

I. Olumlu bir hedef düşünün.
II. Dr. Kötü'nün beyninizi kontrol ettiğini ve size başarısızlığınızı garanti edecek kararlar aldırdığını düşünün.
III. Size aldırılan her kötü kararın yeterince makul bir açıklaması olmalı ve karar gözlemlenirse (siz ya da başkaları tarafından) kimse durumun farkına varmamalı.
IV. Bu kararları not edin.

Dr. Kötü oyununun sonuçları sizi başarısızlığa uğratacak kategoriler dolusu kararı ortaya çıkaracaktır.

Bu tür kararları belirlediğinizde yapabileceğiniz iki şey vardır. Öncelikle, böylesi kararların özel bir dikkat gerektirdiğini görmelisiniz. Bunlara karar sürecinizde daha fazla önem vermelisiniz ki biriken zararlarını fark edip daha ihtiyatlı davranabilesiniz. Bu türden kararları verirken, içinde bulundukları bağlama daha fazla dikkat etmeniz de önemlidir. Böyle zamanlarda kendinize, "Son zamanlarda ne sıklıkla istisnalar yapar oldum?" ya da "Bir hafta veya bir ay sonra da bu istisnayı yaptığım için memnun olacak mıyım?" gibi sorular sorun. Bu şekilde temkinli olmak, size durup düşünmeniz ve gelecekteki kendinizle irtibata geçmeniz için bir şans sağlayacaktır.

Bağlamın sorgulanması takım hâlinde verilen kararlar için özellikle önemlidir. Takım üyeleri kolayca kabul edilebilir bir gerekçesi olan kararları sorgulamaya ve istisnaların kural hâline gelip asıl hedefi etkisiz kılabileceği durumları aramaya cesaretlendirilmelidir.

Yapabileceğiniz ikinci şey ise *kapsayıcı kararlar* alarak bir ön bağlılık anlaşmasına imza atmaktır. Böylelikle bu türden kararları elden çıkarmanız kolaylaşacaktır.

KAPSAYICI KARAR
Kümelendirilmediği takdirde göze batmayacak olan kötü karar kategorilerini saptayarak, hangi seçeneklerin bu kategorilere girip girmeyeceğine öncesinden karar vermek.

Beslenme konusundaki tercihleriniz ile bu tip kapsayıcı kararları her zaman vermiş oluyorsunuz zaten. Eğer bir vegan olmaya karar vermişseniz, bu, kapsayıcı bir karardır. Ne yiyeceğinize karar verirken hayvan ürünleri artık bir seçenek değildir. Eğer ketojenik bir diyet uygulayacaksanız da basit karbonhidratlara elveda demeniz gerekecektir.

"Ben bir veganım" demekle "Daha az et yemek istiyorum" demek arasında büyük bir fark vardır. Eğer sonrakini söylerseniz, her öğünde et yemek ya da yememek arasında yeni bir seçim yapmanız gerekir. Her yeni kararınızda da Dr. Kötü tarafından ele geçirilme tehlikesi yaşarsınız.

Yetkin olmadıkları alan dışında yatırım yapmak istemeyen başarılı profesyonel yatırımcılar arasında kapsayıcı kararlar yaygındır. Uzmanlık alanları dışında olan ve özellikle büyük kâr fırsatı barındıran kararlarla karşılaştıklarında, yatırımcıların doğru kararları verebilecekleri yönünde kendilerini kandırma riski daha fazla olur. Eğer belli sınırlar koyulmadıysa, uzmanlık alanının dışına çıkmak daha da cezbedici hâle gelir. Diğer taraftan, eğer "Ben bir sermaye yatırımcısıyım." ya da "Sadece iflas etmiş ya da yeniden yapılanma içinde olan gayrimenkul ortaklıklarına yatırım yaparım" gibi bir şey söylerlerse, bunlar haricindeki durumları düşünmeleri daha az olasıdır.

Kapsayıcı kararlar hangi seçeneklerin erişilebilir olduğu konusunda tek seferlik, önceden bir karar vermenizi sağlar. Böylelikle, anın içinde, sizi dürtülerinizin en kötülerine kurban edecek kararlar vermekten korunmuş olursunuz.

I. Karar Keşif Tablosu için ele aldığınız hedefi düşünün. Dr. Kötü'nün sizi bu hedefe ulaşmaktan alıkoyabileceği üç yol yazın. Her bir kararın yeterince makul bir açıklaması olmalıdır. Açıklamanız, dışarıdan bakan birinin, kararınızı benzer başka kararlar bağlamında görmedikçe durumu sorgulamamasına yetecek kadar makul olmalıdır.

1. ______________________________

2. ______________________________

3. ______________________________

II. Kendinizi bu tekrarlanan "tek seferlik" durumlara karşı korumak için bir ön bağlılık anlaşması olarak kullanabileceğiniz en az bir kapsayıcı karar belirleyin.

Dr. Kötü oyunu hakkında farkına varmanız gereken gerçek şudur ki o kötü niyetli dâhi *kendinizsiniz*. "Dr. Kötü"nün bulduğu mazeretler, tam da kendi kendinizi sabote etmek için kullandığınız kurnazca yöntemlerdir.

Dr. Kötü giyotinle kafanızı kesmez, bunun yerine sizi bin küçük bıçak darbesiyle öldürmeyi tercih eder. Herhangi bir zamanda verdiğiniz herhangi bir karara gerekçe bulabilmeniz kolaydır. Dr. Kötü hedefinize ulaşmanızda küçük kayıplar yaşatacak kararlar vermeniz için size geçerli sebepler sunar. Sonra da bu kararları üst üste yığar ve planlarınızı, kendinizi sabote ettiğinizi anlamanıza izin bile vermeden, yavaşça öldürür.

Tıpkı diğer ön bağlılıklarda olduğu gibi, kapsayıcı kararlar söz konusu olduğunda da sonraki kararlarınızın hepsinin bu kapsama dâhil olacağının garantisi yoktur. Fakat bu kapsayıcı kararları vermek yoldan sapma ihtimalinizi ciddi şekilde azaltacak ve yaptığınız kazanımlar zamanla birikecektir.

[5]

Kimsenin İstemediği Bir Sürpriz Parti: Kötü Bir Sonuca Olan Tepkiniz Durumu Daha Beter Bir Hâle Getirdiğinde

Hedefe ulaşmaya engel teşkil eden bir başka muhtemel neden de kötü sonuçlara verdiğiniz tepkinin şeklidir. Genellikle kötü bir sonucun hemen ardından karar verme becerinizde bir azalma görülmektedir. Gelecekte karşılaşacağınız zorluklarla nasıl mücadele edeceğinizi planlayarak bu zorlukların üstesinden gelebilir ve kötü bir sonucun daha da kötü hâle gelmesinin önüne geçebilirsiniz.

Özellikle de elinizde olmayan bir durum söz konusuysa kötü sonuçlar duygusal anlamda yara almanıza sebep olabilir. Beyninizdeki duyguları yöneten merkezler harekete geçer ve kötü kararlar verme olasılığınızı artırır. Beynin duygusal bölümleri harekete geçtiğinde mantıksal düşünen bölümlerin çalışması engellenir. Beynin bu kısımlarının engellenmesi, o anda verdiğiniz bütün kararların kalitesini tehlikeye atacaktır.

Bu yoğun duygusal durumun içinde olmaya ***bocalamak*** ismini veririz. Bocaladığınız zaman kötü bir durumu daha kötü hâle getirme ihtimaliniz artar.

Yatırımlarınız için çeşitlendirilmiş bir portföy oluşturdunuz diyelim. Borsa bir ayda %5 düşüyor. Dipten alım yapmak için nakit ve tahvillerdeki paranızı hisse senetlerine aktarıyorsunuz. Bir hafta içerisinde borsa %5 daha düşüyor. Panikliyor ve elinizdeki bütün senetleri hemen satıyorsunuz.

İşte bu bocalamaktır.

Bocaladığınız zaman karar verme süreciniz birçok farklı şekilde tehlikeye girebilir.

Örnek olarak sağlıklı beslenmeye karar veriyorsunuz diyelim. Bir hafta sonra bekleme odasındayken birkaç donut yiyorsunuz. Birçok insanın böyle kötü bir karardan sonra tepkisi, "Ne yapalım bugün olacağı yokmuş" diye düşünmek olur. Sonra da ertesi gün, ertesi hafta ya da belki yeni yılda başlayacaklarını düşünerek abur cubura yüklenirler. Bu duruma "*aman-boşver-etkisi*" denir.

BOCALAMAK
Kötü bir sonucun sizi oldukça duygusal bir hâle getirmesi ve bu durumun karar verme kalitenizi olumsuz biçimde etkilemesi.

Veya hâlihazırda pek çok yatırım yapmış olduğunuz bir proje istediğiniz gibi gitmiyor diyelim. Böyle bir durumda dıştan bakan biri için pes etmek doğru hareket olarak görünse bile bunu yapmanız pek olası olmayacaktır. Kötü bir sonucun ardından duruma mantık çerçevesinden bakmak zordur. Dıştan bakışa ulaşabilseniz pes ederdiniz ama içten bakışa kısılıp kaldığınız için etmiyorsunuz. Bocalamanın bir başka örneği olan *batık maliyet yanılgısı*dır bu.

Kötü Sonuçlara Hazırlanma Yöntemleri

Kötü sonuçlara nasıl tepki verebileceğinizi *bunlar henüz gerçekleşmeden* düşünürseniz mantıklı hareket etme olasılığınız artar. Atılacak doğru adımları işler henüz kötüye gitmemişken belirlemek, işler kötüye gittikten sonra belirlemeye göre daha kolaydır.

İşlerin nasıl kötüye gidebileceğini belirlemek, bocalamanızı üç şekilde engeller.

İlk olarak, kötü sonuçları önceden görmek, bu sonuçların gerçekleştikleri zaman sebep olacakları duygusal etkiyi azaltabilir. Bakış açınızın, "Bunun olduğuna inanamıyorum" noktasından, "Olan oldu ama böyle bir ihtimalin varlığından haberdardım" noktasına gelmesini sağlayabilirsiniz. Kötü bir sonucun ardından ikinci duruma ulaşabilirseniz, bocalama olasılığınız daha az olur. Bu durum, tıpkı Gabriele Oettingen'in keşfettiği üzere, karşıt akıl yürütmenin sonuçlara olumlu etki yapmasının sebeplerinden biri olabilir. Çünkü zaten işlerin kötü gidebileceğini baştan kabul etmiştiniz.

İkincisi, bocaladığınıza dair sinyalleri fark edip duruma daha erken müdahale edebilirsiniz. Bunun için geçmişte duygusal olarak kötü hissettiğiniz zamanlardan aklınızda kalan tutumlarınızın bir *listesini* çıkarmanız gerekir: Yüzünüz mü kızarıyor? Düşüncelerinize hâkim olmakta zorlanıyor musunuz? Kötü şeylerin hep sizin başınıza geldiğini ya da (geri görüş ön yargısında olduğu gibi) böyle olacağını önceden bilmeniz gerektiğini mi söylüyorsunuz kendinize? Duygular tarafından yönlendirildiğinizde, olayları şahsi mi algılıyorsunuz? Agresifleşiyor musunuz? Belli kelimeler mi kullanıyorsunuz? Kendinizi bunların dışında başka düşünce örüntülerine mi kaptırıyorsunuz?

Hepimiz farklı belirtiler sergileriz ama ortaya çıktıklarında bunları fark etmeyi öğrenebilirsiniz.

Bunların bir listesini çıkardığınızda, zihinsel zaman yolculukları yaparak o anki durumunuzu dıştan bakış ile değerlendirmeye çalışın. Aslında, şu anki kendinizi sakinleştirmek için gelecekteki kendinizin yardımına başvurun.

Mesela, bocaladığınıza dair sinyalleri fark ettiğiniz zaman şunu sorun: "Bir hafta sonra (ya da bir ay veya yıl) şu an verdiğim herhangi bir karardan memnun olacak mıyım?" Mutluluk Testini de uygulayabilirsiniz. Zamanda böyle bir yolculuk, daha iyi bir bakış açısı kazanmanızı ve tehlikeli bir karar vermeden önce durup düşünmenizi sağlayacaktır. Böyle bir zaman yolculuğu, ek olarak, beynin mantık içeren bölümlerini harekete geçirerek duygusal kısımlarını da engeller.

Üçüncü olarak, kötü bir kararın ertesinde yapacağınız ya da yapmaktan kaçınacağınız şeyler konusunda kendinizle bir ön bağlılık anlaşması yapabilirsiniz. Duygusal kararlar almamak için ellerinizi bir direğe bağlamakla aynı şeydir bu. Örneğin, borsadaki ani düşüşlerden sonra kötü kararlar verdiğinizi fark ettiyseniz, böyle anlarda işlem yapmanızı önlemesi için sizin yerinize alım-satım yapacak birilerini bulabilirsiniz.

Tıpkı diğer ön bağlılıklarda olduğu gibi, nasıl davranacağınıza dair önceden birtakım kriterler belirlemeniz de mümkündür. Pes etmeniz gereken yerde batık maliyet yanılgısına kapılıp pes etmeyeceğinizi düşünüyorsanız, hangi şartlar altında pes edeceğinizi önceden belirleyebilirsiniz. Bu şartları bir yere yazar ve ortaya çıktıklarında rotanızı değiştirme kararınıza bağlı kalırsınız. Bunu yapmak özellikle de takım çalışmalarında etkilidir.

Aman-boşver-etkisiyle nasıl başa çıkacağınızı da planlayabilirsiniz. Sağlıklı beslenme kararı aldıysanız, her zaman mükemmel kararlar alamayacağınızı bilmeniz zor değildir. Bekleme odasındaki donuta dayanamayıp teslim olmayı düşünecekseniz, böyle zamanlar için tek bir kötü kararın sizi yoldan çıkaramayacağına ya da hedeflerinizi ertelemesine izin vermeyeceğinize dair bir ön bağlılıkta bulunabilirsiniz. Bu yöntem, özellikle de niyetinizi başka insanlara söyleyip hesap verebilirlik yarattığınızda işe yarayacaktır.

1. Karar Keşif Tablonuza geri dönün ve kötü şansın müdahale edebileceği kararlarınızdan birini seçin. Aşağıdaki kısmı kötü şansın kararınıza müdahale ettiği zamanlarda nasıl bir tepki vereceğinize dair bir ön bağlılık anlaşması yapmak için kullanın.

BOCALAMAK, *KÖTÜ* SONUÇLARA VERİLEN çeşitli duygusal tepkileri kapsamaktadır. Beklenmedik *iyi* sonuçların da karar sürecinizi tehlikeye atabileceğini unutmamanız gerekir.

Bir ödev yapmak veya sınava çalışmak için son ana kadar beklediğinizi varsayalım. Eğer "A" alırsanız, artık bir sonraki sınava çalışmak için de son ana kadar bekleyebileceğinizi düşünebilirsiniz.

Diyelim ki işletmeniz kötü durumdaydı ve bu yüzden fazla adayla görüşemeden birini işe almanız gerekti. İşe aldığınız kişi hakkında da fazla bir şey bilmiyordunuz. Adayınız seçkin bir çalışana dönüştü ve siz de sonuç olarak artık insan sarrafı olduğunuza, bundan sonraki işe alımlarda adayları şirkete çekmekle ya da mülakat süreciyle uğraşmanız gerekmediğine inanmaya başladınız.

> Beklenmedik kötü sonuçlara vereceğiniz tepkiye önceden hazırlanmak için kullandığınız araçları, beklenmedik iyi sonuçların yaratacağı tepkilere hazırlanmak için de kullanmayı değerlendirin.

Ya da olumlu yatırım sonuçları elde ettiniz ve hisse seçmedeki becerinizi abartmaya başladınız. Belki de bundan sonra güvenlik için portföy çeşitlendirmesine ihtiyaç duymayacağınıza inanacaksınız.

[6]

Zalim Feleğin Oklarını Saptırmak: "Bükemediğiniz Bileği Kıvırın"

Şans, doğası gereği kontrolünüz dışında olduğu için, kötü şansla karşılaşabileceğinizi fark ettiğiniz takdirde yapabileceğiniz tek şeyin, nasıl tepki vereceğinizi planlamak ve duygularınızı kontrol altında tutmak olduğunu düşünüyor olabilirsiniz.

Fakat bu doğru değildir.

Kötü şans ihtimalini fark ettiğinizde önceden yapabileceğiniz ve kötü şansınızın etkisini yumuşatacak şeyler vardır. Bunlara *korumalar* deriz.

1. Bir korumanın üç ana özelliği vardır.
2. Kötü şans gerçekleştiği zaman etkisini azaltır.
3. Bir maliyeti vardır.

Bunu hiçbir zaman kullanmak zorunda kalmayacağınızı umarsınız.

Bu kulağa tıpkı bir sigorta poliçesi gibi gelebilmektedir. Sigorta da en nihayetinde klasik bir koruma örneğidir. Bir ev sigortası yaptırdığınızda bunun tabii ki bir maliyeti olacaktır. Fakat eviniz bir yangında yok olursa da sigorta bu finansal maliyetin büyük kısmını üstlenecektir. Ev sigortası yaptırmış herkes bunu bilir: Hiçbir zaman kullanmak zorunda kalmayacağınızı umduğunuz bir şey için para ödersiniz.

Premortemin faydalarından biri de kötü şansın karşınıza çıkabileceği yerleri belirlemenize yardımcı olmasıdır. Kötü şansa karşı koruma fırsatlarını aktif bir şekilde değerlendirmelisiniz.

Gündelik durumlar için de geçerli olan pek çok koruma vardır.

Eğer hayalinizde bir açık hava düğünü yapmak varsa premortem size yağmurun gününüzü berbat edebileceğini hatırlatacaktır. Hayalinizi gerçekleştirmek için yağmur ihtimaline karşı bir çadır kiralayabilir ve koruma sağlayabilirsiniz. Bu size biraz paraya mal olur ve çadırı asla kullanmak zorunda kalmayacağınızı umarsınız. Fakat kötü şans durumu gerçekleşirse de gününüz kurtulmuş olacaktır.

KORUMA
Kötü sonuçların etkilerini azaltmak için asla kullanmak zorunda kalmayı ummadığınız bir şeyin bedelini ödemek.

Havaalanına gitmek için erkenden evden çıkmanız korumaya bir örnektir. Bunun maliyeti havaalanında geçirmek zorunda kalabileceğiniz zamandır. Fakat yolda ağır trafik ya da kaza olduğu bir durumda veya güvenlik kontrolünde fazla zaman kaybettiğiniz takdirde uçuşunuzu kaçırmamış olursunuz.

Ivan Boesky'nin, Tavern on the Green menüsündeki her şeyi sipariş ettiği rivayeti de yiyeceklerden birinin kötü çıkma ihtimaline karşı koruma sağlamasının bir örneğidir. Beğenmeyeceğiniz bir şey sipariş etme riskini bertaraf etmek için bütün menüyü sipariş etmek oldukça pahalıya mal olur tabii ki. Çoğu insan için böyle bir korumanın getirdiği maliyet anlamsız olacaktır.

Siz de, Boesky korumasının daha abartısız bir versiyonunu, arkadaşınızla söylediğiniz mezeleri paylaşmak için anlaşarak uygulayabilirsiniz. Yine de hâlâ ortada bir maliyet olduğuna dikkat edin. Yemeğinizi beğenseniz bile yarısını vermek durumunda olacaksınız.

Ne zaman aynı anda birden fazla seçim yapsanız koruma sağlamış olursunuz. Her fazladan seçimin bir maliyeti vardır fakat bu maliyet de diğer seçimlerin kötü sonuçlanmaları ihtimalinde yaratacakları etkiyi azaltır.

I. Karar Keşif Tablonuzdaki premortemi kullanarak şansın planlarınıza müdahale edebileceği bir noktayı tespit edin.

II. Kötü şansın etkisini belirleyeceğiniz bir koruma ile ne şekilde azaltabileceğinizi belirtin.

BİR KORUMAYI ELE ALIRKEN, doğal olarak, kötü sonuçların etkilerini azaltma getirisinin genel maliyeti dengeleyip dengelemediğine odaklanırsınız. *Fakat korumayı kullanmadığınız takdirde gelecekte nasıl hissedeceğinizi de önceden düşünmeniz gerekir.* Yağmur yağmadığı veya eviniz yanmadığı için kullanmak zorunda kalmadığınız korumaya ödediğiniz bedel pişmanlığa yol açabilir. Nasıl oldu da bu korumaya ihtiyacınız kalmayacağını düşünemediniz?

Bu düşünce, geri görüş ön yargısından ibarettir.

Mantıksız pişmanlığınızı önceden ele alın ki koruma için en başta neden bir bedel ödediğinizi hatırlayabilesiniz ve geri görüş tuzağından kurtulabilesiniz.

[7]

Olumsuz Düşüncenin Gücü: Özet ve Kapanış

Buradaki alıştırmalar şu kavramlar üzerinde düşünmenizi sağlamak üzere tasarlanmıştı:

- Kendimiz için olumlu hedefler koyma konusunda oldukça iyiyizdir. Başarısız olduğumuz nokta ise bu hedeflere ulaşmak için yapmamız gereken şeyleri uygulamaktır. Yapmamız gerektiğini bildiğimiz şeyler ve sonradan aldığımız kararlar arasındaki fark, **davranış açığı** olarak bilinir.
- **Olumlu düşüncenin gücüne** dair verilen mesaj, başarılı olduğunuzu hayal ettiğiniz takdirde başarıya ulaşacağınızdır. Açıktan söylenen ya da mantıksal çıkarım sonucu ima edilen diğer mesaj ise başarısızlık hakkında düşünmenin başarısızlığa sebep olacağıdır.
- Olumlu hedefler koymak önemli olsa bile, olumlu görselleştirmeler başarıya giden en iyi yolu bulmanızı kendi başlarına sağlayamaz. **Olumsuz düşünce** önünüze çıkabilecek engelleri saptamanızı ve böylelikle hedefinize ulaşmak için daha etkili yöntemler belirlemenizi sağlar.
- İşlerin nasıl ters gidebileceği üzerine düşünmeye, **karşıt akıl yürütmek** denir. Başarmak istediğiniz şeyi hayal eder ve bunu başarmanızı engelleyebilecek şeylerle yüzleşirsiniz.
- Karşıt akıl yürütme ile **zihinsel zaman yolculuğunu** birleştirerek, yolunuza çıkabilecek daha fazla potansiyel engel belirleyebilirsiniz. Gelecekte hedefinize

ulaşmakta başarısız olduğunuzu hayal ederek ve *geriye bakıp* buna neyin sebep olmuş olabileceğini düşünerek böyle bir yolculuk yapabilirsiniz.

- Hayalî bir gelecekten, sizi o geleceğe ulaştırmış rotaya bakmanıza **gelecekten geri bakış** denir.
- **Premortem**, gelecekten geri bakış ve karşıt akıl yürütmeyi birleştirir. Premortem inceleme yapmak için kendinizi gelecekte ve hedefinize ulaşmakta başarısız olmuş bir şekilde hayal edersiniz. Sonra da bu kötü sonucun potansiyel nedenleri üzerine düşünürsünüz.
- Premortem bireylere yardımcı olmasının yanı sıra, takımların sürü psikolojisini azaltmasına ve farklı fikirleri ortaya çıkarıp dıştan bakışa ulaşmalarına yardımcı olabilir. Özellikle, takım üyeleri premortemi birbirlerinden bağımsız olarak ve takım çalışmasından önce yaparlarsa azami faydayı sağlayabilirler.
- Premorteme eşlik eden bir diğer teknik de, olumlu bir gelecekten geriye doğru gelerek neden başarılı olduğunuzu belirlemeye çalıştığınız, **tersine tahmindir**.
- Premortem ve tersine tahminden elde ettiğiniz sonuçları, kolayca ulaşılabilir şekilde bir araya toplamak için bir **Karar Keşif Tablosu** yapabilirsiniz. Bu tablolar başarı veya başarısızlığa sebep olabilecek nedenlerin gerçekleşme olasılıklarına dair hesaplamaları da içerir.
- Karar Keşif Tablosundan öğrendiğiniz şeyler doğrultusunda kendinize sormanız gereken ilk şey, hedef ya da kararınızda bir değişikliğe gitmeniz gerekip gerekmediğidir.
- Hedef ya da kararınızı tam olarak belirledikten sonra ön bağlılık anlaşmaları yapabilirsiniz. Bunlar, başarınıza mâni olacak davranışların önüne engel koyacak

ya da sizi başarıya götürecek davranışların önündeki engelleri kaldıracaktır.

- Başarıya giden yolda önünüze çıkacak engellere vereceğiniz tepkiler için de önceden hazırlanmanız mümkündür. İnsanlar olumsuz sonuçların ardından kötü kararlar vererek durumun daha da kötüye gitmesine neden olurlar. **Bocalamak**, kötü bir sonucun hemen sonrasında meydana gelen yaygın bir tepkidir. **Aman-boşver-etkisi** ve **batık maliyet yanılgısı**, bocalamaya birer örnektir. Tepkinizi önceden planlayarak ön bağlılıklar yaratabilir, stratejinizi hangi şartlar altında değiştireceğinizi belirleyebilir ve kötü bir sonuca vereceğiniz duygusal tepkiyi azaltabilirsiniz.
- **Dr. Kötü oyunu**, gelecekteki davranışlarınızın hedeflerinizi baltalayabileceği ek durumları fark etmenize ve bunlara karşı önlem almanıza yardımcı olur. Bu oyunda Dr. Kötü'nün beyninizi kontrol ettiğini, size tek seferliğine kabul edilebilir olan ama sürekli tekrarlandığında kabul edilemez hâle gelecek kararlar *aldırdığını* ve başarısız olmanıza neden olduğu durumları gözlemlersiniz.
- Dr. Kötü oyunu sizi **kapsayıcı kararlar** dediğimiz ön bağlılıkları benimsemeye teşvik edebilir. Kapsayıcı kararlar, kapsamları dâhilinde kararlar verdiğinizde hangi seçeneklerin kullanılabilir olduğuna önceden karar vermenizi sağlar.
- Potansiyel kötü şans durumlarına karşı ise **koruma** sağlayarak, yani kötü bir olayın gerçekleştiği takdirde etkisini azaltacak olan bir şeyler için bedel ödeyerek önlem alabilirsiniz.

Olumsuz Düşüncenin Gücü: Kontrol Listesi

Uygulama aşaması henüz gelmemiş hedef ve kararlarınızda başarıya ulaşma şansınızı artırmak için aşağıdakileri yapmayı deneyin:

- ☐ Bir **premortem** yapın. Bunun için öncelikle hedefinize ulaşacağınız ya da kararınızın sonuçlarını göreceğiniz makul bir zaman dilimi belirleyin. Daha sonra bu sürenin bittiğini ve üzerinden bir gün geçtiğini düşünün. Hedefinize ulaşamadınız ya da kararınız kötü biçimde sonuçlandı. Gelecekteki bu noktadan geriye bakarak neden başarısız olduğunuza dair sebepler tespit edin. Başarısızlığınızın sebeplerini "becerileriniz" (kontrolünüzde olan şeyler) ve "şans" (kontrolünüzde olmayan şeyler) kategorileri arasında paylaştırın.
- ☐ Aynı alıştırmanın üzerinden tekrar geçin ama bu kez hedefinize ulaştığınızı ya da kararınızın iyi sonuçlandığını düşünerek bir **tersine tahmin** yapın.
- ☐ Premorteminizin ve tersine tahmininizin sonuçlarını birleştirerek bir **Karar Keşif Tablosu** oluşturun. Bu tablo içinde, her ihtimalin gerçekleşme olasılığına dair tahmininiz de yer almalıdır.
- ☐ Premortem ve tersine tahmininizin sonuçlarına bakarak hedef ya da kararınızda değişikliğe gidip gitmemenizin gerekliliğini değerlendirin.
- ☐ Kötü kararlarların olasılığını düşürüp iyi kararların olasılığını artıracak ön bağlılık anlaşmaları yapıp yapamayacağınıza bakın.
- ☐ Premortem sonucu belirlediğiniz başarısızlık sebeplerinden biri gerçekleşirse ne yapacağınızın planını yapın.

- [ ] Dr. Kötü oyununu oynayarak, kendi başlarına açıklanabilir olan fakat birleştiklerinde sizi başarısızlığa götürebilecek gelecek kararlarınızın olup olmadığına bakın. Bunların sizi hedefinize ulaşmakta daha etkisiz bir hâle getirip getirmediğini irdeleyin.
- [ ] Dr. Kötüvari kararlar alma ihtimalinizi düşürecek kapsayıcı kararlar almayı değerlendirin.
- [ ] Kötü şansın etkisine karşı koruma sağlamak için neler yapabileceğinizi düşünün.

Darth Vader, Takım Lideri: Gücün Karanlık Tarafınının Vücut Bulmuş Hâli mi, Yoksa Olumsuz Düşüncenin İsimsiz Bir Kahramanı mı?

Yıldız Savaşları filmlerine aşina olan herkes, Darth Vader'ın sahip olmak istemeyeceğiniz bir patron olduğu konusunda hemfikirdir. Kendisinin genelde tercih ettiği liderlik şekli, "Güç" kullanarak canını sıkan çalışanları boğmak ve tartışmaları bu şekilde sonlandırmaktır.

Hâl böyle olunca da insan aykırı fikirleri duymaya pek de hevesli biri olmadığını düşünüyor. Fakat ilginç bir şekilde, Darth Vader olumsuz düşüncenin bir destekçisidir.

Sonradan *Yeni Bir Umut* olarak adlandırılan orijinal *Yıldız Savaşları* filminde, Asilerin başarılı olma sebeplerinden biri Ölüm Yıldızı'nın taslağını çalmaları ve burada bir zayıflık keşfetmeleridir: Küçük hava çıkış deliklerinden birini torpido ile vurmaları ölümcül bir zincirleme reaksiyon yaratabilecektir. Ölüm Yıldızı'na saldıran direniş gücünün içinde olan Luke Skywalker, "Güç" kullanarak torpidoyu tam zamanında ateşler ve hava deliğini vurarak Ölüm Yıldızı'nı yok eder.

Peki, ya Galaktik İmparatorluk bir premortem inceleme yapmış olsaydı? Asilerin taslağı derinlemesine inceledikleri esnada İmparatorluk, Ölüm Yıldızı'nın zarar verilemez olduğu kanısındaydı.

Ölüm Yıldızı'nın kumandanı, Darth Vader'a, "hangi teknik veriyi ele geçirmiş olurlarsa olsunlar, Asiler tarafından üsse yapılacak bir saldırının hiçbir işe yaramayacağını, üssün artık evrendeki en güçlü şey konumunda olduğunu" söylüyordu.

Klasik bir aşırı özgüven ön yargısıyla karşılaşan Darth Vader ise şu sözlerle karşıt akıl yürütmenin sesi oluyordu: "İnşa ettiğin bu teknolojik dehşet ile fazla övünme. Bir gezegeni yok etme becerisi, 'Güç'ün kudreti yanında bir hiçtir."

Kumandan premortem tarzda düşünmeyi reddetmekte ısrarcı olunca da Vader 'Güç'ü kullanıyor ve mor kesilene kadar kumandanın boğazını sıkıyordu. Elbette bu hiçbir iş yerinde göz yumulmaması gereken bir yönetim tarzıdır. Fakat Vader'ın, en azından, aşırı özgüven sorununun ve premortemin önemini anlamakta olduğunu görürüz. Buna rağmen sözlerinin İmparatorluk'a bir faydası dokunmayacaktır.

Dr. Kötü Dördüncü Denemede

Dr. Kötü'nün zihin kontrol cihazları her yerdedir. Bunlar Ulusal Futbol Ligi'ne (NFL) kadar uzanırlar. Çoğu takımın dördüncü denemede topla koşmaları ya da şut çekmeleri durumunda bunun kazanma olasılıklarına yapacağı etkiyi hesaplayan mükemmel analitik araçları vardır. Veriler topla koşmanın çoğu zaman mantıklı olduğunu söyler ama NFL koçlarının her zaman analizlere uymadıklarını biliriz. Analizlere uymadıkları zaman çoğunlukla muhafazakâr davranırlar ve bunu topla koşmaktansa şut çektirerek yaparlar.

Koçlar herhangi bir anda takımlarının ne durumda olduğunu kestirmekten sorumludur. Bu yüzden, topla koşmanın başarısız olma ihtimaline ve bu ihtimalin neden istatistiklerin söylediğinden daha fazla olabileceğine dair geçerli sebepler sunabilirler: Maçın gidişatı bizden yana değildi diyebilirler mesela. Koşucunun savunmada geçeceği bir yer bulamadığını söyleyebilir ya da hücum hattının düştüğünden dem vurabilirler.

İstatistikler şut çekmenin avantajlı olduğunu söylerken koçun topla koşmaya karar vermesinin yani bu durumun tam tersinin ise nadiren yaşanan bir durum olduğuna dikkat edin. Kararlarda Dr. Kötü'nün eli olduğunu işte bu şekilde anlayabilirsiniz. Eğer koç herhangi bir dördüncü deneme kararında istatistikleri göz ardı ederken oyun içi etmenlere dayandığını söylerse, buna karşı çıkmanız zor olacaktır. Fakat koçun her zor kararda da muhafazakâr davrandığını fark ederseniz, bilin ki, Dr. Kötü bir yerlerde gülmektedir.

IX

Karar Hijyeni

EĞER BİRİNİN NE DÜŞÜNDÜĞÜNÜ BİLMEK İSTİYORSANIZ,ONLARA KENDİ DÜŞÜNCELERİNİZİ BULAŞTIRMAKTAN VAZGEÇİN

VİYANA HASTANESİ - KADIN DOĞUM KOĞUŞU, 1847

Dr. Ignaz Semmelweis henüz ilk görev yerindeyken, yeni doğum yapmış olan çok sayıda annenin o zamanlar neden puerperal sepsisten ya da halk diliyle lohusalık hummasından öldüğünü bulmaya çalışıyordu.

O zamanki hastane şartları bugünkülere pek benzemiyordu. Doktorlar önceki hastalarının kanlarıyla kaplı ameliyat önlükleri giyiyorlardı ve bunu da gururla yapıyorlardı. Tüyler ürpertici de olsa, bir cerrahın giysileri işindeki deneyimini simgeliyor ve özgeçmişini ortaya koyuyordu. Hiç kimse tıp öğrencilerinin cesetlerle uğraştıktan sonra ellerini yıkamadan yan odada doğum yaptırmalarında yanlış bir şey olduğunu düşünmüyordu.

Semmelweis'in iş arkadaşlarından biri bir otopsi sırasında yanlışlıkla elini kestiğinde ve birkaç gün sonra da lohusa hummasından öldüğünde ise Semmelweis şu varsayımı ortaya attı: Doktorlar ve öğrencilerin cesetlerle uğraştıktan sonra kirlenen elleriyle doğum yaptırmaları, çok fazla yeni doğum yapan annenin ölümüne sebep olmaktaydı. Semmelweis ellerin yıkanmasına yönelik yeni bir uygulama başlattı ve lohusa hummasından ölüm oranı %16'dan %2'ye düştü.

Meslektaşları ise maksatlı akıl yürütmenin çarpıcı bir örneğini ortaya koydular ve kanıtları reddettiler. Hastaların ölümüne kendi kirli ellerinin sebep olduğu imasından rencide olmuşlardı. Ona, "Doktorların beyefendi olduklarını" ve "beyefendilerin temiz elleri olduğunu" söylemişlerdi.

Semmelweis buradaki işinden de, benzer uygulamalarla benzer sonuçlar elde ettiği sonraki iki işinden de kovuldu. 1865'te bir akıl hastanesinde henüz kırk yedi yaşındayken öldü. Rezaletin son halkası ise muhtemel ölüm sebebinin tedavi edilmemiş bir enfeksiyon olmasıydı.

Bugün bizler, Ignaz Semmelweis'ın enfeksiyonların tehlikeleri ve bulaşarak yayılmaları konularında haklı olduğunu biliyoruz. Tıpkı bir cesetteki mikropların sağlıklı bir kişiyi enfekte edebileceği gibi inançlarınız ve fikirleriniz de başka insanlara bulaşarak onlardan alacağınız geri bildirimi enfekte edebilir.

Doktorlar ölümleri azaltmak için iki işlem arasında ellerini yıkarlar. Karar verme konusunda hijyeninize dikkat ederek siz de inançlarınızı yaymanın sebep olacağı enfeksiyonu engelleyebilirsiniz.

Önünüzdeki birkaç günde şu deneyleri yapın: Dünyada yaşanmakta olan ve çoğu kimsenin farkında olması kuvvetle muhtemel bir olayı seçin ve insanlara o olay hakkında ne düşündüklerini sorun. İnsanların tepki yelpazelerinin geniş olacağı bir olay olmalı bu. Gündemde olan bir şey olabilir, siyasi bir olay ya da kişiliğe dair olabilir ve hatta yeni yayınlanmış bir film ya da televizyon serisi gibi popüler kültüre ait bir şey bile olabilir.

I. İnsanlara fikirlerini danışacağınız konuyu seçin. Henüz kimseye fikirlerini sormamışken aşağıdaki kısma konuya dair kendi görüşlerinizi yazın.

II. İnsanların yarısına görüşlerini sormadan önce kendi düşüncelerinizi söyleyin. Bu zaten muhtemelen yapmakta olduğunuz şey. Örneğin birine Forrest Gump filmi hakkında ne düşündüğünü sormadan önce, "Bence En İyi Film Akademi Ödülüne layık bir film değildi" veya "Bence böyle senelerdir övülecek bir film değildi. Filme gereğinden fazla önem atfediliyor. Sen ne düşünüyorsun?" diyebilirsiniz.
En az üç kişinin düşüncelerini sorun ve görüşlerini hatırınızda tutun.
Sizin de içinde olduğunuz bu gruptaki kişiler arasında konuya dair ne derece bir uzlaşma vardı?

Çok az uzlaşma 0 1 2 3 4 5 Çok uzlaşma

III. İnsanların diğer yarısına düşüncelerini sorarken kendi görüşünüzü önceden belirtmeyin. Mesela Forrest Gump hakkında bir şey soracaksanız, "Forrest Gump hakkında ne düşünüyorsun?" diyebilirsiniz.

En az üç kişinin düşüncelerini sorun ve görüşlerini hatırınızda tutun.

Sizin de içinde olduğunuz bu gruptaki kişiler arasında konuya dair ne derece bir uzlaşma vardı?

Çok az uzlaşma	0	1	2	3	4	5	Çok uzlaşma

IV. İlk grubun uzlaşma seviyesini diğer grubun uzlaşma seviyesi ile karşılaştırın. Bir fark var mı? (Birini işaretleyin.)

İlk grupta daha çok uzlaşma vardı.	İkinci grupta daha çok uzlaşma vardı.	İki grup da eşit derecede uzlaştı

V. İkinci grupta kendi görüşünü belirtmeden önce sizin düşüncelerinizi duymak isteyen biri oldu mu? Başka bir deyişle hiç kimse size, "Önce senin ne düşündüğünü duyalım." dedi mi? (Birini işaretleyin.)

EVET *HAYIR*

EĞER SİZ DE ÇOĞU İNSAN gibiyseniz, önce kendi fikrinizi paylaştığınız birinci grupta ikinciye kıyasla daha fazla fikir birliği olduğu sonucuna ulaşmışsınızdır. Yine çoğu insan gibiyseniz, ikinci grupta en az bir kişi kendi fikrini söylemeden önce sizin görüşünüzü sormuştur.

Bunun bize gösterdiği şey, inançların bulaşıcı olduğudur.

Zaten öğrendiğiniz üzere, bilmediğimiz şeylerin evrenine (başkalarının fikirleri de dâhil) göz atarken kendi fikirlerimizle uyuşan kısımlara bakmaktan daha çok keyif alırız. Birinden tavsiye isterken önce kendi fikrinizi belirtmenizin sakıncası, karşınızdakinin de aynı fikri size iletme olasılığının kayda değer biçimde artmasıdır. İkinci gruptan birinin kendi fikrini söylemeden önce sizinkini sormasının muhtemel olması da bu yüzdendir. Böylece istemeden sizinle farklı fikirde olmaktan ve bu yüzden kendilerini kötü hissetmekten kaçınmış olurlar.

Aynı fikirde olmak iyi hissettirir. Farklı fikirde olmak ise kötü hissettirir.

İnsanlarda başkalarının söylediği şeylere katılmaya yönelik öyle büyük bir istek bulunmaktadır ki istediğiniz takdirde, onlara tarafsız ve açık bir şekilde yanlış olan fikirlere katıldıklarını bile söyletebilirsiniz.

Hatta yirminci yüzyılın en nüfuzlu psikologlarından biri olan Solomon Asch bu konuda bir dizi klasik deney yapmıştı. Asch'in deneyi insanlara şu sorunun sorulmasıyla başlıyordu: "Sağdaki çizgilerden hangisi soldaki ile aynı uzunluktadır?"

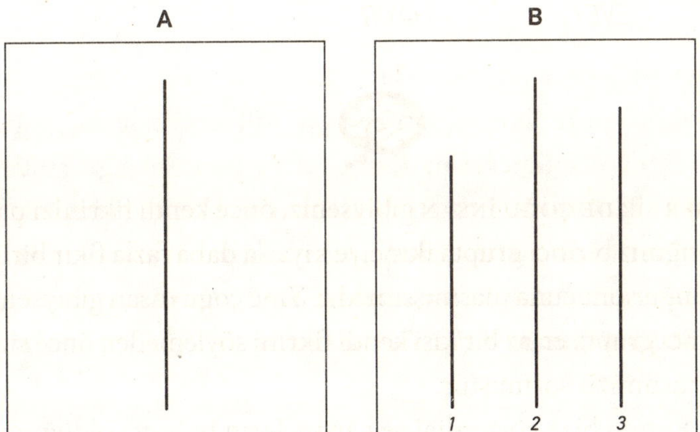

İnsanlara kendi gözleriyle ne gördüklerinin sorulduğu, gayet açık bir algı testiydi bu. Soru insanlara bağımsız bir şekilde, bir grup ortamı bulunmazken sorulduğunda %99 kadarı sağ ortadaki çizginin sol ortadaki ile eşit uzunlukta olduğunu söylemişti.

Peki, ya bir grup ortamı olsaydı, bir sürü insan aynı yanlış cevabı verseydi ve de bundan sonra biri size fikrinizi sorsaydı? (Misal siz henüz cevabınızı vermemişken, birkaç kişi fikirlerini belirtse ve en sağdaki çizginin soldaki ile aynı uzunlukta olduğunu söyleseydi?)

Solomon Asch'in cevabını bulmaya çalıştığı soru tam olarak buydu. Deneyde ilk cevapları verenler aynı yanlış cevabı tekrar etmeleri için oraya "yerleştirilmiş" insanlardı. Sahte deneklerin açıkça yanlış ama birbirleriyle aynı olan cevabı verdiklerini duyduktan sonra, gerçek deneklerin %36.8'i de onlara uydular ve grupla aynı fikirde olmayı seçtiler.

Eğer bu durum çizgilerin uzunluk farkı gibi nesnel bir konuda bile yaşanabiliyorsa, bir aday çalışanın iş yeri kültürüne uyum sağlama ihtimali gibi öznel olan bir konuda ne büyük ölçüde yaşanabileceğini düşünün.

Bu durum, diğer insanlardan geri bildirim isterken, inançlarınızın bulaşıcılığı hususunda ne kadar dikkatli olmanız gerektiğini gösterir. İnsanların ne söyledikleri ile ne düşündükleri farklı olabilmektedir. Karar verme becerinizi geliştirmek için kullanabileceğiniz en iyi araçlardan biri diğer insanların görüşlerini almaktır. *Fakat işinize yarayacak olan şey kendi görüşlerinizin size tekrar edilmesi değil, insanların gerçek görüşlerini sizinle paylaşmaları olacaktır.*

[1]
"İki Ayrı Yol": Bir Başkasının Görüşünün Sizinkiyle Nerede Ayrıldığını Keşfetmenin Büyüsü

Başka birinin kafasının içindeki gerçeklerin ve fikirlerin bir haritasını çıkarabildiğinizi ve bunu kendi haritanızla kıyaslayabildiğinizi hayal edin. Şüphesiz birbiriyle örtüşen ve ayrılan birçok yer görürdünüz. Eğer bu kitaptan öğrenmiş olduğunuz bir şey varsa o da dünya ile etkileşime geçerken haritaların örtüşen yerlerini çok daha kolay gördüğünüz olmalıdır. Böyle yerleri hem daha kolay fark eder hem de özellikle ararsınız.

Muhtemelen *ilginç şeylerin de bu haritalarda birbirinden ayrılan yerlerde* meydana geldiğini fark etmişsinizdir. Yanlışlarınızı düzelten bilgileri ve bilmediklerinizi hep buralarda bulursunuz. Örtüşmeyen bu alanları keşfetmek sizi tarafsız doğruya daha fazla yakınlaştıracaktır.

Haritaların ayrıldığı, biriyle fikirlerinizin uzak düştüğü yerlerde üç farklı durum söz konusu olabilmektedir ve bunları bilmeniz kararlarınızın kalitesini artırmanız açısından faydalı olacaktır:

1. *Tarafsız gerçek, iki inancın arasında bir yerde olabilir.* Bilgili iki insan farklı fikirlerde olduğu zaman gerçek, kuvvetle muhtemel ikisinin dediklerinin arasında bir yerdedir. Durum bu ise ikisinin de nerede ve niye ayrıldıklarını açığa çıkarmaktan faydalanacakları açıktır. İki kişi de inançlarını yumuşatmak ve tarafsız gerçeğe yaklaşmak için bir fırsatla karşı karşıyadır.

2. *Siz yanlış, karşınızdaki ise doğru bilgiye sahip olabilir.* Sahip olduğunuz yanlış bir inanç, bu inanç doğrultusunda aldığınız kararların hepsinin kalitesini

düşürecektir. Mantıklı bir insan, hatalı bir inancı düzeltme şansını memnuniyetle karşılar. Fakat şunu da biliyoruz ki insanlar haksız olduklarını duymayı sevmezler. Semmelweis'tan ellerini yıkamadıkları için hastalarını öldürdüklerini duyan doktorlar bundan ne kadar hoşlandıysa, insanlar da haksız olduklarını duymaktan o kadar hoşlanırlar. İnandığınız bir şeyin yanlış olduğunu öğrenmek her ne kadar acı verici de olsa, yanlışınızı giderdiğiniz zaman inancınızdan bir şekilde etkilenmiş her kararınızın kalitesi artacaktır. Adil bir takas değil mi? Küçük bir acıya karşılık hayatınızın geri kalanı boyunca daha iyi kararlar almak.

3. Siz doğru, karşınızdaki ise yanlış bilgiye sahip olabilir. Şayet böyle ise siz zaten haklı olduğunuz için bu durumdan fayda sağlayacak tek kişinin muhatabınız olduğunu düşünebilirsiniz. Hâlbuki bu işten siz de fayda sağlarsınız çünkü inançlarınızı açıklıyor ve başka birine aktarıyor olmak sizin de meseleyi daha iyi anlamanıza yardımcı olur. İnandığınız şeylere niçin inandığınızı ne kadar iyi anlarsanız, bu inançlarınızın kalitesi de o kadar artar.

Bir davette ayaküstü muhabbet ederken dünyanın düz olduğuna inanan biriyle karşılaştınız diyelim. Elbette ki ona, "Yanılıyorsun. Dünya yuvarlak" dersiniz.

"Hayır" der karşınızdaki, "Ben de herkes gibi dünyanın yuvarlak olduğunu zannediyordum ama sonra bilimsel olarak araştırdım bunu." Sonra da dünyanın neden düz olduğuna (ya da tersini ispat eden yeterli kanıtın bulunmadığına) dair elindeki en iyi savları koyar önünüze.

I. Dünyanın yuvarlak olduğu savını destekleyen bilimsel gerekçeleri, internette hiçbir şeye bakmadan, aklınıza geldiği şekliyle aşağıdaki kısma yazın. Otorite sergilemenin ("Ben yuvarlak diyorsam öyle!") ya da bunun bir benzerinin ("Çünkü tüm bilim insanları öyle diyor") cevaptan sayılmayacağını aklınızda bulundurun. Eğer bir resmin üzerinde oynanıp oynanmadığını anlayabiliyorsanız bile bunu nasıl anlayabildiğinizi açıklayamıyorsanız, "Resimlerini gördüm" de yanıttan sayılmayacaktır.

II. Tarafsız bir üçüncü parti karşıt argümanlarınızı 0 ile 5 arasında bir değer üzerinden nasıl derecelendirirdi?

Berbat 0 1 2 3 4 5 Muhteşem

III. Eğer siz de çoğu kimse gibiyseniz anlık olarak oluşturduğunuz argümanlar muhtemelen o kadar da kuvvetli değillerdi. Hazır fırsat elimize geçmişken şimdi de dünyanın yuvarlak olduğu argümanının arkasını dolduran en bilimsel üç sebebi araştırıp aşağıdaki kısımda özetleyin.

IV. Mevzubahis araştırmanın altından kalkmış olmanızı takriben artık dünyanın niçin yuvarlak olduğunu bilme sebeplerinize dair daha iyi bir anlayış edinebildiğiniz kanısında mısınız? (Bir seçeneği işaretleyiniz.)

EVET *HAYIR*

EĞER TARTIŞMAYA DÜNYANIN NEDEN yuvarlak olduğuna dair alışılmadık derecede bilgi sahibi biri olarak başlamamışsanız, durumu sizden farklı yorumlayan birine açıklamak zorunda kalmış olmanız bu konudaki inancınızı güçlendirmiştir. İnancınız artık, "Herkes bilir bunu" kategorisinden, "Bunu anlıyorum" kategorisine geçmiştir.

Tarafsız doğru bir bilgiye sahip olduğunuzda ve birinin bu konuda başka bir şeye inandığını gördüğünüzde yakaladığınız fırsat işte budur. Kendi inancınızı daha iyi anlama fırsatı ile karşılaşırsınız. John Stuart Mill'in dediği gibi, "Bir mesele üzerinde sadece kendi görüşünü bilen kişi, aslında pek de bir şey bilmiyordur."

Tabii ki, fikirlerinizi yumuşatabilmeniz, değiştirmeniz ya da daha iyi anlama fırsatı yakalayabilmeniz; başka birinin bilgi haritasını kullanabilme ve kendinizinkiyle nerelerde ayrıldığını görebilme yeteneğinize bağlıdır. Zihin okuma gücünüz olmadığı için bunu yapabilmenizin ana yolu da bu kişilerin inandıklarını size söylemeleridir. Fakat onlar henüz inandıkları şeyi size söylemeden siz onları kendi inancınızla enfekte edecek olursanız, bildikleri şeylerin gerçek bir kopyasını da elde edemezsiniz.

Sizin haritanızla gerçekte olduğundan çok daha fazla uyuştuğunu zannettiğiniz bir kopyasını elde etmiş olursunuz. Solomon Asch deneyinin bir uyarı teşkil eden hikâyesi bu şekildedir.

[2]
Enfekte Edilmemiş Geri Bildirim Nasıl Elde Edilir: Bulaşı Durdurmak İçin Görüşleri Karantinaya Almak

İnandıkları şeyleri paylaşmaları konusunda diğer insanlara güvenmek durumundasınız ve eğer önce onlara kendi fikrinizi söylerseniz güvenilmez anlatıcılara dönüşürler. Bunun iki sebebi olabilmektedir.

İlk olarak, eğer birine önce onun fikrini duymadan kendi fikrinizi söylerseniz, çoğu zaman onların da farkında olmayacakları şekilde, sizin fikrinize meyletmelerine sebebiyet verebilirsiniz. *Başka bir deyişle, fikirleri değişebilir.* Başlangıçta doğru olduğuna inandıkları şey farklı olsa bile, sizden inandığınız şeyi duyduktan sonra fikirleri sizinkine doğru kayabilir. Eğer sizin ne düşündüğünüzü bilmezlerse size söyleyeceklerinin en başından beri inandıkları şeyler olma ihtimali daha yüksektir.

İkincisi, sizin fikrinizi duyduktan sonra inandıkları şey değişmese bile hâlâ *size gerçek fikirlerini söylemeyebilirler. Yanlış olduğunuzu düşündüklerinden* ve sizi utandırmak istemediklerinden bunu yapıyor olabilirler. *Ya da kendilerinin hatalı olabileceğini düşünürler* ve utanmak istemezler. Belki de sadece çıkıntılık yapan kişi olmak istemiyorlardır. Solomon Asch deneyinde olan da buydu. Kimsenin çizgilerin uzunluğu konusunda gerçekten fikrini değiştirmiş olması pek mümkün değildi. Sadece aykırı düşüncelerini sesli biçimde ifade etmek istemediler, hepsi bu.

Bir grup insanla beraberken birinin şaşırtıcı derecede yanlış bir şey söylediği ama sizin buna karşılık vermediğiniz oldu mu hiç? İster sürtüşme yaratmak istemediğinizden, ister nezaketsiz görünmek ya da tartışmak istemediğinizden, ister onları ya da kendinizi utandırmak istemediğinizden olsun; bir şekilde fikrinizi söylemezsiniz. Herkesin bayram yemeklerinde aile ve akrabalarıyla yaşamaktan çekindiği, bazen de yaşadığı bu değil midir?

Çözüm ise aynı: Karşınızdakinin ne fikirde olduğunu öğrenmeden önce kendi fikrinizi söylemeyin.

Birebir geri bildirim almaya çalıştığınız durumlarda mesele bundan ibarettir. Ameliyatlara mikrop kaplı önlüklerle giren bir doktor olmak istemezsiniz.

Poker oynayarak hayatımı kazandığım dönemlerde, sık sık, diğer oyunculardan zor bir eli nasıl oynamam gerektiğine dair tavsiye isterdim. Onlardan tavsiye isterken iyi bir geri bildirim verebilmeleri için gerekli olan bilgileri aktarırdım: O eldeki bahis sırası, her oyuncunun önünde ne kadar çip olduğu ve diğer oyuncuların kaç eldir oynadığı gibi şeyler.

> Birilerinin sizinle anlaşmazlık içinde olduklarını bilmelerinin tek yolu, önce onlara fikrinizi söylemenizdir. Geri bildirim sağlarken bunu kendinize saklamak, başkalarının gerçekten inandıkları şeyi söylemelerini daha olanaklı kılar.

O el kendi fikrim doğrultusunda yaptığım hamleyi yani aslında üzerine tavsiye istediğim şeyi ise söylemezdim. Eğer hamlemi söylersem geri bildirimin kalitesinin düşeceğini bilirdim.

Eli tarif ederken, "Benden önceki oyuncu bahsi yükseltti ve elimde as ile kız vardı" gibi şeyler söylerdim. Görüşümü onlara bulaştırmamak için ise "Ben de bahsi yükselttim. Nasıl, iyi mi?" gibi şeyler söylemek yerine, "Sence ne yapmalıydım?" tarzı sorular sorardım.

Sonuçlar da Bulaşıcıdır

Uzun bir işe alım sürecini atlatıyor, sona kalan üç adaydan birine işi veriyor ama bir yıl sonra da bu kişiyi işten çıkarıyorsunuz. Şimdi de işe alım kararınıza dair tavsiye peşindesiniz.

Ne tavsiye arıyor olursanız olun, sorduğunuz kişiye olayın nasıl sonuçlandığını (yani çalışanı kovduğunuzu) ve son üç adaydan hangisini işe aldığınızı söylememeniz gerekir.

Tıpkı fikrinizi söyleyerek bir kişinin geri bildirimini enfekte edebileceğiniz gibi, olayın sonucunu söyleyerek de geri bildirimi enfekte edebilirsiniz.

Sonucu bilmiyorsanız sonuçlama yapamazsınız. Sonucu bilmediğiniz takdirde geri görüş ön yargısına kapılmanız mümkün değildir.

İçgüdüsel olarak, hepimiz bir olay hakkında birilerinden fikir istediğimizde, olayın sonucunu bilmeleri gerektiğini düşünürüz. Bu yüzden olayların sonucunu kendinize saklamakta zorlandığınız takdirde şaşırmayın. Çok sayıda karar söz konusu ise evet, bu doğrudur ve sonucu bilmeleri gerekir. Fakat tekil sonuçları olan tekil kararlarda sonucu aktarmamalısınız.

Sonucun bilinmesi aldığınız geri bildirimi mahvedebilir. Bildiğiniz üzere, bir kararın sonucunun öğrenilmesi kalitesini değerlendirme becerisini zedelemektedir. Bu yüzden sonuçları mümkün olduğunca kendinize saklamalısınız.

Aradığınız geri bildirim geçmişte yaşanmış bir olay hakkında olduğunda ise çoğunlukla işin içinde birden fazla sonuç yer alır. Bu durumda hikâyenizi her sonuçtan önce duraklatmanız ve karşınızdakinin fikrini kademeli bir şekilde almanız, geri bildirimin *yinelenmesini* sağlayacaktır.

İşe alma örneğini ele alalım. Doldurmaya çalıştığınız pozisyonu belirterek başlayabilir ve iş tanımındaki temel unsurları, ideal maaş aralığının neler olması gerektiği gibi sorular sorarak devam edebilirsiniz. Geri bildirimi aldıktan sonra ise iş tanımı ve maaş aralığını belirtir, şirket içinden mi yoksa dışarıdan mı alım yapmanız gerektiği sorusuna yönelebilirsiniz. Karşınızdakinin fikirlerini, seçtiğiniz yöntemi söylemeden önce almanız gerekir. Bunun ardından, son aşamaya kalan adaylarla ilgili bilgiyi verebilir ve onların hangisini seçeceğini sorarak akıl danışmanızı sürdürebilirsiniz.

Sonuçları ve fikirlerinizi geri bildirim istediğiniz kişiden saklayın. Bu şekilde onları karar verdiğiniz esnada içinde bulunduğunuz duruma daha yakın konumlandırmış olursunuz. Bu kitapta anlatılan karar verme araçlarını kullanarak olanın bitenin kaydını tutmanız, daha sonra kararlarınız hakkında geri bildirim isterken işinize yarayabilir. Karar Ağacı, Bilgi Takipçisi ve Karar Keşif Tablosu gibi araçlar kararınızı verdiğiniz andaki bilgi durumunuzu kaydettiği için daha sonra geri bildirim isterken bu bilgiyi aktarmanız kolaylaşacaktır.

> Kaliteli geri bildirim almak istiyorsanız muhatabınızı karar anındaki bilgi durumunuza olabildiğince yaklaştırmanız önemlidir.

Kevin Masum! – Geri Bildirim İsteme Biçiminiz Görüşünüzü Yansıtabilir

Bazen, başkalarından geri bildirim isterken sorularınızı soruş şekliniz, fark etmeden, fikirlerinizi ele verebilmektedir.

Bir gün çocuklarımdan biri Kevin diye bir arkadaşından şikâyet ederek eve geldi ve "Kevin tam bir ahmak ve tüm arkadaşlarım da benimle aynı fikirde" dedi.

Kevin'ın ahmaklığı etrafındaki bu fikir birliğini duyar duymaz, ben de şunu sordum: "Arkadaşlarına Kevin'ı sorarken

'Kevin sizce nasıl biri?' mi dedin yoksa 'Sizce de Kevin tam bir ahmak değil mi?' diye mi sordun?" Cevap tabii ki ikincisiydi.

Soruyu yöneltiş biçiminize dikkat etmelisiniz çünkü geri bildirim almak istediğiniz konuda tavrınızın olumluluk seviyesini açık etme riskiniz vardır. Bu soruyu mümkün olduğunca tarafsız sormaya çalışmalısınız.

ÇERÇEVE ETKİSİ

Bilginin sunuluş şeklinin dinleyiciyi bu bilgi ile karar alırken etkilediğinde ortaya çıkan bilişsel ön yargı.

"UYMAMAK" KELİMESİNİN OLDUKÇA OLUMSUZ çağrışımları vardır. Birine "uyumsuz" dediğinizde, bu kişi hakkında pek de güzel bir şey söylemiş olmazsınız. "Uymamak" kelimesi yerine "ayrılmak" terimini kullanmayı tercih ettiğimi fark etmişsinizdir belki. Bu kelimenin daha nötr çağrışımları olduğu için bilinçli bir şekilde bunu kullanmaya çalışıyorum. "Uyuşmazlık" yerine "ayrılık" ya da fikir "dağılımı" gibi terimler kullanmanız, fikirlerin farklılaştığı noktalar üzerine konuşmanızın daha tarafsız bir yoludur ve anlaşmazlıkları kabullenmenizi sağlar.

[3]
Görüşler Grup Ortamında Nasıl Karantina Altına Alınır

Biriyle birebir konuşurken fikir bulaşması sorununun basit bir çözümü vardır. Ne konuda geri bildirim istiyor olursanız olun, fikrinizi önceden söylemezsiniz. Fakat bu çözüm grup ortamında pek uygulanabilir değildir. Bir grup tartışmasında *kendi* fikrinizi herkesten saklayabilirsiniz fakat ilk konuşan kişi fikrini söyledikten sonra artık grubun geri kalanı enfekte olmuştur.

İçgüdülerimiz, ne kadar çok kişiyle birlikte karar verirsek o kadar iyi bir karar alacağımızı söyler. Daha fazla kişinin fikrini aldığınız takdirde daha fazla dıştan bakışa, daha çeşitli görüşlere ve daha fazla inanışa ulaşabilirsiniz ve bu da kararlarınızın kalitesini artırır. Ne var ki insanların grup hâlinde daha kötü kararlar verdiğini de biliriz. Yine de işin içinde daha fazla insan olduğundan karara duyulan güven de yükselir. *Bu kötü bir kombinasyondur: Daha iyi olacağı kesin olmayan bir karar için duyulan çok daha yüksek güven.*

İşte bu yüzden inanç bulaşması durumu özellikle gruplar için büyük bir sorun teşkil etmektedir.

Araştırmalar grup ortamındayken üyelerin ortak fikre aykırı bir bilgiye sahip olsalar bile bunu paylaşmadıklarını gösteriyor.

Miami Üniversitesinden Garold Stasser ve Briar Cliff Kolejinden William Titus tarafından yürütülen yaratıcı bir deneyde, dört kişilik gruplardan, öğrenci birliği başkanlığına adaylığını koymuş üç kişi içinden en uygun olanını seçmeleri istenir. Araştırmacılar her adayın pozitif ve negatif özelliklerini içeren dosyalar hazırlarlar. A adayı, tüm bu bilgiler ışığında en iyi görünen aday olacak şekilde ayarlanır. Grupların üyeleri dosyaları önceden inceler, şahsi tercihlerini belirtir ve sonra grup olarak adaylarını belirlemek için bir araya gelirler.

Bazı grupların birer üyesinde adaylar hakkındaki tüm bilgileri içeren eksiksiz dosyalar vardır. (Onlara "eksiksiz bilgi grupları" diyelim.) Tahmin edileceği üzere A adayı, bu gruplardaki üyelerin her birinin şahsi tercihi ve grupların da başkan adayı seçilir.

Kalan gruplardaki üyelerin ise dosyalarındaki bilgiler eksiktir. (Onlara da "kısmi bilgi grupları" diyelim.) Bu dosyalarda her adaya dair ortak bazı bilgiler vardır fakat bilgilerin geri kalanı grup üyeleri arasında dağıtılmıştır. Dosyalardaki dağılımdan ötürü kısmi bilgi gruplarındaki üyelerin çoğu A adayını buluşma öncesi tercihleri olarak belirlemez. (Not: Her denek dosyasının eksik olabileceği ve gruptaki diğer üyelerde kendilerinde olmayan bir bilgi olabileceği konusunda bilgilendirilmiştir.)

İşin püf noktası da buradadır: Kısmi bilgi gruplarındaki üyeler bildikleri şeyleri grup tartışmaları sırasında paylaşsalardı eksiksiz bilgi gruplarıyla aynı bilgi seviyesine ulaşacak ve muhtemelen A adayı üzerinde anlaşacaklardı. Peki, sizce bildiklerini paylaştılar mı?

Hayır, bunun yerine buluşmadan önceki tercihlerine dayanarak hızlı bir şekilde fikir birliğine vardılar. Grubun tercih ettiği aday hakkında negatif bilgiye ya da tercih edilmeyen aday hakkında pozitif bilgiye sahip olan üyeler bir fikir birliğinin oluştuğunu gördüler ve ellerindeki bilgileri paylaşmaya yanaşmadılar. A adayının favori olduğu eksiksiz bilgi gruplarının aksine kısmi bilgi grupları neredeyse her seferinde kalan adaylardan birini seçtiler.

Başka bir deyişle, kısmi bilgi grupları en iyi seçeneğin A adayı olduğuna karar vermek için gerekli bütün bilgilere sahip olmalarına rağmen üyeler bu bilgileri paylaşmadı ve çoğunlukla diğer adaylardan biri seçilmiş oldu.

Görüldüğü üzere insanlar bir grup ortamında iken bildiklerini her zaman paylaşmazlar, hele ki ortada bir fikir birliği oluşmaya başladıysa. Sorun ise şudur: Takım üyelerinin sunacağı farklı bakış açılarında farklı potansiyeller olabilmektedir. Eğer bunlara ulaşmak istiyorsanız, söylenenleri gerçekten duymalısınız.

Bağımsız Geri Bildirime Erişmek

Sorun; inanç ve sonuçları alıkoyma çözümünü grup ortamında nasıl uygulayacağınız sorunudur. Gruptaki ilk kişi konuştuktan sonra artık alıkoyabileceğiniz bir şey kalmamıştır. Bütün üyelerin fikirlerini ve gerekçelerini birbirlerinden bağımsız şekilde alarak ve *grup buluşmadan önce* bunları diğer üyelerle paylaşarak bu sorunu çözebilirsiniz. Böylece eksik dosya sorununu da çözmüş olursunuz çünkü grup üyelerinin hepsi hem paylaşılmamış bilgileri hem de diğerlerinin fikirlerini öğrenmiş olacaktır.

Bir işe alım kurulu finale kalan adaylarla mülakat yaptı diyelim. Kurul grup hâlinde görüşmeden önce tüm üyelerden e-mail ile hangi adayı tercih ettiklerini ve bunun gerekçelerini belirtmelerini isteyin. Bu geri bildirimleri bir araya getirin ve grup ortamındaki bir tartışmadan önce herkese gönderin.

Bir yatırım komitesi, belirli bir alanda yatırım yapmayı ya da yapmamayı değerlendiriyor diyelim. Hepsinden ayrı ayrı geri bildirim alın ve grup bir araya gelmeden önce bunları herkesle paylaşın.

Bir davada uzlaşma anlaşması yapmak ile ilgili bir hukuk firmasından tavsiye istendi diyelim. Grup olarak tartışmadan önce herkese makul bir anlaşmanın alt ve üst limitleriyle birlikte nasıl olması gerektiğini, karşı tarafın bu aralıkta bir anlaşmayı kabul etme olasılığının ne olduğunu ve gerekçelerinin nelerden oluştuğunu sunmalarını isteyin. Bunların grupla paylaşılabilmesi için takım hâlinde bir tartışma yapılmadan önce derlenerek e-mail ile herkese gönderilmesini isteyin.

Araştırmalara göre insanlar bildikleri şeyleri ve tercihlerini yansıtan geri bildirimleri birey olarak verirken, takım hâlinde zorlandıkları kadar zorlanmıyorlar. Harvard Kennedy Okulundan Dan Levy, Joshua Yardley ve Richard Zeckhauser; öğrencilerden el kaldırmalarını istemenin (sınıflarda kullanılan klasik *grupsal* geri bildirim yöntemi) sürü psikolojisine neden olduğunu, öğrencilerin sınıfta bir fikir ortaya çıkmaya başladığı anda, bu fikre ortak olmak için ellerini kaldırarak bir çoğunluk oluşturduklarını gördüler.

Öğrenciler bir elektronik tıklama cihazı kullanarak, birbirlerinin cevaplarını göremeden cevap verdiklerinde ise el kaldırma esnasında oluşan bu çoğunluklar oluşmadı. Öğrencilerden birbirlerini etkilemeyecek şekilde bilgilerine ve tercihlerine dair geri bildirim alabilmek, öğretmenlerinin onlara ilişkin daha iyi fikir sahibi olmasını sağladı.

Önceden herkesin fikrini ve geri bildirimini birbirlerinden bağımsız biçimde (e-mail ile veya başka bir yolla) almak işte bu işe yarar. Fikirlerin yapay olarak sanki örtüşüyormuş gibi görünmelerini engeller ve inançların ayrıldığı yerleri daha iyi bir şekilde ortaya koyar.

Geri bildirim alma sürecinin parçalarından biri de insanlara bu geri bildirimi ne şekilde sağlamaları gerektiğini belirtmek olmalıdır. Bu kitapta takım üyelerinden geri bildirim verirken kullanmalarını isteyebileceğiniz birçok karar verme aracı sundum. Bunların arasında belirli olay ve sonuçlara dair yapılabilecek tahminler; karar ağaçları üzerine yazılabilecek sonuçlar; seçeneklerin, karşılıkların ve varsayımların değerlendirilmesi; kullanabileceğiniz bir Bakış Açısı Takipçisi; bir Karar Keşif Tablosunun ya da Dr. Kötü oyununun çıktısı (premortem ve/veya tersine tahmin); yapabileceğiniz Ulysses anlaşmaları ya da sağlayabileceğiniz korumalar var. Evet/Hayır soruları ya da puanlama cetvelleri aracılığıyla da geri bildirim isteyebilirsiniz.

Ne türden bir geri bildirim istediğinizi belirtmeniz grubun fikirler ve geri bildirimler arasında karşılaştırma yapabilmesini ve üyelerin ayrıldığı yerleri görebilmesini sağlar.

Başka Bir Koruma Katmanı: Geri Bildirimi İsimsizleştirmek

Bazı görüşler diğerlerinden daha bulaşıcıdır. Bazı kimseler başkalarının görüşlerini kendi görüşlerine yöneltmekte ve görüşlerini benimsettiği bu kişileri diğer görüşleri bastırmaya meylettirmekte daha başarılı olurlar. Bir kişinin itibarı; bulunduğu lider pozisyonundan, deneyiminden, ikna kabiliyetinden, karizmasından, dışa dönüklüğünden ya da sadece kendini daha iyi ifade etmesinden kaynaklanıyor olabilir; fakat görüşlerini daha bulaşıcı yapacağı kesindir.

İdeal bir dünyada, grup üyelerinden geri bildirim toplarsınız ve objektif şekilde iyi olan fikrin bir CEO'dan mı yoksa bir stajyerden mi geliyor olduğu fikrin değerini çok da etkilemez. Gerçek dünyada ise düşük mevkideki kişilerden gelen fikirler aynı değeri görmemektedir.

Bu itibar etkisi sorunundan kurtulmanın yolu, geri bildirimleri ilk aşamada **isimsizleştirmektir**. Böylece, kaynağı grubun diğer üyelerinden gizler ve düşük mevkideki kişilerin geri bildirimlerinin daha fazla değer görmesini sağlarsınız.

Peki, ya Uzmanlık, Tecrübe?

Şu an şöyle düşünüyor olabilirsiniz: "Ama geri bildirimleri kaynaklarına göre değerlendirmek daha mantıklı olmaz mı? Eğer görelilik teorisi hakkında fikir alıyorsanız ve odada fikrini belirtmeye hazır bir Einstein varsa, onun söyleyeceği şeyler işe yeni aldığınız bir stajyerin söyleyeceklerinden daha önemli değil midir?"

Evet, eğer Einstein grubunuzun bir parçasıysa fikirlerinin diğerlerininkine kıyasla ağır basacağı zamanlar olacaktır. Fakat bunlar grubun fizik üzerine konuştuğu zamanlarla sınırlıdır. İşte bu yüzden fikirler *sonsuza kadar* isimsiz kalamaz ve kalmamalıdır da.

Bununla birlikte, henüz *ilk aşamada* isimsiz kalmalarının birçok faydası bulunmaktadır.

Gerek Einstein gerek de sizin CEO olsun, bilmelisiniz ki böyle yüksek mevki sahibi takım üyeleriyle farklı fikirlerde olmak insanlar için kolay değildir. Başarılı insanların sadece uzmanı oldukları alanlara dair fikirlerine değil, genellikle tüm fikirlerine fazla değer veririz. Bu ***hale etkisi*** olarak bilinir ve durumu sadece daha da kötüleştirir.

Kimse kalkıp da Einstein'in belirttiği fikre karşı çıkmak istemez, konu ister görelilik teorisi olsun isterse de ev sahibini mahkemeye verip vermeme muamması.

İkincisi, uzmanlık her ne kadar değerli bir şey de olsa bir kişi sırf uzman olduğu için ön yargılara karşı bağışıklığı olmaz.

Philip Tetlock'un ortaya koyduğu üzere, eğer bir uzmansanız kendi dünya görüşünüze gömülüp kalma eğiliminde olursunuz. Bu durum kafanızı gömüldüğü yerden çıkarmanızı ve dünyayı kendi "sağlam" teorinizin dışında bir bakış açısından görmenizi zorlaştırır.

HALE ETKİSİ

Bir insanın bir alandaki görüşlerine dair olumlu düşüncelere sahip olma durumunuzun, sizi, başka ve alâkasız alanlarda da o insanın görüşü hakkında olumlu düşünmeye itmesi.

Geri bildirimleri ilk aşamada isimsiz bırakmanın büyük bir faydası da budur. Üyeler doğal olarak farklı meselelere farklı şekillerde bakacaktır. Kimse ortadaki bakış açılarının kaynağını bilmeyeceği için bu görüşlerin gerçek bir değerlendirmeye tabi tutulmaları daha olası hâle gelir. Takım üyeleri hangi fikirleri umursamayacaklarını ve hangilerini yücelteceklerini bilemezler.

Düşük mevkili grup üyelerinin de sahip olduğu farklı ve değerli bakış açıları olabilmektedir. Statükoya fazla bağlı olmadıkları için bu kişiler bazen diğerlerinin göremediği yaratıcı çözümleri görebilmektedirler. Dünya tarihine makro açıdan baktığınızda, her gelen neslin kendi farklı bakış açısını sunduğunu ve büyük sıçramalara, yaklaşımlarda ciddi değişimlere sebep olduğunu görürsünüz. İlk aşamada geri bildirimleri isimsiz bırakarak siz de bu alışılmışın dışındaki bakış açılarına bir yaşam şansı verebilirsiniz.

Ama Niye?

Tabii ki grubun en deneyimsiz üyeleri her zaman da keşfedilmeyi bekleyen dâhilerden oluşmaz. Bu yüzden bir sonraki fikirleri de her zaman grubu başarının zirvelerine taşıyacak çığır açıcı bir fikir olmayacaktır. Bakış açıları çoğunlukla bir anlayış eksikliği yansıtacaktır.

İyi bir grup süreci demek, insanları anlayış eksikliklerini de ifade edebilecekleri geri bildirimler vermeye teşvik etmek demektir. Üstelik bu durumdan grubun tamamı faydalanacaktır. Uzmanlar, böylelikle, inandıkları şeylere *neden inandıklarını* daha iyi anlama, bildiklerini de grubun diğer üyelerine aktarma fırsatını elde ederler. Bazen ise inandıkları şeylerdeki yanlışlıkları düzeltme imkânları oluşur.

Her anne ve babanın yaşadığı bir şeydir bu: Çocukları onlardan bir şeyi açıklamalarını ister ve sonra da sorarlar: "Ama niye?"

"Anne, gökyüzü neden mavi?"

Anne kendinden memnun bir şekilde ışığın yansıması hakkındaki bilgilerini beş yaşındaki çocuğuna aktarır: "Gökyüzü aslında gökkuşağının bütün renklerine sahip fakat dünyanın etrafındaki hava sadece mavi rengi görmemize izin veriyor."

Gelin görün ki çocuk beş yaşındadır ve tatmin olmamıştır: "*Ama niye?* Niye dünyanın etrafındaki hava sadece mavi rengi görmemize izin veriyor?"

Eğer söz konusu anne sizseniz şimdi cevaplamanız gereken bir soru daha vardır. Bu durum bilginizin sınırlarını zorlayıncaya kadar devam eder. O noktada şunlardan birini söyler ve konuşmayı sona erdirirsiniz: "Çünkü öyle olduğu için!" veya "Çizgi film saatin gelmedi mi senin?" ya da belki "Bir dondurmaya ne dersin?"

Eğer bir çocuk sizin neyi bilip bilmediğinizi ortaya çıkarabiliyorsa, emin olun ki, grubun tamamı bu *ama-niye* senaryosundan faydalanacaktır.

Hızlı/Kirli: Düşük Etkili ve Geri Dönüşü Kolay Kararlar için Bir Alternatif

Bu aşamada şöyle düşünüyor olabilirsiniz: "Eğer takım hâlinde alacağımız her karar için bunları yapacak olsaydık, ayda ancak birkaç karar veriyor olurduk herhâlde."

Bu tarz (yani ayrı ayrı herkesten geri bildirim aldığınız ve grup tartışmasından önce gözden geçirmek için bu geri bildirimleri isimsiz şekilde dağıttığınız) bir karar süreci elbette ki fazladan zaman alacaktır. Fakat zaman ve titizlik arasındaki takası da unutmayın. Düşük etkili ve geri dönülmesi kolay kararlar alacağınızda bu geri bildirim yönteminin daha hızlı ve özensiz bir versiyonunu kullanabilirsiniz. Bu şekilde de fikir bulaşmasının önünü bir nebze olsun almanız mümkün olacaktır.

Grup olarak bir karar üzerine düşünürken herkes fikrini ve bunun gerekçesini bir kâğıda yazarak kâğıdı başka birine verebilir. Kâğıtları alan kişi tartışmaya geçmeden önce fikirleri sesli şekilde okur ya da bir tahtaya yazar. Bu çok fazla zaman almayacak ve herkese diğerlerinin fikrini duymadan önce kendi görüşünü açıklama fırsatı verecektir.

Eğer daha da fazla zaman kazanmak istiyorsanız herkesten fikirlerini ve bunların gerekçelerini yazmış oldukları kâğıtları kendilerinin sesli biçimde okumalarını isteyebilirsiniz. Bu durumda en alt kademede bulunan ve fikri en az bulaşıcı olan (üst mevkideki üyelerden etkilenip kendi fikrini söylememe ihtimali de en fazla olan) kişiden başlamanız gerekir.

[4]

Yönlendirme Doktrini: İlgili Detayların Kontrol Listesi ve Detayların Sağlanma Sorumluluğu

Eğer insanların elinde yüksek kalitede geri bildirim sağlamak için ihtiyaç duydukları bilgiler yoksa fikir bulaştırmamaya yönelik çabalarınızın hiçbiri kararınıza fayda sağlamayacaktır. İnsanlardan aldığınız geri bildirim ancak onlara sağladığınız bilgi kadar iyi olabilir. Başka bir deyişle, işe yaramaz şeyler verirseniz işe yaramaz şeyler alırsınız. İster fikirleri bulaştırın ister bulaştırmayın, bu değişmeyecektir.

Bir çalışan adayı hakkında, bir başkasından görüş istiyorsunuz diyelim; eğer bu kişinin daha önceki işyerinde zimmetine mal geçirmek suçuyla hüküm giydiğinden bahsetmezseniz, iyi bir geri bildirim alma şansınız var mıdır?

Bir davada davacı tarafı temsil ediyorsunuz ve duruşmadan önce bir uzlaşma anlaşması yapmayı düşünüyorsunuz diyelim; davaya yakın zamanda atanan hâkimin davalılardan yana olmasıyla bilindiğinden bahsetmezseniz, tecrübeli bir avukattan tavsiye almanızın ne anlamı olur?

Bu derece önemli bilgilerin atlanması pek muhtemel değildir tabii. Yine de dikkat etmediğimiz takdirde birinden tavsiye isterken anlattığımız şeyler, doğal olarak, bazı noktaları ön plana çıkarır ve bazı noktaları geri plana iter. Bunu yapma sebebimiz, karşımızdaki kişinin bizim hâlihazırda varmış olduğumuz sonucu onaylamasını sağlamaya çalışmamızdır.

Genelde bunu başkalarını kandırmak için değil, kendimizi kandırmak için yaparız. Hikâyeyi anlatış tarzımız, başkalarının haritasının bizimkiyle ayrıştığı noktalardan ziyade, örtüştüğü noktaların üzerinde durmamızı daha muhtemel kılar. Bu da aldığımız geri bildirimin kalitesini düşürür.

Dıştan Bakışı Kullanarak Anlatının Yönlendirilmesine Son Vermek

Karar sürecine dair önemli bir darboğaz tanımlamış olduk: Bir geri bildirimden alacağınız kalite, bu geri bildirim sürecine dâhil ettiğiniz bilgilerin kalitesi ile sınırlıdır. Anlatılarımız doğal olarak içten bakışımızı yansıtır ve kendi dünya görüşümüzü destekleme eğilimindedir. Bu sorunu çözmenin yollarından biri mantıken şudur: Dıştan bakışa geçmek ve kendimizi tavsiye isteyen kişi değil, tavsiye verenin yerine koymak.

Kendinize şu soruyu sorarak dıştan bakışa geçebilirsiniz: "Eğer bu tip bir karar hakkında biri benim fikrimi soruyor olsaydı, iyi bir geri bildirimde bulunmak için bilmem gereken şeyler neler olurdu?" Bulduğunuz detayları bir kontrol listesi hâline getirin ve tavsiye istediğiniz kişi her kimse bu kontrol listesini ona verin.

Bunu bütün kararlar konusunda yapabilirsiniz ama özellikle tekrar eden kararlarda yapmanız daha faydalıdır çünkü henüz kararla yüzleşmeye başlamadan düşünme şansınız olacaktır. Bir karar sürecinin ortasındaysanız muhtemelen tercih edeceğiniz seçenek hakkında bir fikir oluşturmaya zaten başlamışsınızdır. Bu gerçekleştikten sonra da tercihleriniz ihtiyaç duyduğunuz bilgilerin içeriği üzerinde bir çarpıtmaya neden olacaktır. Kontrol listenizi önceden hazırladığınızda, zaten üzerinde bir fikir sahibi olacağınız kararın ayrıntılarından o kadar da etkilenmezsiniz; daha nesnel olur, dıştan bakışa daha kolay şekilde erişirsiniz.

Kontrol Listesine Neler Dâhil Edilmeli?

Üzerinde düşündüğünüz her karar için ilgili kontrol listesi de değişecektir ama genellikle uygulanabilir hedefler, değerler, kaynaklar ve olayın detayları üzerine odaklanmalısınız. Burada amacınız sadece karşınızdakine iyi bir geri bildirim yapabilmesi için gerekli bilgileri sağlamaktır, daha fazlası değil.

Yapmanız gereken ilk ve en önemli şey, başarmak istediğiniz şeyin ne olduğunu aktarmak olacaktır. İnsanların farklı amaçları ve değerleri vardır ve bunlar önem arz eder. Biri için doğru olan seçenek, bir başkası için öyle olmayabilir.

Eğer bir tatil yeri danışıyorsanız, karşınızdaki kişi amaçlarınızı, tercihlerinizi ve sınırlamalarınızı bilmelidir. Şubat ayında güneşli olan ve köklü bir geçmişe sahip bir yere gitmek istediğinizi söyler ama tatiliniz için sadece üç gününüz olduğunu söylemeyi es geçerseniz karşınızdaki kişi Avustralya'da geçirdiği iki haftalık harika bir tatili anımsayabilir ve dolayısıyla size burayı önerebilir.

Pokerde insanlara sürekli çeşitli ellere dair fikirlerini sorardım. Bunu tekrar tekrar yapacağımı bildiğim ve iyi de bir bilgi kontrol listesi sunmak istediğim için kendime şu soruyu yöneltirdim: "Eğer biri benden bir el hakkında geri bildirim isteseydi, iyi bir tavsiye vermek için ihtiyaç duyacağım bilgiler neler olurdu?" Bahis sırası, her oyuncunun önünde ne kadar çip olduğu gibi şeylerdi bunlar. Bunlara ilişkin bir kontrol listesi hazırladım ve ne zaman birinden tavsiye istesem, bu listedeki her şeyin üzerinden geçtiğimden emin oldum.

> Kısmi bilgi size "kısmen iyi" geri bildirim sağlamaz.

Eğer bir işe alım kararı veriyorsanız, hedeflerinizi,

değerlerinizi ve kaynaklarınızı belirlemeniz önemlidir. Amacınız tecrübeli birini işe almak ve bu kişinin de gelecekte işe alacağınız kişileri eğitmesini sağlamak mı? Neşeli bir mizaç sizin için önemli mi? Adayla ilgili önemli bilgiler ise CV'sini, referans aldığınız kişinin görüşlerini ve mülakatlarda üzerinde durduklarınızı içerir.

Bunlardan oluşan bir kontrol listesi hazırladığınızda, geri bildirim istediğiniz kişiye bu bilgileri sağlama sorumluluğunu da benimsemelisiniz. Böylece, hâlihazırda sahip olduğunuz fikri destekleyen bir hikâye oluşturma şansınızı azaltırsınız ve aldığınız geri dönüşün kalitesi yükselir.

Takımlar için kontrol listesi hazırlarken ise grup ortamında geri bildirim alırken kullandığınız yöntemin aynısını kullanabilirsiniz. Grup üyelerine birbirlerinden bağımsız şekilde cevaplamaları için şu soruyu sorun: "Eğer biri benden bu tür bir karar için geri bildirim isteseydi, bilmem gereken şeyler neler olurdu?" Cevapları bir araya toplayın, grup üyelerine dağıtmadan önce isimsizleştirin ve sonra da takım olarak tartışın. Bu süreç sonunda, ortaya bir takım üyesinden geri bildirim isterken verilmesi gereken bilgiler için başvurabileceğiniz bir temel kontrol listesi çıkacaktır.

Grup üyeleri birbirlerini bu listeden sorumlu tutmalıdırlar. Tavsiye isteyen kişiler listedeki bilgileri sağlamakla, tavsiye veren kişiler de listedeki bilgileri talep etmekle yükümlü olmalıdır.

İş yerinde ya da özel hayatınızda sıklıkla verdiğiniz bir karara dair insanlara danışırken paylaşmanız gereken bilgileri içerecek bir kontrol listesi hazırlayın. Bunu hem kendi başınıza hem de bir takım alıştırması olarak yapabilirsiniz.

I. Sıklıkla karşınıza çıkan kişisel ya da profesyonel bir kararı not edin.

II. Eğer biri size gelse ve bu türden bir karar için geri bildirim isteseydi, kaliteli bir geri bildirim verebilmek için bilmeniz gereken şeyler neler olurdu?

Aşağıdaki bölümde en iyi eylem planına dair verebileceğiniz kaliteli bir geri bildirim için bilmeniz gerekenleri içeren kapsayıcı bir liste hazırlayın. Listeye hedeflerinizi, değer verdiklerinizi ve elinizdeki kaynakları belirterek başlayın.

İSTER GRUP HÂLİNDE İSTER birbirinden tavsiye isteyen iki kişi arasında olsun, geri bildirim sürecine dâhil olan herkesin bu kontrol listesinden sorumlu olduğu üstünde *anlaşmaya varması* önemlidir.

Eğer insanlar birbirlerini bu konuda sorumlu tutmaya yönelik bir anlaşma yapmazlarsa, kendisine bilgi verilen kişi, çoğu zaman, karşısındakinin üzerinde durduğu detayların en önemli detaylar olduğunu düşünecektir. Üzerinde durulmayan veya söylenmeyen detayları ise önemsiz kabul etme eğiliminde olacaktır.

İnsanlar genellikle detayların eksik olduğu durumlarda bile tavsiye vermekten geri durmazlar. Belki, tavsiye isteyen birine "Sana yardımcı olamam" demenin kaba olduğunu düşünürüz, belki de fikirlerimizin değerine o kadar güveniriz ki tüm gerçekleri bilmesek bile iyi bir tavsiye verebileceğimize inanırız.

Kontrol listesine karşı gerçek bir mesuliyet şu şekildedir: Birisi iyi bir geri bildirimde bulunabilmeniz adına gerekli bilgiyi size sağlayamadığında bu konuda tavsiye vermezsiniz. Bunu da kaba değil, *nazik* davranmak için yaparsınız.

Poker öğrettiğim günlerde bazen öğrencilerim gelir ve bana kontrol listesindeki bilgilerin bazılarını hatırlayamadıkları elleri anlatırlardı. Eldeki son kartta bahsi görmeli miydim diye sorarlardı örneğin ama ortada kaç para olduğunu hatırlayamazlardı. Bu durumda onlara bahsi görmeleri ya da görmemeleri üzerine bir şey söylemezdim çünkü ortadaki parayı bilmediğim takdirde fikrim önemsiz, anlatacaklarım da anlamsız olurdu.

Değersiz ve yanlış yönlendirme kapasitesi olan geri bildirimler vermekten kaçınmam ileride bu öğrencilerimin çok işine yaramıştır. Bir kere, artık ortadaki paranın miktarına daha fazla dikkat etmeye başlamışlardır. Benden bir daha tavsiye istediklerinde bu bilgiye sahip olacaklarına emin olabilirsiniz çünkü benden geri bildirim almak için ortadaki paranın miktarını söylemeleri gerektiğini öğrenmişlerdir. Belli ki bu dikkat etmedikleri (yoksa başlangıçta miktarı bilirlerdi) ve eğer geçiştirmelerine engel olmasaydım da ihmal etmeye devam edecekleri bir detaydı.

Daha önemlisi ise bu şekilde tavsiye vermeyi reddediyor oluşumun onlara ortadaki para miktarını bilmenin önemini anlama fırsatı sunmuş olmasıydı. Tavsiye isteyecek ya da istemeyecek olsunlar, bu önemli detaya artık dikkat edecek ve anlık poker kararlarında bundan faydalanacaklardı.

Kontrol listesine bağlı kalmanın faydaları zamanla birikmektedir. Konu; pokerde ortada kalan paranın miktarını bilmek de olabilir, dördüncü çeyreğinin sonlarına doğru mola aldığınız bir futbol maçında kaç mola hakkınızın kaldığı bilmek de.

Yeni birini istihdam edecek iken kültürel uyumun önemini, bir davada hâkimin taraflı olup olmamasının dava için kritik olacağını, bir elektrikli araba şirketinden hisse alırken de yönetim derinliğinin ehemmiyetini biliyor olmalısınız.

İyi bir kontrol listenizin olması yanıltıcı hikâyelerle mücadele etmenize yardımcı olacak ve gelecekte karar verirken elinizdeki bilgileri nasıl kullanmanız gerektiğine dair size bir çerçeve sunacaktır.

[5]

Sonsöz

Hayatınız boyunca binlerce ama binlerce karar alacaksınız. Bunlardan bazılarının meyvesini alırken, bazılarının ise hüsranla sonuçlandığını göreceksiniz. İyi kararlar almak demek her bir kararınızın iyi sonuç vermesini amaçlamak demek olamaz. Nitekim şansın ve bilgi eksikliğinin müdahalesi bunu imkânsız bir hedef hâline getirmektedir.

Vereceğiniz kararlar bir yatırım portföyüne benzer. Portföyünüz için aldığınız kararlardan herhangi biri kazanç ya da kayıp ile sonuçlanabilir. Sizin amacınız portföyünüzün sizi bir bütün olarak ileriye, hedeflerinize doğru taşımasını teminat altına almak olmalıdır.

Yıpranmış evleri tadilattan geçirip daha sonra da satan birini düşünün. Bu şekilde ev alıp satan birinin amacı alıp sattığı tüm evlerin genelinde para kazanmaktır. Yine de münferit olarak tadil ettiği herhangi bir ev nezdinde zarar edebilir. Zarar edeceği bu evlerin hangileri olacağını daha önceden bilme şansı ise yoktur. Eğer bunu bilebilseydi doğal olarak sadece kâr edeceği kesin olan gayrimenkullere yatırım yapardı.

Aynısı, siz ve sizin kararlarınız için de geçerlidir. Sahip olduğunuz amaç; hayatınızda verdiğiniz tüm kararlardan oluşan bu portföyün sizi hedeflerinizden uzaklaştırmaması, daha ziyade sizi bu hedeflere yakınlaştırmasıdır. Fakat ev alıp satan kişinin örneğinde olduğu gibi, sizin de kötü sonuçlanan münferit kararlarınız olacaktır. Daha iyi kararlar verebilmek için bu gerçeği benimsemelisiniz.

Eğer kararlarınızı bir şekilde her şeyin yolunda gitmesini garanti edebileceğinizi düşünerek veriyorsanız, açık bir zihin ile bilmediklerinizin evreni içinde adımlayabilmek sizin için oldukça zor bir hâle gelecektir. Bu durumda çıktığınız yürüyüşü açık bir zihin ile değil, savunmaya geçmiş bir hâlde ve çömelerek yapmak durumunda kalırsınız. Adımlarınızı devamlı kötü bir karar vermiş ya da yanlış bir inanç beslemiş olma ihtimalinizi kovuşturmaya çalışarak atarsınız.

Savunmaya geçmiş bir hâlde çömelerek yol kat etmek önünde sonunda size oldukça konforsuz bir durum yaratacaktır.

Kötü sonuçları ele alırken, kötü bir karar vermiş ya da yanlış bir inanç beslemiş olma ihtimalinizi savuşturuyorsanız, belki de kendinize merhametli davranıyormuşsunuz gibi geliyordur. Sonuçları bu şekilde değerlendirmek sizi o an daha iyi hissettiriyor da olabilir. İşler yolunda gittiğinde bundan kendinize refleks olarak pay çıkarmak da aynı etkiyi yaratmaktadır.

Fakat eğer tüm aradığınız, kararlarınızın kalitesinin iyi ve inandıklarınızın doğru olduğuna dair bir tasdik ise, etkin bir şekilde öğreniyor olmayı da bekleyemezsiniz. Bekleyebileceğiniz ancak karar kalitenizi artırma yeteneğinizi kısıtlamış olmaktır.

Gelecekteki siz, şu anın içinde yaşayan size, kaliteli kararlar vermeniz ve bunları da geliştirmeye devam etmeniz için bel bağlamaktadır. Sizi zamanın öteki tarafında bekleyen o kişiyi, olası müstakbel sizler kavminden hiçbir kimseyi, yüzüstü bırakmıyor olmak; *gerçek öz merhamet* ancak ve sadece bu olabilir.

[6]

Karar Hijyeni: Özet ve Kapanış

Buradaki alıştırmalar şu kavramlar üzerinde düşünmenizi sağlamak üzere tasarlanmıştı:

- İnançlarınızın kalitesini artırmanın en iyi yollarından biri başkalarının bakış açılarından faydalanmaktır. Onların inançları sizden ayrıldığında doğrulayıcı ya da bilmediğiniz bilgilere maruz kalırsınız ki bu da sizin karar verme kalitenizi artırır.
- İnançlar bulaşıcıdır. Eğer geri bildirimini almadan önce birine kendi inançlarınızdan bahsederseniz o kişinin aynı inancı olduğu gibi size geri ifade etme olasılığını önemli ölçüde yükseltmiş olursunuz.
- İnançların enfeksiyonunu engellemek için **karar hijyeni** alışkanlığını edinin.
- Birinin sizinle anlaşmazlık içinde olduğunu bilmesinin tek yolu önceden o kişiye fikrinizi söylemenizdir. **Geri bildirim sağlamaya çalışırken görüşlerinizi kendinize saklayın.**
- Kendinizi ifade etme çerçeveniz, muhatabınıza geri bildirim edinmeye çalıştığınız şeye dair düşüncelerinizin ne derece olumlu ve ne derece olumsuz olduğunu yansıtır. Olabildiğince tarafsız kalmaya çalışın.
- "Uyuşmazlık" kelimesi kulağa olumsuz gelmektedir. Bunun yerine "**ayrılık**" ya da görüşlerin "**dağılımı**" gibi tabirler kullanarak fikirlerin birbirlerinden farklı olduğu ortamlarda daha tarafsız bir şekilde konuşabilirsiniz.
- **Sonuçlar da geri bildirimin kalitesini enfekte edebilir.** İnsanlardan geri bildirim sağlarken olayların

nasıl sonuçlandığı bilgisini karantinaya alın ve kendinize saklayın.

- Geçmişte olmuş bir şey için geri bildirim edinmeye çalışıyorsanız ve işin içinde birden fazla sonuç varsa **geri bildirimin yinelenmesini** sağlamak faydanıza olacaktır.
- Alacağınız her geri bildirim için, bu geri bildirimi size sağlayacak olan kişiyi, karar anında sahip olduğunuz bilgi seviyesine olabildiğince yaklaştırmaya çalışın.
- Eğer orada bulunanların sahip oldukları birbirlerinden farklı bakış açılarına erişebilirseniz **grup ortamları** karar kalitesini geliştirme potansiyeline sahiptir. Fakat grupların fikir birliği etrafında yekvücut olma eğilimi, fikir birliğine aykırı bilgi ya da görüşlere sahip üyelerin kendilerini ifade etmelerinden imtina etmelerine sebebiyet vermekte ve bu potansiyeli bastırmaktadır.
- Gruplar, karar verme potansiyellerini, **grup kararları hijyeninin** kurallarına uyarak gerçekleştirebilirler. Bu kurallar; herkesin görüşünü ve görüşünün arkasındaki gerekçelerini önceden ve birbirlerinden bağımsız bir şekilde edinip, oturumdan önce grupla paylaşmaktır.
- Grup içerisinde yüksek mevki sahibi olan üyelerin görüşleri, **hale etkisi** yüzünden, diğerlerininkine kıyasla daha bulaşıcı olmaktadır.
- **Geri bildirimleri başta isimsiz bir şekilde gündeme getirmek**, onları, fikir sahiplerinin statülerinden ziyade liyakat temelinde değerlendirebilmeniz için bir zemin oluşturur.
- Etkisi daha düşük ve geri dönüşü kolay kararlar söz konusu olduğunda, grup, sürecin daha **hızlı ve kirli** bir biçimini kullanarak da bulaşı durdurabilmektedir.

Grubun her üyesi görüşlerini bir yere yazar ve tartışma süreci başlamadan önce biri ya bunları sesli bir biçimde okur ya da bir beyaz tahtaya yazar. Kıdemi en az olandan başlamak suretiyle herkesin kendi fikirlerini dile getirmesi de mümkündür.

- **Bir geri bildirimin kalitesi, söz konusu geri bildirimin elde edilme sürecinde sunduğunuz bilginin kalitesi ile sınırlıdır**. Başkalarını onlardan varmalarını istediğimiz sonuca doğru yönlendirecek anlatılar yaratmaya ve bu anlatılar dâhilinde de yerine göre bazı bilgileri vurgulamaya, bazılarını önemsizmiş gibi yansıtmaya, bazılarını ise tümden es geçmeye meyilliyizdir.
- Muhatabınıza, size kaliteli bir görüş sunabilmesi için ihtiyaç duyduğu bilgileri verin, bundan daha fazlasını değil.
- Kendinize, "Biri bana gelip bu türden bir karar için fikrimi sorsaydı iyi bir tavsiye verebilmek için neler bilmem gerekirdi?" diye sorarak dıştan bakışa erişim sağlayın.
- Tekrarlayan kararlarla ilgili detayları içeren bir **kontrol listesi** hazırlayın ve bu listeyi bir karar anı içine girmeden önce hazırlayın. Böylesi bir kontrol listesinin odak noktaları uygulanabilir hedefleriniz, değerleriniz, elinizdeki kaynaklar ve duruma ilişkin detaylar olmalıdır.
- Grubun üyeleri birbirlerini bu kontrol listesinden **sorumlu tutmalıdırlar**. Birinin geri bildirim sağlamaya çalıştığı ama kontrol listesindeki gerekli detayları sunamadığı durumlarda geri bildirim vermemek etrafında bir fikir birliği olmalıdır.

Karar Hijyeni: Kontrol Listesi

Başkalarından geri bildirim sağlamaya çalışırken, kararlarınızda şu yöntemler vasıtasıyla hijyeni yakalayabilirsiniz:

- ☐ Geri bildirim edinmeye çalışırken kendi görüş ve inançlarınızı başkalarına bulaşmamaları için karantinaya alın.
- ☐ Geri bildirim isteğinizi tarafsız bir çerçevede aktarın ki kendi varmış olduğunuz sonuçlar belli olmasın.
- ☐ Geçmiş kararlarınıza yönelik geri bildirim isteğinde bulunurken, bu kararların sonuçlarını karantinaya alın.
- ☐ Eğer birden fazla sonucu olan bir karar söz konusu ise, yineleyen bir geri bildirim edinmeye çalışın.
- ☐ Edinmek istediğiniz geri bildirimin biçimini açıklayın.
- ☐ Alacağınız karar için geri bildirim sağlamanız gerekirse; ihtiyaç duyabileceğiniz, durumun koşullarına dair gerçekleri ve ilgili bilgileri içeren bir kontrol listesi hazırlayın. Bunu karar anı gelmeden önce yapmaya dikkat edin.
- ☐ Geri bildirim isteyen ve vermekte olan kişilerin; ilgili tüm detayları aktarmak, eksik olan herhangi bir şeyi talep etmek ve eğer geri bildirim isteyen kişi ilgili bilgileri sunamıyorsa geri bildirim vermemek konusunda anlaşmalarını sağlayın.

Bir grup ortamında olduğunuzda ise aşağıdaki ek hijyen koşullarını takip edin:

- ☐ Bir grup tartışmasından önce veya grubun üyeleri birbirlerine görüşlerini henüz aktarmamışken, bağımsız bir biçimde, tüm üyelerden geri bildirim sağlayın.
- ☐ Görüşlerin kaynağını isimsizleştirin ve değerlendirmeleri için bu görüşlerin bir derlemesini grup üyelerine buluşma veya tartışma henüz başlamamışken dağıtın.

Teşekkür

BANA DÜŞÜNSEL ORTAKLIK ÖNERMİŞ olan, geçmişteki ve şu anki çalışmalarıma dair aydınlatıcı eleştirilerini sunan, bana cesaret veren ve çalışmamı nasıl sonlandıracağımın bir yolunu bulamadığım anlarda benden desteklerini esirgemeyen o muhteşem insanlar olmasaydı bu kitabın var olması da mümkün olmazdı.

Yayıncı temsilcim Jim Levine'a beni en çok yüreklendiren kişi olduğundan, bu alanda henüz herhangi bir kitap yazmamışken bile benden şüphe etmediğinden, ikinci kitabım olan bu kitabı yazarken de hep yanımda olduğundan ötürü teşekkür ediyorum. Verdiğin bilgece öğütler, yol göstericiliğin ve yapmış olduğun muhteşem fikir savunuculuğu için sana ve Levine Greenberg Rostan Yazarlık Acentasındaki herkese teşekkürler, Jim.

Dünyanın en iyi editörü ve bundan da önemlisi gerçek bir dost olan Niki Papadopoulos'un da bu sayfalarda bulunanlarda çok emeği geçti. Özellikle de bu kitabın, ilk başta benim düşündüğüm şekliyle *Bahse Var Mısın* kitabım için bir kılavuz değil, bunun yerine kendi içeriğinin ayakları üzerinde durabilecek ayrı bir kitap olabileceği fikri ona aitti. Böylelikle çok daha fazla alanda keşif yapabilme imkânı buldum. Aynı zamanda aksi takdirde bu kadar derinlemesine içine girmeyecek olduğum konular üzerine de yazabildim. Buna ek olarak Niki, ilk birkaç sayfa üzerine yaptığı açık ve dobra eleştiri sayesinde kitabın rotasını büyük oranda değiştirdi. Tüm bunların yanı sıra, bana, bu kitabı planladığımdan iki kat daha uzun sürede ve iki kat fazlası bir uzunlukta yazabilmem için ihtiyaç duyduğum alanı tanıdı. Zaman çizelgesi üzerine kafa patlattığım bir anda, bana, merhamet dolu bir şekilde, "Şahsi görüşümde kitaplar ne kadar zamanda yazılmaları gerekiyorsa o kadar zamanda yazılırlar" dediğini asla unutmayacağım. Teşekkürler, Niki.

Kitabın düzeninden ve teslim tarihlerime yetişmemden sorumlu olan Niki'nin asistan editörü Kimberly Meilum, kitabın pazarlanmasından sorumlu olan Jamie Lescht ve Portfolio gibi muazzam bir şirketin liderliğini üstlendiği ve çalışmalarıma beslediği inancı için Adrian Zackheim başta olmak üzere Portfolio ve Penguin Random House ailesine de teşekkür ediyorum.

Kitabın hazırlanmasında oynadığı kilit rol için Michael Craig'e çok şey borçluyum. Kendisi fevkalade bir arkadaş olmanın yanı sıra; editörlük, araştırmacılık ve derleyicilik yetenekleriyle de bana büyük bir cömertlikle destek oldu. Aynı zamanda, gerek test grubu üyeliği gerekse fikir ve örneklere katkıda bulunması ile yanımda yer aldı. Kendisinin noksanlığında bu kitabın yazılması bir hayal olurdu.

Bu süreçte beni cesaretlendiren, özverili biçimde bana zamanlarını ayıran, benimle fikir ve yorumlarını paylaşan, bana hem öğretmenlik yapıp hem de meslektaşları gibi davranan, her daim saygı ve dostluklarını kazanmak adına bana ilham olmuş, alanlarında seçkin ve keskin zekâlı sayısız davranış bilimciye de minnettarım.

Bana bu yolculuğumda bir düşünce ortağı olmuş, yazdığım bölümleri ben yazdıkça okuyarak aydınlatıcı eleştiriler sunmuş olan Michael Mauboussin'e de teşekkür ediyorum. Bu kitabın temeli kazılırken ilk küreği sallayanlar arasında o da vardır. Bu kapasitede birinin yazdığım her kelimeyi okumaya ve bana derinlemesine rehberlik etmeye istekli olmuş olmasından ötürü kendimi inanılmaz derecede şanslı hissediyorum.

Phil Tetlock ve Barb Mellers ise benim için hem birer ilham kaynağı hem de birer akıl hocası oldular. Onların tahmin üzerine olan külliyatları ve uzman görüşleri bu kitabın her ilmeğine işlemiş, her sayfasında hissedilir durumdadır. Onlarla beni daha akıllı biri hâline getirmemiş tek bir sohbetimiz bile olmadı.

Cass Sunstein fikirlerime dair görüşlerini sundu ve kitabımın taslağını ben yazdıkça gözden geçirmeyi kabul etti. Bana harika geri bildirimler vermenin yanı sıra, yazdıklarımın yazılmaya değer şeyler olabileceği konusunda da beni yüreklendirdi.

Daniel Kahneman, artık davranışsal ekonomi olarak bilinen alanın ortaya çıkışına liderlik etti ve çalışmaları bu kitapta yer alanları büyük ölçüde etkiledi. Zamanı konusunda da bana oldukça cömert davrandı ve kendisiyle fikir alışverişi yapmama izin verdi. (Danny, kitabın adını daha hoşuna gidebilecek bir şey koymadığım için üzgünüm. Bütün suç Niki'ye ait!)

Ted Seides, beni Frank Brosens ile tanıştırdığı için özel bir teşekkürü hak ediyor. Bunun ardından Frank de beni Cass Sunstein ile tanıştırmıştı. (Teşekkürler Frank!) Josh Wolfe'a da beni Daniel Kahneman ile tanıştırdığı için aynı şekilde özel bir teşekkür borçluyum.

Abraham Wyner, bu kitabın içindeki konseptler üzerine uzun uzun tartıştığımız öğle yemeklerinde beni hiçbir zaman yalnız bırakmadı. Bu sayfalarda yer alan fikirlerin ne şekilde bir çerçeve dâhilinde sunuldukları büyük oranla o sohbetlerin doğrudan bir sonucudur. Kitap kendisinin düşünce ortaklığı sayesinde çok daha iyi bir hâle geldi.

Adam Grant kitaptaki bazı fikirleri henüz nihai hâllerine bürünmemişlerken, Pensilvanya Üniversitesinde öğrettiği derslerde sunmama izin verdi ve bana öğrencilerine erişim imkânı sağladı. Öğrencilerinden bazıları taslağımı okuyarak bana değerli geri bildirimlerde bulundular. Bu teşekkür sadece Adam için değil; aynı zamanda öğrencileri Rachel Abbe, Zachary Drapkin ve Matthew Weiss'a da teşekkür ediyorum.

Adam'ın dersleri vasıtasıyla dört dörtlük bir insan olan Meghna Sreenivas ile de tanıştım ki kendisi benim için muhteşem bir araştırma asistanı oldu.

Hem Dan Levy hem de Richard Zeckhauser karar hijyeni hakkındaki düşüncelerimi etkilediler. İkisi de fikirlerini benimle tartışacak kadar kibardı ve beni kullanışlı yardımcı kaynaklara yönlendirdiler.

Aralarında Michael Burns, Sonal Chokshi, Seth Godin, Rick Jones, Greg Kaplan, Carl Rosin, Vidushi Sharma, Jordan Thibodeau, Douglas Vigliotti ve Paul Wright'ın da bulunduğu, kitabımın ilk taslaklarını okuyan herkese bana ayırdıkları zaman ve verdikleri geri bildirim için özellikle teşekkür ediyorum. Sayıca bu kadar fazla, zekâ dolu ve seçkin düşünür ile yapmış olduğum fikir alışverişleri oldukça keyifli (ve tabii oldukça da faydalı) oldu. Ben henüz kitabın ne olacağını çözmeye çalışıyor iken, taslağı rotasına oturtmamda bana yardımcı olduğunuz ve bol pürüzlü ilk versiyonları okumaya katlandığınız için minnettarım.

Peter Attia'ya bana okçuluğa olan tutkusu ile ilham verdiği için teşekkür ediyorum. Dan Egan'a ise bana Dr. Kötü oyununun ilham kaynağı olan Damien oyunundan bahsettiği için teşekkür ediyorum. Sen tam bir kötü dehasın, Dan. Timothy Houlihan ve Kurt Nelson bu süreçte çok iyi arkadaşlarım hâline geldiler. Bu kitabın sesini bulmamda oynadıkları kilit rol ve sarsıntılı bir başlangıçtan sonra yaptıkları istikamet düzeltmeleri için kendilerine teşekkür ediyorum. Sadece podcast'i ile değil, aynı zamanda fikirlerimin bazılarını çalışma atölyelerinden birinde test etmeme izin vererek onlar için de cömertçe bir platform sağlamış olan Shane Parrish'e de teşekkür ediyorum.

Daniel Crosby, Morgan Housel, Biran Portnoy, Hal Stern, Jim ve Patrick O'Shaugnessy, Wes Grey ve David Foulke'un bakış açılarından da olabildiğince faydalandım. Bana bu kitapta yer alan birçok fikre dair anlayış kazandırdılar ve daha iyisini yapmam için esin kaynağı oldular.

12 senelik müfredat için bir karar eğitimi oluşturmaya adanmış ve eş kurucusu olduğum Karar Eğitimi Birliğinin yöneticisi ve aynı zamanda da arkadaşım olan Joe Sweeney ile uzun uzun yaptığımız sayısız sohbetlerimiz, bu kitaptaki örnekler ve fikirlerin çok daha iyi hâle gelmesini sağladı. Teşekkür ederim, Joe. Birliğin çalışanlarına ve organizasyona destek çıkan herkese de sonsuz teşekkürü borç bilirim.

Hayatımı bir arada tutan Jenifer Sarver, Maralyn Beck, Luz Stable, Alicia McClung ve Jim Doughan; sizlere de teşekkürler.

Lila Gleitman ise benim için bir akıl hocası ve ilham kaynağı olmaya devam ediyor. Doksan yaşındayken bile hâlâ benim en değerli düşünce ortağım olmayı sürdürüyor. Onun düşüncelerindeki titizlik ve yaratıcılığın bir nebzesini dahi olsa yakalayabilmek için can atmaktayım. Lila aynı zamanda tanıdığım en komik insanlardan da biri. Dostluğu için olan minnettarlığımı ya da ona olan sevgimi yeterince dile getirebilmem için kelimeler kifayetsiz kalıyor.

Hepsinden de önemlisi aileme; eşime, çocuklarıma, kız ve erkek kardeşlerime, babama ve geniş ailemizin tüm üyelerine beni destekledikleri için teşekkür ediyorum. Bu süreçte bana karşı inanılmaz derecede anlayışlı ve yardımsever oldular. Hayatımda olduğunuz için şanslıyım ve size olan sevgim sınır tanımıyor.

Karar stratejisi üzerinde yazmak, konuşmalar yapmak ve danışmanlık faaliyetlerim de bana; işletme, yönetim, yenilik, finans piyasası ve daha sayısız alandan birçok oldukça zeki insanla tanışma, fikir alışverişinde bulunma ve arkadaş olma imkânı sundu. Bunların arasında, karar stratejisini aktarmak ve insanları bu konuda eğitmek için yeteneklerini; eserler üreterek, yazarak, konuşmalar yaparak, danışmanlık için ve podcast sunuculuğu ile kullanan kimseler de oldu.

Bu alanda çalışmakta olan ve bana podcastleri, röportajları ve tartışmaları ile kitaptaki fikirlerin oluşum sürecinde fırsatlar sunmuş herkese ayrı ayrı teşekkür edebileceğim kadar çok sayfaya ne yazık ki sahip değilim. Bu kitaptaki materyalin büyük bir kısmını da çalışma atölyeleri, konuşmalar ve çeşitli işletmeler ile profesyonel gruplar için yaptığım danışmanlık hizmetlerinin sonucu geliştirdim. Bana fikirlerimi ifade ve test edebilmem için bir platform sağlamış olan, yanıtları ve geri bildirimleri ile beni desteklemiş herkese teşekkür ederim.

Kitabın aklımı en çok kurcalayan bölümü burası oldu. Böylesi bir topluluğun bir parçası olduğum için çok şanslıyım ve minnettarlığımı yeterince ifade edebilmem mümkün değil. Öyle düşünüyorum ki, kitap basıldıktan sonra bu kısma eklemeyi unuttuğum birden fazla kişi aklıma gelecek ve utancımdan yerin dibine gireceğim. O kişiler her kim olurlarsa olsunlar, en az bu sayfalarda yer vermiş olduğum kimselere olduğu kadar kendilerine de minnettar olduğumu bilmelerini umuyorum.

Bölüm Notları

BİRİNCİ BÖLÜM
SONUÇLAMA

Karar ve Sonuç Kaliteleri Arasındaki İlişkinin Haritalandırılması [s. 22]

Ayrıca bkz. Mitch Morse, "Bahislerle Düşünmek: Kitap Eleştirisi ve Belirsizlik ile Siyaset Arasındaki Etkileşim Üzerine Düşünceler," Medium.com, 9 Aralık 2018 ve J. Edward Russo ve Paul Schoemaker, *Kazandıran Kararlar: İlk Seferinde Tutturmak* (New York: Doubleday, 2002).

Yıldız Savaşları ve Sonuçlamalar [s. 38–39]

Orijinal Yıldız Savaşları filminin maliyeti ile serinin gişe tutarı, 17 Ocak 2020 tarihi için, "Yıldız Savaşları Filmlerinin Gişelerdeki Hasılat Tarihi," www.the-numbers.com/movies/franchise/Star-Wars#tab=summary. Disney'nin seriyi 2012 yılında satın almasına dair detaylar, ilgili satış üzerine yapılan basın açıklamasının Steve Kovach tarafından yapılan haberinden geliyor: "Disney, Lucasfilm'i 4 Milyar Dolara Satın Aldı." 30 Ekim 2012, Business Insider, www.businessinsider.com/disney-buys-lucasfilm-for-4-billion-2012-10. Yıldız Savaşları tarihine dair sayısız anlatı, filmin ilk kez United Artists tarafından ve daha sonra da aralarında Universal ve Disney'nin de bulunduğu birçok başka stüdyo tarafından reddedilmiş olmasına değiniyor. Bunlardan Syfy Wire'da yer alan Evan Hoovler'a ait olan versiyon "Geleceğe Dönüş Günü: Stüdyoların İlk Başta Reddettiği 6 Film" Syfy Wire, 3 Temmuz 2017, www.syfy.com/syfywire/back-to-the-future-day-6-hit-films-that-were-initially-rejected-by-studios. George Lucas'ın filmine dair söyledikleri Kirsten Acuna'dan alıntı. "George Lucas Bu Klasik Röportajında Yıldız Savaşları'nı Stüdyoların İlk Başta Nasıl Reddettiğini Anlatıyor." Business Insider, 6 Şubat 2014, www.businessinsider.com/george-lucas-interview-recalls-studios-that-turned-down-movie-star-wars-2014-2.

"Hiç kimse hiçbir şey bilmiyor" sözü ise William Goldman'a ait, *Ekran İşçiliğinden Maceralar: Hollywood'a ve Senaristliğe Dair Şahsi Görüşler* (New York: Warner Books, 1983).

İKİNCİ BÖLÜM: GEÇMİŞ SANILDIĞI KADAR ŞEFFAF DEĞİLDİR

Geri Görüş Ön Yargısının Diğer İsimleri [s. 43]

Bkz. Neal Roese ve Kathleen Vohs, "Geri Görüş Ön Yargısı" Perspectives on Psychological Science 7, no. 5 (2012): 411–26.

Clinton Trump'a Karşı: Anket Hatalarının Öncesi ve Sonrası [s. 55–56]

2016 Başkanlık Seçimine dair seçmen ve delegeler kurullarına ilişkin rakamlar Wikipedia'dan alıntıdır: en.wikipedia.org/wiki/2016_United_States_presidential_election.

Clinton'ın seçimi kaybetmesini, önceliklerini yanlış belirlemesine (Florida, Kuzey Carolina ve New Hampshire'a daha fazla; Pennsylvania, Michigan ve Wisconsin'e daha az kaynak ayırmasına) bağlayan seçim sonrası manşetlerin ilki Ronald Brownstein'ın "Rustbelt Nasıl Trump'ın Zaferine Giden Yolu Açtı" isimli 10 Kasım 2016'da *The Atlantic*'te yayımlanan yazısıdır: www.theatlantic.com/politics/archive/2016/11/trumps-road-to-victory/507203/.

Diğerleri:

Sam Stein, "Personele göre Clinton Kampanyası İhmal ve Biraz da Kibir Yüzünden Çözülme Yaşadı." Huffington Post, 16 Kasım 2016, www.

huffpost.com/entry/clinton-campaign neglect_n_582cacb0e4b058ce7aa8b861; Jeremy Stahl, "Rapor: İhmâl ve Kötü Strateji Clinton için Üç Kritik Eyalete Mal Oldu." Slate, 17 Kasım 2016, slate.com/news-and-politics/2016/11/report-neglect-and-poor-strategy-helped-cost-clinton-three-critical-states.html.

Clinton'ın değil de Trump'ın seçim önceliklerini sorgulayan seçim öncesi manşetlere ilişkin kaynaklar ise:

Philip Bump, "Trump Neden Johnstown, Pennsylvania'da Kampanya Yürütüyordu?" *Washington Post*, 22 Ekim 2016, www.washingtonpost.com/news/the-fix/wp/2016/10/22/why-was-donald-trump-campaigning-in-johnstown-pennsylvania/?utm_term=.90a4eb293e1f; John Cassidy, "Trump Neden Michigan ve Wisconsin'de?" *New Yorker*, 31 Ekim 2016, www.newyorker.com/news/john-cassidy/why-is-donald-trump-in-michigan-and-wisconsin.

Münferit eyaletlerin oy sayılarına dair bilgiler FiveThirtyEight.com kaynağından alındı.

ÜÇÜNCÜ BÖLÜM
KARARLARIN ÇOKLU EVRENİ

Yüksek Şatodaki Adam [s. 71]

Amazon Studios'un serisi olan *Yüksek Şatodaki Adam*'a dair bilgiler ilgili Wikipedia, IMDB.com ve Amazon.com internet sayfalarında bulunan konu özetlerinden geldi. Ayrıca bkz. Philip K. Dick, *Yüksek Şatodaki Adam* (New York: Putnam, 1962).

DÖRDÜNCÜ BÖLÜM
TERCİHLER, KARŞILIKLAR, OLASILIKLAR

Karar Verirken Tahminler: Tetlock ve Mellers

Olasılık hesaplama ve öngörüleri geliştirmeye odaklanan 4-6. bölümlerde, Philip Tetlock ve Barbara Mellers'ın çalışmalarından geniş ölçüde faydalandım. Karar vermede öngörünün yeri ile ilgili daha derinlemesine yapılacak araştırmalarda bu çalışmalar mutlaka okunmalıdır.

Bizona Sataşmayın [s. 73]

Yellowstone Ulusal Parkı'ndaki bir yolda adamın tekinin bir bizonu kızdırdığı bu olay, 31 Temmuz 2018 akşamında meydana geldi ve medyada geniş yer buldu. Bizona ait bu resim, *USA Today* gazetesinde yayımlandı: David Strege, "Yellowstone'da Bir Turist Akılsızca Bizona Sataştı, Kendini Zor Kurtardı." USAToday.com, 2 Ağustos 2018, ftw.usatoday.com/2018/08/yellowstone-tourist-foolishly-taunts-bison-avoids-serious-injury. Bizonun yoldayken bir videosu: CNN.com, "Hücuma Geçen Bizona Sataşan Adam," 3 Ağustos 2018, www.cnn.com/videos/us/2018/08/03/man-taunts-bison-yellowstone-national-park-hln-vpx.hln.

Okçu Zihniyeti [s. 81]

Okçu gibi düşünme metaforunda, Dr. Peter Attia'nın sunduğu *The Drive* podcast'ine konuk olduğum bir bölümde bahsetmiş olduğu okçuluk tutkusundan esinlendim: peterattiamd.com/podcast/.

İhtimal Belirten Kelimeler ve Karşılıkları [s. 86]

Mauboussin'lerin araştırmasına ilişkin makale için, bkz. Andrew Mauboussin ve Michael Mauboussin, "Bir Şeyin 'Muhtemel,' Olduğunu Söylerseniz İnsanlar Bunun Ne Kadar Muhtemel Olduğunu Anlarlar?" *Harvard Business Review*, HBR.org, 3 Temmuz 2018, hbr.org/2018/07/if-you-say-something-is-likely-how-likely-do-people-think-it-is ve de https://probabilitysurvey.com.

Büyükbaş Tahminler [s. 97]

Francis Galton'ın bir öküzün ağırlığına yönelik tahminler üzerine deneyi James Suroweicki'nin kitabının girişinde yer almaktadır: *Kitlelerin Bilgeliği: Çok Kişinin Aklı Neden Az Kişinin Aklından Üstündür ve Kolektif Akıl İş Dünyasını, Ekonomileri, Toplumları, Ulusları Nasıl Biçimlendirir?* (New York: Random House, 2004). NPR'ın *Planet Money Podcast*'i aynı deneyin çevrimiçi bir versiyonunu gerçekleştirdi: Jacob Goldstein, "Bu İneğin Ağırlığı Nedir?" NPR.org, 17 Temmuz 2015, www.npr.org/sections/money/2015/07/17/422881071/how-much-does-this-cow-weigh; Quoctrung Bui, "17.205 Kişi Bu İneğin Ağırlığını Tahmin Etti. İşte Sonuçlar" NPR.org, 7 Ağustos 2015, www.npr.org/sections/money/2015/08/07/429720443/17-205-people-guessed-the-weight-of-a-cow-heres-how-they-did. Penelope'nin resmi ve ilişiğindeki grafik de 7 Ağustos makalesinde yer almaktadır.

BEŞİNCİ BÖLÜM
GELECEĞE NİŞAN ALMAK

Şaşırma Testi [s. 110]

Tıpkı bu kitapta işlenen pek çok konu hakkında minnettar olduğum gibi, bir öğle yemeğinde bu fikri aktardığı için de Abraham Wyner'a minnettarım.

Belirsizlik Vergisi [s. 117]

İlgili standartlar şurada açıklanmaktadır: Damon Fleming ve Gerald Whittenburg, "Belirsizliğin Muhasebesi" *Journal of Accountancy*, 30 Eylül 2007, www.journalofaccountancy.com/issues/2007/oct/accountingforuncertainty.html. Terimlerle ilgili çeşitli aralıklar şurada yer alan bir özetten alıntıdır: Vergi Görüşü Uygulamaları—Vergilere Dair Yazılı Görüşlere Güven Seviyesi" 12 Haziran 2014, taxassociate.wordpress.com/2014/06/12/tax-opinion-practice/. Vergi savcıları arasında yaygın olan bu uygulamaya dikkatimi çektiği için Ed Lewis'e borçluyum.

ALTINCI BÖLÜM
KARARLARI DIŞTAN İÇE YÖNLENDİRMEK

Artı-Eksi Tabloları: İçten Bakışın Hizmetçileri [s. 125]

Chip Heath ve Dan Heath, *Kararlı: Ev ve İş Hayatında Daha İyi Kararlar Almak* (New York: Crown, 2013), adlı kitaplarında artı-eksi tablolarının tarihini kapsamlıca anlatır, aralarında karar verirken ön yargılarla başa çıkmaya yardımcı olamayışlarının da bulunduğu çeşitli kusurlarını incelerler.

Ortalamadan İyiyim Yanılgısına Örnekler [s. 127]

Ortalamadan iyi öğretmenler olmak: K. Patricia Cross, "Üniversite Öğretimi Daha İyi Hâle Gelebilir, Peki Gelecek Mi?" *New Directions for Higher Education* 17 (1977): 1–15.

Ortalamadan iyi sürücüler olmak: Ola Svenson, "Hepimiz mi diğer sürücülerden daha risksiz ve yetenekli araç kullanıyoruz?" *Acta Psychologica* 47, (1981): 143–48.

Sosyal becerilerde ortalamadan iyi olmak: College Board, Student Descriptive Questionnaire, 1976–1977, Princeton, NJ: Educational Testing Service.

Sorumluluk ve hükümlerde ortalamadan iyi olmak: Emily Stark ve Daniel Sachau, "Lake Wobegon'un Silahları: Silahlara Dair Yeterliliğimizin Abartılması," *Journal of Social and Political Psychology* 4, no. 1 (2016): 8–23. Stark ve Sachau ortalamadan iyiyim yanılgısına dair birçok başka saptamaya ek olarak bu örnek ve kaynaklara atıfta bulunmuşlardı.

Doğrunun Evi Görseli [s. 128]

Bazı sunumlarında kullandığı bu görseli benimle Michael Mauboussin paylaşmıştı. Aynısını şurada da görebilirsiniz: Michael Mauboussin, Dan Callahan ve Darius Majd, "Temel Sıklık Düzeyi Kitabı: Geleceği Daha İyi Öngörebilmek İçin Geçmişin Entegrasyonu" Credit Suisse Global Financial Strategies, 26 Eylül 2016.

Zeki Olmanın Maksatlı Akıl Yürütmeyi Daha Beter Hale Getirmesi [s. 129]

Daniel Kahan ve çalışma arkadaşları maksatlı akıl yürütmenin bu yönüne dair birçok araştırma yapmışlardır: Bkz. Daniel Kahan, David Hoffman, Donald Braman, Danieli Evans ve Jeffrey Rachlinski, "Bir Protesto Gördüler: Bilişsel Bağnazlık ve Söz-Davranış Ayrımı" *Stanford Law Review* 64 (2012): 851–906 ve Daniel Kahan, Ellen Peters, Erica Dawson ve Paul Slovic, "Matematiksel Beceri Azmi ve Aydınlanmacı Öz-Yönetim" *Behavioural Public Policy* 1, no. 1 (Mayıs 2017), 54–86.

Doğrulama sapması ya da kör nokta sapmasına dair beni aydınlatmış olan diğer çalışmaların arasında şunlar da bulunmaktadır: Richard West, Russell Meserve ve Keith Stanovich, "Bilişsel Kapsamlılık Ön Yargıların Kör Noktasını Daraltmıyor" *Journal of Personality and Social Psychology* 103, no. 3 (Eylül 2002), 506–19; Keith Stanovich ve Richard West, "Bilişsel Yetilerin Doğrulama Sapması ve Tek Taraflı Düşünsel Ön Yargıların Saptanmasındaki Başarısızlığı Üzerine" *Thinking & Reasoning* 14, no. 2 (2008): 129–67; ve Vladimira Cavojova, Jakub Srol ve Magalena Adamus, "Benim Dediğim Doğru, Seninkisi Değil: Kürtaja Dair Görüşlerde Doğrulama Sapmaları" *Journal of Cognitive Psychology* 30, no. 7 (2018): 656–69. Cavojova ve iş arkadaşlarının çalışmalarına (ve diğer güncel araştırmalara) dikkatimi çekmiş olan doğrulama sapmasına dair bu aydınlatıcı makale şu kaynakta yer almaktadır: Christian Jarrett, "'Doğrulama Sapması' Katılmadığımız Argümanlardaki Mantığı Görebilmemizi Zorlaştırıyor" *BPS Research Digest*, 9 Ekim 2018, digest.bps.org.uk/2018/10/09/my-side-bias-makes-it-difficult-for-us-to-see-the-logic-in-arguments-we-disagree-with/.

Temel Sıklık Düzeyi Örnekleri [s. 130]

Boşanma oranları: Centers for Disease Control, National Center for Health Statistics, National Health Statistics Reports, Sayı 49, 22 Mart 2012, www.cdc.gov/nchs/data/nhsr/nhsr049.pdf.

Kalp hastalıklarından yaşanan ölümler: Centers for Disease Control, Heart Disease Facts, www.cdc.gov/heartdisease/facts.htm.

Büyük şehirlerin nüfusu: U.S. Census, census.gov/popclock.

Lise mezunlarının ara vermeden üniversiteye gitmeleri: NCHEMS Information Center for Higher Education Policymaking and Analysis, 2016www.higheredinfo.org/dbrowser/?year=2016&level=nation&mode=graph&state=0&submeasure=6

Başarısız restoranlar: Rory Crawford, "Restoranların Kârlılık ve Başarısızlık Oranları: Bilmeniz Gerekenler" FoodNewsFeed.com, Nisan 2019, www.foodnewsfeed.com/fsr/expert-insights/restaurant-profitability-and-failure-rates-what-you-need-know.

Evlilik ve boşanma: Casey Copen, Kimberly Daniels, Jonathan Vespa ve William Mosher, "Birleşik Devletler'de İlk Evlilikler: 2006–2010 Ulusal Aile Gelişimi Araştırmalarından Veriler" National Health Statistics Reports, 22 Mart 2012.

Spor Salonu Üyelikleri için Temel Sıklık Düzeyi [s. 132]

Zachary Crockett, "Spor Salonuna Verdiğiniz Paraya Değer mi?" TheHustle.co, 5 Ocak 2019, thehustle.co/gym-membership-cost.

Kyle Hoffman, "2020 İçin Spor Salonu Üyelikleri Üzerine 41 Yeni İstatistik (Bilgi Görseli)" NoobGains.com, 28 Ağustos 2019, htnoobgains.com/gym-membership-statistics/

Güneşli Günler? [s. 138]

David Schkade ve Daniel Kahneman, "Kaliforniya'da Yaşamak İnsanları Mutlu Ediyor Mu? Yaşam Tatmini Hükümlerinde Bir Odaklama Yanılsaması" *Psychological Science* 9, no. 5 (Eylül 1998): 340–46.

YEDİNCİ BÖLÜM
ANALİZ FELCİNDEN KURTULMAK

Ne İzleyeceğimize, Yiyeceğimize ve Giyeceğimize Karar Vermek için Harcadığımız Zaman [s. 141]

Yemek: Amerika'da ortalama bir çift, yıl içinde ne yiyeceklerine karar vermek için 132 saat harcıyor. SWNS, "Amerikalı Çiftler Ne Yiyeceklerine Karar Vermek İçin Yılda 5,5 Gün Harcıyor" NewYorkPost.com, 17 Kasım 2017, nypost.com/2017/11/17/american-couples-spend-5-5-days-a-year-deciding-what-to-eat/.

Netflix'te ne izleyeceğimiz: Netflix kullanıcıları herhangi bir günde ne izleyeceklerine karar vermek için ortalama 18 dakika harcıyorlar. Russell Goldman ve Corey Gilmore, "Yeni Yapılan Bir Araştırma Netflix'te Ne İzleyeceğimize Her Gün 18 Dakika Harcadığımızı Gösteriyor" Indiewire.com, 21 Temmuz 2016, www.indiewire.com/2016/07/netflix-decide-watch-studies-1201708634/.

Giyim: 2.491 kadın arasında yapılan bir anket kadınların sabahları ne giyeceklerine iş günlerinde ortalama on altı, hafta sonları on dört dakika harcadıklarını gösteriyor. Tracey Lomrantz Lester, "Ne Giyeceğinize Karar Vermek İçin Ne Kadar Zaman Harcıyorsunuz? (Ortalamanın Ne Olduğuna İnanamayacaksınız!)" Glamour.com, 13 Temmuz 2009, www.glamour.com/story/how-much-time-do-you-spend-dec.

Tercihlerinizi Anlamak [s. 142]

Bu harika eleştiriye Tim Harford'ın "Deneysel Yaşamak Neden Büyük İddialara Girmekten İyidir" isimli *Financial Times*'daki şu yazısında rastladım: www.ft.com/content/c60866c6-3039-11e9-ba00-0251022932c8. Yazı, *Bahislerle Düşünmek* kitabının bütün bahislerin büyük bahisler olmadığını yeterince açıklamadığı konusunda fikirlere yer veriyor. Verilen kararların çoğu bilgi toplamak adına oynanan minik, düşük etkili bahislerdir. (Pokerde bunlara dürtme bahisleri denilirdi.) Harford'ın da ifade ettiği üzere, kararlarınızı verirken bilgi toplamak adına pek çok deney yapmanız gerekir. Burada bu konuyu vurgulamış olmam, kısmen bu eleştiri sayesindedir.

Kayıpsız Kazanç [s. 147]

Wikipedia'ya göre, "kayıpsız kazanç", adını 1950'lerin başında Las Vegas'taki otel-kumarhanelerin bir uygulamasından almış. Bu işletmeler, geldikleri zaman, müşterilerine kumar makinelerinde oynamaları için "free roll (kayıpsız kazanç)" olarak bilinegelen bir miktarda madeni para verirlermiş.

Eğer Bir Seçim Zorsa, Aslında Kolaydır [s. 152]

Bu kavramı Abraham Wyner ile daha önce bahsetmiş olduğum öğle yemeği sırasında tartışıyordum ve o da bana birbirine çok yakın, yüksek etkili iki seçenek hakkında nasıl düşünülmesi gerektiğini özetleyen bu güzel yöntemi önerdi. Adi'nin gözlem gücü ve öğle yemeğinin bir öğün olarak önemi üzerine açık bir işaret olsa gerek.

Tek Seçenek Testi [s. 154]

Koen Smets bu konsepti şurada açıklamıştı: "Daha Fazla Kayıtsızlık: Neden Kuvvetli Görüş ve Tercihler Her Zaman Bize Hizmet Etmemektedir" Medium.com, 3 Mayıs 2019, medium.com/@koenfucius/more-indifference-cdb2b1f9d953?sk=f9cb494adfb86451696b-3742f140e901.

Okul Değiştiren Üniversite Öğrencileri [s. 158]

National Student Clearinghouse Research Center, "Transfer & Hareketlilik—2015" 6 Temmuz 2015, nscresearchcenter.org/signaturereport9/; Valerie Strauss, "Neden Bu Kadar Üniversite Öğrencisi Okul Değiştirmeyi Tercih Ediyor" *Washington Post*, 29 Ocak 2017, www.washingtonpost.com/news/answer-sheet/wp/2017/01/29/why-so-many-college-students-decide-to-transfer/.

Çift Taraflı Kararlar [s. 159]

Jeff Bezos, "Hissedarlara Mektup" Amazon.com 2016 Annual Reportwww.sec.gov/Archives/edgar/data/1018724/000119312516530910/d168744dex991.htm; Richard Branson, "Çift Taraflı Kararlar" Virgin.com, 26 Şubat 2018, www.virgin.com/richard branson/two-way-door-decisions.

Ivan Boesky Efsanesi [s. 160]

Ivan Boesky'nin Tavern on the Green restoranında menüdeki her şeyi söylediğiyle ilgili bu uydurma hikâye, her ne kadar aşırı bir örnek de olsa, aynı anda birden fazla seçim yapma kavramını açıkladığı için eklenmiştir. Hikâye halk arasında bir efsane ve bir çeşit rivayet olarak anılmaktadır. Myles Meserve, "Ivan Boesky ile Tanışın: Gordon Gekko'ya İlham Olan Ünlü Wall Street Simsarı" *Business Insider*, 26 Temmuz 2012, www.businessinsider.com/meet-ivan-boesky-the-infamous-wall-streeter-who-inspired-gordon-gecko-2012-7; Nicholas Spangler ve Esther Davidowitz, "Seema Boesky'nin Ölümden Sonraki Varlıklı Yaşamı" *Westchester Magazine*, Kasım 2010, www.westchestermagazine.com/Westchester-Magazine/November-2010/Seema-Boesky-rsquos-Rich-Afterlife/.

Beaver'a Bırak [s. 163]

Beaver'a Bırak, "The Haircut" 25 Ekim 1957 (orijinal ABD yayın tarihi), senarist: Bill Manhoff, IMDb.com, www.imdb.com/title/tt0630303/.

Terminatör [s. 167]

Terminatör, yönetmen: James Cameron (Los Angeles: Orion Pictures, 1984), senaristler: James Cameron ve Gale Anne Hurd.

Tatminatçılık/Mükemmeliyetçilik [s. 168]

Tatminatçılığı mükemmeliyetçiliğe karşı konumlandırmaya dair araştırmalara ve bunu yapmanın önemine dair bazı faydalı makaleler: Kate Horowitz, "Neden Karar Vermek Bazılarında Stres Yaratır" MentalFloss.com, 27 Şubat 2018 (Burada tasvir edilen güncel araştırmanın kaynağı: Jeffrey Hughes ve Abigail Scholer, "En İyisini İstemenin Doğru ve Yanlış Olduğu Zamanlar: Uyumlu ve Uyumsuz Azamileştirmeyi Birbirinden Ayırmak" *Personality and Social Psychology Bulletin* 4, no. 43 (8 Şubat 2017): 570–83), http://mentalfloss.com/article/92651/why-making-decisions-stresses-some-people-out; Olga Khazan, "'Yeterince İyi'nin Gücü" TheAtlantic.com, 10 Mart 2015, www.theatlantic.com/health/archive/2015/03/the-power-of-good-enough/387388/; Mike Sturm, "Tatminatçılık: Mükemmeliyetçiliğin Perişan Zihin Yapısından Kurtulmanın Yolu" Medium.com, 28 Mart 2018, medium.com/@MikeSturm/satisficing-how-to-avoid-the-pitfalls-of-the-maximizer-mindset-b092fe4497af ve Clare Thorpe, "DİSK'i (Daha İyi Seçenek Korkusu) Aşabilmek İçin Bir Rehber" Medium.com, 19 Kasım 2018, medium.com/s/story/a-guide-to-overcoming-fobo-the-fear-of-better-options-9a3f4655bfae.

SEKİZİNCİ BÖLÜM
OLUMSUZ DÜŞÜNCENİN GÜCÜ

Yeni Yıl Kararlarına Bağlılık [s. 170]

Ashley, Moor, "İşte Kaç Kişinin Yeni Yıl Kararlarına Bağlı Kaldığı" 4 Aralık 2018, www.msn.com/en-us/health/wellness/this-is-how-many-people-actually-stick-to-their-new-year-e2-80-99s-resolutions/ar-BBQv644.

Davranış Açığı [s. 171]

Carl Richards, *Davranış Açığı: Parayla Aptalca Şeyler Yapmayı Durdurmanın Basit Yolları* (New York: Portfolio, 2012).

Norman Vincent Peale [s. 171]

Peale'ın Eisenhower, Nixon ve Trump ile olan ilişkileri Wikipedia'da da olmak üzere genişçe belgelenmiştir: en.wikipedia.org/wiki/Norman_Vincent_Peale. Peale, Trump'ın ilk evliliğinde de David Eisenhower (Başkan Eisenhower'ın tek torunu) ile Julie Nixon'ın (Başkan Nixon'ın kız çocuklarından biri) evliliklerinde de görev almıştır: Charlotte Curtis, "Bay ve Bayan Eisenhower'ın İlk Dansında 'Edelweiss' Çalacak" *New York Times*, 14 Aralık 1968, timesmachine.nytimes.com/timesmachine/1968/12/14/76917375.html?pageNumber=58; Andrew Glass, "Julie Nixon, David Eisenhower ile Evlendi, 22 Aralık 1968" Politico.com, 22 Aralık 2016, www.politico.com/story/2016/12/julie-nixon-weds-david-eisenhower-dec-22-1968-232824; Paul Schwartzman, "Trump Nasıl Dindar Oldu—ve Dillere Destan Papazının Oğlu Neden Şimdi Onu Reddediyor" *Washington Post*, 21 Temmuz 2016, www.washingtonpost.com/lifestyle/how-trump-got-religion—and-why-his-legendary-ministers-son-now-rejects-him/2016/01/21/37bae16e-bb02-11e5-829c-26ffb874a18d_story.html; Curtis Sitomer, "Efsane Papazın En Sevdiği Şey İnsanlara Birebir Yardımcı Olmak" *Christian Science Monitor*, 25 Mayıs 1984, www.csmonitor.com/1984/0525/052516.html.

Karşıt Akıl Yürütme [s. 172]

Bkz. Gabriele Oettingen, *Olumlu Düşünceyi Yeniden Ele Almak: Motivasyonun Yeni Bilimi* (New York: Current, 2014); Gabriele Oettingen ve Peter Gollwitzer, "Hedef Belirleme ve Uygulama Stratejileri", *Social Psychological Foundations of Clinical Psychology*, ed. J. Maddox ve J. Tangney (New York: Guilford Press, 2010).

Premortemler [s. 175-177]

Gary Klein'ın fikirleri premortemlere yaklaşımımda beni etkileyen başlangıç noktalarından olmuştur. Bkz. Gary Klein, "Bir Proje Premorteminin Uygulanışı" *Harvard Business Review* 85, no 9 (Eylül 2007): 18–19; ve Gary Klein, Paul Sonkin ve Paul Johnson, "Güçlü Bir Aracı Zayıflatmak: Wall Street'te Premortemlerin Hatalı Kullanımı" Şubat 2019 taslağı, capitalallocatorspodcast.com/wp-content/uploads/Klein-Sonkin-and-Johnson-2019-The-Misuse-of-Premortems-on-Wall-Street.pdf.

Zihinsel Zaman Yolculukları ve Karşıt Akıl Yürütmeyi Birleştirmenin Etkisi [s. 178]

Kararların başarısızlık sebeplerindeki %30'luk artışa dair bilgi şu araştırmadan geldi: Deborah Mitchell, J. Edward Russo ve Nancy Pennington, "Geleceğe Dönüş: Olayların Açıklanmasında Zamansal Bakış Açıları" *Journal of Behavioral Decision Making* 2, no. 1 (Ocak 1989): 25–38.

Tersine Tahmin: "Zafer Alayı Öncesi" [s. 179]

Bkz. Chip Heath ve Dan Heath, *Kararlı: Ev ve İş Hayatında Daha İyi Kararlar Almak* (New York: Crown, 2013).

Dr. Kötü Oyunu [s. 186]

Bu oyun, bana, aslen Dan Egan tarafından önerilmişti ve o buna "Damien" oyunu ismini vermişti. Ben ise bu oyunu dışarıdan bakan kişilerin münferit kararların kötülük seviyesini fark edemeyecekleri engelini göz önünde bulundurarak uyarladım.

Darth Vader'ın Yönetim Stili [s. 197]

Filmden yapılan alıntılar, George Lucas'ın *Yıldız Savaşları: Bölüm IV, Yeni Bir Umut* filmi için olan dördüncü gözden geçirilmiş senaryo taslağından alıntıdır: 15 Ocak 1976, www.imsdb.com/scripts/Star-Wars-A-New-Hope.html.

Dr. Kötü NFL'de: Dördüncü Deneme [s. 198]

Andrew Beaton ve Ben Cohen, "Koçlar Dördüncü Denemelerde Hâlâ Sınıfta Kalıyor" *Wall Street Journal*, 16 Eylül 2019, www.wsj.com/articles/football-coaches-are-still-flunking-their-tests-on-fourth-down-11568642372; Dan Bernstein, "Devrim mi Gelenek mi—NFL Koçlarının 2018 Yılındaki Dördüncü Deneme Kararlarının İncelenmesi" *Sporting News*, 17 Ocak 2019, www.sportingnews.com/us/nfl/news/revolution-or-convention-analyzing-nfl-coaches-fourth-down-decisions-in-2018/1kyyi026urad31qwvitnbz2rnc; Adam Kilgore, "Dördüncü Deneme: NFL Koçları Cesurlaşmıyor, Daha Akıllı Hâle Geliyorlar" *Washington Post*, 8 Ekim 2018, www.washingtonpost.com/sports/2018/10/09/fourth-down-nfl-coaches-arent-getting-bolder-theyre-getting-smarter/; NYT 4th Down Bot, "Dördüncü Deneme: Ne Zaman ve Niçin" *New York Times*, 5 Eylül 2014, www.nytimes.com/2014/09/05/upshot/4th-down-when-to-go-for-it-and-why.html; Ty Schalter, "NFL Koçları Sonunda Dördüncü Denemelerde Daha Saldırgan Hâle Geliyorlar" FiveThirtyEight.com, 14 Kasım 2019, fivethirtyeight.com/features/nfl-coaches-are-finally-getting-more-aggressive-on-fourth-down/.

DOKUZUNCU BÖLÜM
KARAR HİJYENİ

Dr. Semmelweis ve Muhafazakâr Tıp [s. 199]

Lindsey Fitzharris, *Kasaplık Sanatı: Joseph Lister Viktoryen Tıbbın Tüyler Ürpertici Dünyasını Dönüştürmenin Peşinde* (New York: Scientific American/Farrar, Straus and Giroux, 2017), 46. Cerrahların önlükleriyle sağlıksız ilişkileri hakkındaki alıntı, *Semmelweis'ın ölümünden yaklaşık kırk yıl sonra* lastik eldiven kullanmayı seçmiş ilk kişilerden olan öncü cerrah Berkeley Moynihan'ın bir hikâyesinden aktarılmıştır. Dr. Ignaz Semmelweis'ın yaşamı ve ölümüne dair ek detayların kaynağı ise: Codell Carter ve Barbara Carter, *Lohusalık Humması: Ignaz Semmelweis'ın Bilimsel Bir Biyografisi* (Livingston, NJ: Transaction Publishers, 2005), 78; Duane Funk, Joseph Parrillo ve Anand Kumar, "Septisemi ve Septik Şok: Bir Tarihçe," *Critical Care Clinics* 25 (2009): 83–101.

Asch Deneyi [s. 201-202]

Solomon Asch, "Görüşler ve Sosyal Baskı" *Scientific American* 193, no. 5 (Kasım 1955): 31–35.

John Stuart Mill [s. 205]

John Stuart Mill'in Özgürlük Üzerine adlı eseri, bireysel haklar konusunda ve otorite ile özgürlük arasındaki ilişki üzerine yazılmış en etkili kitaplardan biri olmanın yanı sıra, karar vermek hakkında da güçlü ve kalıcı kavramlar ortaya koyar. Buna, özellikle, "Düşünce ve Tartışma Özgürlüğü Üzerine" adlı ikinci bölümde rastlarız. Jonathan Haidt ve Richard Reeves bir araya gelerek ikinci bölümün en iyi kısımlarından oluşan (Dave Cicirelli tarafından da resimlendirilen) kısa ve düzeltilmiş bir versiyon ortaya koymuşlardır: "*Hepsi Eksi Bir: John Stuart Mill'in İfade Özgürlüğü Üzerine Düşünceleri (Resimli)*" (New York: Heterodox Academy, 2018). (Şu adresten ücretsiz bir şekilde PDF formatında indirebilirsiniz: heterodoxacademy.org/mill/.)

Stasser ve Titus Deneyi [s. 208-209]

Garold Stasser ve William Titus, "Grup İçi Karar Alımlarında Paylaşılmamış Bilgileri Birleştirmek: Tartışma Esnasında Ön Yargılı Bilgilerin Örneklendirilmesi" *Journal of Personality and Social Psychology* 48, no. 6 (1985): 1467–78.

Levy, Yardley ve Zeckhauser Deneyi [s. 209-210]

Dan Levy, Joshua Yardley ve Richard Zeckhauser, "Dürüst Bir Yanıta Erişmek: Sınıftaki Tıklama Cihazları" *Journal of the Scholarship of Teaching and Learning* 17, no. 4 (Ekim 2017): 104–25.

Uzmanlığın Sınırları [s. 210-213]

Philip Tetlock; alınan kararlarda uzmanlığın rolü üzerine çalışmalar yapmış, kapsamlı yazılar kaleme almış ve özellikle de uzmanların grup kararlarındaki rolleri üzerinde durmuştur. Bkz. Philip Tetlock ve Dan Gardner, *Süpertahmin: İsabetli Tahmin ve İyi Yargının Bilim ve Sanatı* (New York: Crown, 2015) ve Philip Tetlock, *Uzman Siyasi Yargı: Ne Kadar İyi? Nasıl Bilebiliriz?* (Princeton, NJ: Princeton University Press, 2005).

Hızlı/Kirli [s. 212]

Harvard profesörü Richard Zeckhauser, karar gruplarında üyelerin fikirlerini bir kâğıda yazdırmanın ve en alt kademedeki kişiden başlayarak sesli biçimde okutmanın büyük bir destekçisi, uygulamanın da fikir babasıdır.

Genel Kaynakça ve Önerilen Okumalar

Ariely, Dan. Akıldışı Ama Öngörülebilir: Kararlarımızı Biçimlendiren Gizli Kuvvetler. Gözden geçirilmiş ve genişletilmiş baskı. New York: HarperCollins, 2009.

Brockman, John, ed. Düşünmek: Karar Vermenin, Sorun Çözmenin ve Tahminin Yeni Bilimi. New York: HarperPerennial, 2013. ***

Cialdini, Robert. İknanın Psikolojisi. Gözden geçirilmiş baskı. New York: HarperCollins, 2009.

Dalio, Ray. Prensipler: Yaşam ve İş Hayatı. New York: Simon & Schuster, 2017. ***

Duhigg, Charles. Alışkanlıkların Gücü: Özel ve İş Hayatımızda Alışkanlıklarımızın Ardında Ne Yatar? New York: Random House, 2012.

———. Yeni Dünyada Daha Akıllı, Daha Hızlı, Daha Başarılı Olmanın Sırları: Alışkanlıkların Gücü. New York: Random House, 2016.

Ellenberg, Jordan. Nasıl Hata Yapmazsınız: Matematiksel Düşünmenin Gücü. New York: Penguin, 2014.

Epstein, David. Çok Yönlü: Başarı İçin Neden Çok Şeyle İlgilenmeliyiz? New York: Riverhead, 2019.

Feynman, Richard. "Kargo Kültü Bilimi." Engineering and Science, no. 7 (Haziran 1974): 10–13. ***

———. Bir Şeyleri Bulmanın Keyfi: Richard P. Feynman'ın En İyi Kısa Çalışmaları. New York: Perseus Publishing, 1999. ***

Firestein, Stuart. Cehalet: Bilimi İleri Taşıyan Güç. New York: Oxford University Press, 2012.

Gilbert, Daniel. Mutluluk Üzerine Çeşitlemeler. New York: Alfred A. Knopf, 2006.

Haidt, Jonathan. Haklı Zihin: İyi İnsanlar Neden Siyaset ve Din Tarafından Bölünüyor. New York: Pantheon Books, 2012. ***

Holmes, Jamie. Saçma: Bilmemenin Gücü. New York: Crown, 2015.***

Kahneman, Daniel. Hızlı Ve Yavaş Düşünme. New York: Farrar, Straus & Giroux, 2011.

Kahneman, Daniel ve Amos Tversky. "Tahminin Psikolojisi Üzerine." Psychological Review 80, no. 4 (Temmuz 1973): 237–51.

Levitt, Steven ve Stephen Dubner. Freakonomics (Görünmeyen Ekonomi: Dünya Gerçekte Nasıl İşliyor?). New York: HarperCollins, 2005.

Loewenstein, George, Daniel Read ve Roy Baumeister, ed. Zaman ve Karar: Zamanlararası Seçim Üzerine Ekonomik ve Psikolojik Bakış Açıları. New York: Russell Sage Foundation, 2003. ***

Marcus, Gary. Kluge: İnsan Zihninin Gelişigüzel Yapısı. New York: Houghton Mifflin, 2008.

Marcus, Gary ve Ernest Davis. Yapay Zekâyı Yeniden Başlatmak: Güvenebileceğimiz Bir Yapay Zekânın İnşası. New York: Pantheon, 2019. ***

Mauboussin, Michael. Başarı Denklemi: İş, Spor ve Yatırımda Beceriyi Şanstan Ayırmak. Boston: Harvard Business Review Press, 2012. ***

———. İki Kere Düşün: Sezgiye Aykırılığın Gücünden Faydalanmak. Boston: Harvard Business School Publishing, 2009. ***

Mauboussin, Michael, Dan Callahan ve Darius Majd. "Temel Sıklık Düzeyi Kitabı: Geleceği Daha İyi Öngörebilmek İçin Geçmişin Entegrasyonu," Credit Suisse Global Financial Strategies, September 26, 2016. ***

Merton, Robert K., "Bilimin Normatif Yapısı," 1942. Bilimin Sosyolojisi: Kuramsal ve Ampirik Araştırmalar, ed. Norman Storer. Chicago ve Londra: University of Chicago Press, 1973. ***

Mill, John Stuart. Özgürlük Üzerine. Londra: John W. Parker and Son, 1859.

Moore, Don. Oldukça Emin: Kararlarınızı Nasıl Akıllıca Ayarlarsınız. New York: HarperBusiness, 2020. ***

Page, Scott. Örnek Düşünür: Verinin Sizin İçin Çalışmasını Sağlamak Adına Bilmeniz Gerekenler. New York: Hachette, 2018. ***

Parrish, Shane. Büyük Zihinsel Modeller: Genel Düşünce Konseptleri. Ottawa, Kanada: Latticework, 2020. ***

Pink, Daniel. Ne Zaman: Mükemmel Zamanlamanın Bilimsel Sırları. New York: Riverhead, 2018.

Pinker, Steven. Aydınlanma Şimdi: Mantık, Bilim, Hümanizm ve İlerlemenin Bir Savunması. New York: Viking, 2018. ***

Rescher, Nicholas. Şans: Gündelik Hayatın Muhteşem Rastgeleliği. New York: Farrar Straus & Giroux, 1995. ***

Shermer, Michael. İnanan Beyin: İnançları Doğru Gibi Kurgulama ve Pekiştirme Süreci. New York: Times Books, 2011.

Silver, Nate. Sinyal ve Parazit: Neden Bazı Tahminler Tutar Bazıları Tutmaz. New York: Penguin, 2012.

Suroweicki, James. Kitlelerin Bilgeliği: Çok Kişinin Aklı Neden Az Kişinin Aklından Üstündür ve Kolektif Akıl İş Dünyasını, Ekonomileri, Toplumları, Ulusları Nasıl Biçimlendirir? New York: Random House, 2004.

Taleb, Nassim. Aldatıcı Rastlantısallık: Hayatta ve Piyasalarda Şansın Gizli Rolü. New York: Random House, 2004.

Tetlock, Philip. Uzman Siyasi Yargı: Ne Kadar İyi? Nasıl Bilebiliriz? Princeton, NJ: Princeton University Press, 2005. ***

Tetlock, Philip ve Dan Gardner. Süpertahmin: İsabetli Tahmin ve İyi Yargının Bilim ve Sanatı. New York: Crown, 2015.

Thaler, Richard. Akıllı İnsanların Mantıksız Kararları. New York: W. W. Norton & Co., 2015.

Thaler, Richard ve Cass Sunstein. Dürtme: Sağlık, Zenginlik ve Mutluluk İçin Alınan Kararları Geliştirmek Üzerine. New York: Penguin, 2008.

Tversky, Amos ve Daniel Kahneman. "Belirsizlik Altında Karar Alma: Kısayollar ve Ön Yargılar." ONR Technical Report (August 1973). ***

Von Neumann, John ve Oskar Morgenstern. Oyun Teorisi ve Ekonomik Davranış. Princeton, NJ: Princeton University Press, 2004. ***

Weinberg, Gabriel ve Lauren McCann. Süper Düşünce: Büyük Zihinsel Modeller Kitabı. New York: Penguin/Portfolio, 2019. ***

Seçilmiş Kaynakça

Arbesman, Samuel. Bilgilerin Yarı Ömrü: Neden Bildiğimiz Her Şeyin Bir Son Kullanma Tarihi Vardır. New York: Current, 2012. ***

Ariely, Dan ve Jeff Kreisler. Tamamen Duygusal: Para Harcamanın Akıllıca Yolları New York: Harper, 2017.

Ariely, Dan ve Klaus Wertenbroch. "Erteleme, Teslim Tarihleri ve Performans: Ön Bağlılık ile Öz Denetim." Psychological Science 13, no. 3 (2002): 219–24. ***

Arkes, Hal ve Catherine Blumer. "Batık Maliyetin Psikolojisi" Organizational Behavior and Human Decision Processes 35, no. 1 (1985): 124–40. ***

Arvai, Joseph ve Ann Froschauer. "İyi Kararlar, Kötü Kararlar: Sürecin ve Sonucun Karar Kalitesinin Değerlendirilmesinde Etkileşimi." Journal of Risk Research 13, no. 7 (Ekim 2010): 845–59. ***

Asch, Solomon. "Görüşler ve Sosyal Baskı." Scientific American 193, no. 5 (1955): 31–35. ***

Bar-Eli, Michael, Azar Ofer, Ilana Ritov, Yael Keidar-Levin ve Galin Schein. "Elit Futbol Kalecileri Arasında Eylem Ön Yargısı: Penaltı Vuruşları Örneği" Journal of Economic Psychology 28, no. 5 (Ekim 2007): 606–21. ***

Baron, Jonathan ve John Hershey. "Karar Değerlendirmesinde Sonuç Ön Yargısı." Journal of Personality and Social Psychology 54, no. 4 (1988): 569–79. ***

Browne, Basil. "Meydan Okumak: Poker Oyuncuları ve Kontrol" Journal of Gambling Behavior 5, no 1 (Mart 1989): 3–21. ***

Burch, E. Earl ve William Henry. "Fırsat Maliyetleri: Deneysel Bir Yaklaşım" Accounting Review 45, no. 2 (1970): 315–21. ***

Cavojova, Vladimira, Jakub Srol ve Magalena Adamus. "Benim Dediğim Doğru, Seninkisi Değil: Kürtaja Dair Görüşlerde Doğrulama Sapmaları." Journal of Cognitive Psychology 30, no. 7 (2018): 656–69. ***

Chapman, Gretchen ve Eric Johnson. "Değerlerin Sabitlenmesi, Faaliyete Geçirilmesi ve İnşası" Organizational Behavior and Human Decision Processes 79, no. 2 (Ağustos 1999): 115–53. ***

Clear, James. Atomik Alışkanlıklar: Kötü Alışkanlıklardan Kurtulup İyi Alışkanlıklar Edinmek İçin Kolay ve Etkisi Kanıtlanmış Bir Yöntem. New York: Avery, 2018.

Cochran, Winona ve Abraham Tesser. "Aman Boşver' Etkisi: Hedef Yakınlığı ve Hedef Çerçevelendirmesinin Performans Üzerindeki Bazı Etkileri." Uğraşmak ve Hissetmek: Hedefler, Etkiler ve Öz Denetim Arasındaki İlişkiler, ed. L. Martin ve Abraham Tesser. New York: Lawrence Erlbaum Associates, 1996. ***

Coyle, Daniel. Kültürün Şifresi: Çok Başarılı Ekiplerin Sırları New York: Bantam, 2018.

Cross, K. Patricia. "Üniversite Öğretimi Daha İyi Hâle Gelebilir, Peki Gelecek Mi?" New Directions for Higher Education 17 (1977): 1–15. ***

De Wit, Frank, Lindred Greer ve Karen Jehn. "Grup İçi Çatışma Paradoksu: Bir Meta-Analiz." Journal of Applied Psychology 92, no. 2 (2012): 360–90. ***

Dekking, F. M., C. Kraaikamp, H. P. Lopuhaä, ve L. E. Meester. Olasılık ve İstatistiğe Modern Bir Giriş: Nasıl ve Niçini Kavramak. Londra: Springer Science & Business Media, 2005. ***

Dion, Karen, Ellen Berscheid ve Elaine Walster. "Güzel Olan İyidir." Journal of Personality and Social Psychology 24, no. 3 (1972): 285–90. ***

Duarte, Jose, Jarret Crawford, Charlotta Stern, Jonathan Haidt, Lee Jussim ve Philip Tetlock. "Siyasi Çeşitlilik Sosyal Psikolojik Bilimi İleriye Taşıyacak. Behavioral and Brain Sciences 38 (Ocak 2015): 1–58. ***

Dunning, David. "Dunning-Kruger Etkisi: Kişinin Kendi Bilgisizliğine Yönelik Bilgisizliği Üzerine." Advances in Experimental Social Psychology, volume 44. San Diego: Academic Press, 2011. ***

Edwards, Kari ve Edward Smith. "Argümanların Değerlendirilmesinde Boşa Çıkarma Ön Yargısı." Journal of Personality and Social Psychology 71, no. 1 (1996): 5–24. ***

Eskreis-Winkler, Lauren, Katherine Milkman, Dena Gromet ve Angela Duckworth. "Büyük Ölçekli Bir Saha Deneyine Göre Tavsiye Vermek, Tavsiye Verenin Akademik Sonuçlarını Daha İyi Hâle Getiriyor." PNAS 116, no. 30 (23 Temmuz 2019): 14808–810. ***

Festinger, Leon. Bir Bilişsel Uyumsuzluk Teorisi Stanford, CA: Stanford University Press, 1957. ***

Fischhoff, Baruch. "Geri Görüş İleri Görüşe Denk Değildir: Belirsizlik Altında Hükümlerde Sonuç Bilgisinin Etkisi." Journal of Experimental Psychology: Human Perception and Performance 1, no. 3 (Ağustos 1975): 288–99. ***

Franz, Timothy ve James Larson. "Grup Tartışmalarında Bilgi Paylaşımı Esnasında Uzmanların Etkisi" Small Group Research 33, no. 4 (Ağustos 2002): 383–411. ***

Frederick, Shane, George Loewenstein ve Ted O'Donoghue. "Süre İndirimi ve Süre Tercihi: Bir Eleştiri Makalesi." Journal of Economic Literature 40, no. 2 (Haziran 2002): 351–401. ***

Friedman, Jeffrey. Savaş ve Şans: Uluslararası Politikada Belirsizliğin Değerlendirilmesi. New York: Oxford University Press, 2019. ***

Friedman, Jeffrey ve Richard Zeckhauser. "Tahminsel Olasılığın Doğru ve Hatalı Ele Alınışı: İhtimal, Güven ve Bin Ladin'i Aramak." Intelligence and National Security 30 (2015): 77–99. ***

Gigerenzer, Gerd, Ulrich Hoffrage ve Heinz Kleinbölting. "Olasılıkçı Zihinsel Modeller: Brunswikçi Bir Güven Teorisi." Psychological Review 98, no. 4 (1991): 506–28. ***

Gigone, Daniel ve Reid Hastie. "Herkesçe Bilinme Etkisi: Bilgi Paylaşımı ve Grup Hükümleri." Journal of Personality and Social Psychology 65, no. 5 (1993): 959–74. ***

Gilbert, Daniel. "Zihinsel Sistemlerde İnanış" American Psychologist 46, no. 2 (Şubat 1991): 107–19. ***

Gilbert, Daniel, Roman Tafarodi ve Patrick Malone. "Okuduğunuza İnanmamazlık Edemezsiniz." Journal of Personality and Social Psychology 65, no. 2 (Ağustos 1993): 221–33. ***

Gino, Francesca, Don Moore ve Max Bazerman. "Zarar Yok, Sorun Yok: Etik Hükümlerde Sonuç Ön Yargısı." Harvard Business School NOM Ön Makale 08-080, 2009. ***

Gino, Francesca ve Gary Pisano. "Neden Liderler Başarıdan Ders Çıkarmazlar." Harvard Business Review 89, no. 4 (Nisan 2011): 68–74. ***

Godker, Katrin, Peiran Jiao ve Paul Smeets. "Yatırımcı Hafızası." Temmuz 2019 taslağı. www.uibk.ac.at/credence-goods/events/sfb-seminar/documents/sfb_seminar_19_smeets_paper.pdf. ***

Gollwitzer, Peter ve Paschal Sheeran. "Uygulama Maksatları ve Hedeflere Ulaşmak: Etki ve Süreçlerin Bir Meta-İncelemesi." Advances in Experimental Social Psychology 38 (2006): 69–119. ***

Guwande, Atul. Checklist Manifesto: İşi Doğru Yapmanın Basit Bilimi. New York: Metropolitan Books, 2009.

Haidt, Jonathan ve Richard Reeves, ed. Hepsi Eksi Bir: John Stuart Mill'in İfade Özgürlüğü Üzerine Düşünceleri (Resimli). New York: Heterodox Academy, 2018. ***

Hammond, John, Ralph Keeney ve Howard Raiffa. "Karar Vermenin Gizli Tuzakları." Harvard Business Review 76, no. 5 (Eylül-Ekim 1998): 47–58. ***

Harford, Tim. "Deneysel Yaşamak Neden Büyük İddialara Girmekten İyidir." Financial Times, February 14, 2019. ***

Hastorf, Albert ve Hadley Cantril. "Bir Oyun Gördüler: Vaka İncelemesi." Journal of Abnormal and Social Psychology 49, no. 1 (Ocak 1954): 129–34. ***

Heath, Chip ve Dan Heath. Kararlı: Ev ve İş Hayatında Daha İyi Kararlar Almak. New York: Crown, 2013. ***

Heck, Patrick, Daniel Simons ve Christopher Chabris. "Amerikalıların %65'i Kendilerinin Ortalamadan Zeki Olduklarını Düşünüyorlar: Ulus Çapında İki Anketin Sonuçları." PLoS ONE 13, no. 7 (2018): e0200103. ***

Horowitz, Kate. "Neden Karar Vermek Bazılarında Stres Yaratır." MentalFloss.com, 27 Şubat 2018. ***

Hughes, Jeffrey ve Abigail Scholer. "En İyisini İstemenin Doğru ve Yanlış Olduğu Zamanlar: Uyumlu ve Uyumsuz Azamileştirmeyi Birbirinden Ayırmak." Personality and Social Psychology Bulletin 43, no. 4 (2017): 570–83. ***

Jarrett, Christian. "'Doğrulama Sapması' Katılmadığımız Argümanlardaki Mantığı Görebilmemizi Zorlaştırıyor." BPS Research Digest (9 Ekim 2018). ***

Johnson, Hollyn ve Colleen Seifert. "Sürekli Tesir Etkisinin Kaynakları: Hatırlanan Hatalı Bilgiler Gelecek Çıkarımları Nasıl Etkiliyor." Journal of Experimental Psychology: Learning, Memory, and Cognition 20, no. 6 (Kasım 1994): 1420–36. ***

Johnson-Laird, Philip. "Zihinsel Modeller ve Olasılıkçı Düşünce." Cognition 50, no. 1 (Haziran 1994): 189–209. ***

Kahan, Daniel, David Hoffman, Donald Braman, Danieli Evans ve Jeffrey Rachlinski. "Bir Protesto Gördüler: Bilişsel Bağnazlık ve Söz-Davranış Ayrımı." Stanford Law Review 64 (2012): 851–906. ***

Kahan, Daniel ve Ellen Peters. "'Matematiksel Beceri Azmi Etkisinin' 'Tekrarlanamazlığına' Yönelik Dedikodular Oldukça Abartılı." Cultural Cognition Project, Ön Makale No. 324, 2017. ***

Kahan, Daniel, Ellen Peters, Erica Dawson ve Paul Slovic. "Matematiksel Beceri Azmi ve Aydınlanmacı Öz-Yönetim" Behavioural Public Policy 1, no. 1 (Mayıs 2017): 54–86. ***

Kahneman, Daniel. "Sınırlı Akılcılık Haritaları: Sezgisel Hüküm ve Tercih Perspektifleri" American Economic Review 93, no. 5 (Aralık 2003): 1444–75. ***

Kahneman, Daniel ve Gary Klein. "Sezgisel Uzmanlık Koşulları: Uzlaşmazlık Başarısızlığı" American Psychologist 64, no. 6 (Eylül 2009): 515–26. ***

Kahneman, Daniel, Jack Knetsch ve Richard Thaler. "Bağış Etkisi, Kayıptan Kaçınma ve Mevcut Durum Ön Yargısı." Journal of Economic Perspectives 5, no. 1 (Kış 1991): 193–206. ***

Kahneman, Daniel, Paul Slovic ve Amos Tversky, ed. Belirsizlik Altında Karar Alma: Sezgiler ve Ön Yargılar. New York: Cambridge University Press, 1982. ***

Kahneman, Daniel ve Amos Tversky. "Tercihler, Değerler, Çerçeveler." American Psychologist 39, no. 4 (Nisan 1984): 341–50. ***

———. "Sezgili Tahmin: Ön Yargılar ve Doğrulaştırma Süreçleri." Defense Advanced Research Project Agency, Technical Report PTR-1042-77-6, Haziran 1977. ***

———, "Beklenti Teorisi: Bir Risk Altında Karar Analizi." Econometrica: Journal of the Econometric Society 47, no. 2 (Mart 1979), 263–91. ***

Khazan, Olga. "'Yeterince İyi'nin Gücü" TheAtlantic.com, 10 Mart 2015. ***

Klein, Gary. "Bir Proje Premorteminin Uygulanışı." Harvard Business Review 85, no. 9 (Eylül 2007), 18–19. ***

Klein, Gary, Paul Sonkin ve Paul Johnson. "Güçlü Bir Aracı Zayıflatmak: Wall Street'te Premortemlerin Hatalı Kullanımı." Şubat 2019 taslağı. capitalallocatorspodcast.com/wp-content/uploads/Klein-Sonkin-and-Johnson-2019-The-Misuse-of-Premortems-on-Wall-Street.pdf. ***

Laakasuo, Michael, Jussi Palomäki ve Mikko Salmela. "Duygusal ve Sosyal Faktörlerin Pokerde Doğru Karar Alma Üzerine Etkileri. Journal of Gambling Studies 31, no. 3 (2015): 933–47. ***

Langer, Ellen. "Kontrol Yanılsaması." Journal of Personality and Social Psychology 32, no. 2 (1975): 311–28. ***

Larson, James, Pennie Foster-Fishman ve Christopher Keys. "Grupların Karar Verişinde Paylaşılan ve Paylaşılmayan Bilginin Etkileri," Journal of Personality and Social Psychology 67, no. 3 (1994): 446–61. ***

Lerner, Jennifer ve Philip Tetlock. "Hesap Verebilirliğin Etkilerinin Hesaplanması" Psychological Bulletin 125, no. 2 (Mart 1999): 255–75. ***

———. "Hüküm ve Karar Vermeye İlişkin Bireysel, Bireylerarası ve Kurumsal Yaklaşımları Bir Araya Getirmek: Hesap Verebilirliğin Doğrulama Ön Yargısına Olan Etkisi." Hüküm ve Karar Araştırmalarında Öne Çıkan Bakış Açıları, ed. S. Schneider ve J. Shanteau. Cambridge, BK: Cambridge University Press, 2003. ***

Levitt, Steven ve Stephen Dubner. Bir Ucube Gibi Düşün. New York: HarperCollins, 2014. ***

Levy, Dan, Joshua Yardley ve Richard Zeckhauser. "Dürüst Bir Yanıta Erişmek: Sınıftaki Tıklama Cihazları." Journal of the Scholarship of Teaching and Learning 17, no. 4 (Ekim 2017): 104–25. ***

Lyon, Don ve Paul Slovic. "Olasılık Tahminlerinde Kesinlik Bilgisi Baskınlığı ve Temel Sıklık Düzeyinin Göz Ardı Edilişi." Acta Psychologica 40, no. 4 (Ağustos 1976): 287–98. ***

MacCoun, Robert ve Saul Perlmutter. "Fizik ve Psikolojide Doğrulama Ön Yargısına Bir Düzeltme Aracı Olarak Kör Analiz." Psikoloji Biliminin İncelenmesi: Güncel Sorunlar ve Önerilen Çözümler, ed. Scott Lilienfeld ve Irwin Waldman. Oxford, Birleşik Krallık: Wiley Blackwell, 2017. ***

———. "Gerçeğe Ulaşmak İçin Sonuçları Gizleyin: Parçacık Fiziği Örnek Olmak Üzere Daha Fazla Alanda Ön Yargının Önüne Geçmek İçin Kör Analize Yer Verilmeli." Nature 526, no. 7572 (8 Ekim 2015): 187–90. ***

Mauboussin, Andrew ve Michael Mauboussin. "Bir Şeyin 'Muhtemel,' Olduğunu Söylerseniz İnsanlar Bunun Ne Kadar Muhtemel Olduğunu Anlarlar?" HBR.org, 3 Temmuz 2018. ***

Mauboussin, Michael, Dan Callahan ve Darius Majd. "Temel Sıklık Düzeyi Kitabı: Geleceği Daha İyi Öngörebilmek İçin Geçmişin Entegrasyonu," Credit Suisse Global Financial Strategies, 26 Eylül 2016. ***

Mitchell, Deborah, J. Edward Russo ve Nancy Pennington. "Geleceğe Dönüş: Olayların Açıklanmasında Zamansal Bakış Açıları." Journal of Behavioral Decision Making 2, no. 1 (Ocak 1989): 25–38. ***

Mitchell, Terence ve Laura Kalb. "Denetmenlerin Değerlendirmelerinde Sonuç Bilgisi ve Sonuç Değerliğinin Etkileri." Journal of Applied Psychology 66, no. 5 (1981): 604–12. ***

Moore, Don ve Derek Schatz. "Aşırı Güvenin Üç Yüzü." Social & Personality Psychology Focus 11, no 8 (Ağustos 2017): e12331. ***

Morse, Mitch. "Bahislerle Düşünmek: Kitap Eleştirisi ve Belirsizlik ile Siyaset Arasındaki Etkileşim Üzerine Düşünceler." Medium.com, 9 Aralık 2018. ***

Murdock, Bennett. "Serbest Hatırlamanın Seri Konum Etkisi" Journal of Experimental Psychology 64, no. 5 (1962): 482–88. ***

Nickerson, Raymond. "Doğrulama Ön Yargısı: Kılıktan Kılığa Giren Yaygın Bir Olgu." Review of General Psychology 2, no. 2 (1998): 175–220. ***

O'Brien, Michael, R. Alexander Bentley ve William Brock. Küçük Kararların Önemi Cambridge, MA: MIT Press, 2019. ***

Oettingen, Gabriele. Olumlu Düşünceyi Yeniden Ele Almak: Motivasyonun Yeni Bilimi. New York: Current, 2014. ***

Oettingen, Gabriele ve Peter Gollwitzer. "Hedef Belirleme ve Uygulama Stratejileri." Social Psychological Foundations of Clinical Psychology, ed. J. Maddox ve Tangney. New York: Guilford Press, 2010. ***

Pachur, Thorsten, Ralph Hertwig ve Florian Steinmann. "İnsanlar Riskleri Nasıl Ele Alırlar: Bulunabilirlik Kısayolu Mu, Etki Kısayolu Mu, İkisi Birden Mi?" Journal of Experimental Psychology: Applied 18, no. 3 (2012): 314–330. ***

Phillips, Katherine, Katie Liljenquist ve Margaret Neale. "Acı Çektiğinize Değer Mi? Sosyal Anlamda Ayrık Düşen Yeni Katılımcılarla Hemfikir Olmanın Avantaj ve Yükümlülükleri." Personality and Social Psychology Bulletin 35, no. 3 (2009): 336–50. ***

Price, Vincent, Joseph Cappella ve Lilach Nir. "Uzlaşmazlık Daha Bilinçli Görüşlere Katkıda Bulunuyor mu?" Political Communication 19, no. 1 (Ocak 2002): 95–112. ***

Rapp, David. "Hatalı Bilgiler Okumanın Bedelleri." Current Directions in Psychological Science 25, no. 4 (2016): 281–85. ***

Richards, Carl. Davranış Açığı: Parayla Aptalca Şeyler Yapmayı Durdurmanın Basit Yolları. New York: Penguin/Portfolio, 2012. ***

Robinson, John. "Öğrendiğinizi Unutmak ve Tersine Tahmin: Geleceğe Dair Sorularımızı Yeniden Düşünmek." Technological Forecasting and Social Change 33, no. 4 (Temmuz 1998): 325–38. ***

Roese, Neal ve Kathleen Vohs. "Geri Görüş Ön Yargısı." Perspectives on Psychological Science 7, no. 5 (2012): 411–26. ***

Ross, Michael ve Fiore Sicoly. "Geçerlik ve Atıfta Benmerkezci Ön Yargılar." Journal of Personality and Social Psychology 37, no. 3 (Mart 1979): 322–36. ***

Russo, J. Edward ve Paul Schoemaker. Kazandıran Kararlar: İlk Seferinde Tutturmak. New York: Doubleday, 2002. ***

Samuelson, William ve Richard Zeckhauser. "Karar Alımında Mevcut Durum Ön Yargısı." Journal of Risk and Uncertainty 1 (1988): 7–59. ***

Schkade, David ve Daniel Kahneman. "Kaliforniya'da Yaşamak İnsanları Mutlu Ediyor Mu? Yaşam Tatmini Hükümlerinde Bir Odaklama Yanılsaması ." Psychological Science 9, no. 5 (Eylül 1998): 340–46. ***

Schoemaker, Paul ve Philip Tetlock. "Süpertahmin: Topluluğunuzun Hüküm Kalitesini Nasıl Yükseltirsiniz." Harvard Business Review 94 (May 2016): 72–78. ***

Schwardmann, Peter ve Joel van der Weele, "Kendinizi ve Başkalarını Aldatmak." Nature Human Behaviour 3, no. 10 (2019), 1055–61.***

Schwartz, Barry. Bolluk Paradoksu: Az Aslında Çoktur. New York: HarperCollins, 2003.

Schwartz, Barry, Andrew Ward, John Monterosso, Sonya Lyubomirsky, Katherine White ve Darrin Lehman. "Tatminatçılık mı Mükemmeliyetçilik mi: Mutluluk Bir Tercih Meselesidir." Journal of Personality and Social Psychology 83, no. 5 (2002): 1178–97. ***

Schwartz, Janet, Daniel Mochon, Lauren Wyper, Josiase Maroba, Deepak Patel ve Dan Ariely. "Ön Bağlılık ile Daha Sağlıklı." Psychological Science 25, no. 2 (2014): 538–46.***

Sheikh, Hasan ve Cass Sunstein. "Bir Uzman Kapsamında İkna Ederken Sıralamanın Önemi: Etkili İletişim İçin 'Önce Bilgi, Sonra Görüş.'" 24 Ekim 2019 taslağı. ssrn.com/abstract=3474998.***

Simonson, Itamar. "Alım Tercihlerinde Pişmanlık ve Sorumluluğu Öngörebilmenin Etkisi." Journal of Consumer Research 19, no. 1 (Haziran 1992): 105–18. ***

Slovic, Paul, Melissa Finucane, Ellen Peters, Donald MacGregor. "Etki Kısayolu." European Journal of Operational Research 177, no. 3 (2007): 1333–52. ***

Smets, Koen. "Daha Fazla Kayıtsızlık: Neden Kuvvetli Görüş ve Tercihler Her Zaman Bize Hizmet Etmemektedir." Medium.com, 3 Mayıs 2019. ***

Stanovich, Keith ve Richard West. "Bilişsel Yetilerin Doğrulama Sapması ve Tek Taraflı Düşünsel Ön Yargıların Saptanmasındaki Başarısızlığı Üzerine." Thinking & Reasoning 14, no. 2 (2008): 129–67. ***

Stark, Emily ve Daniel Sachau. "Lake Wobegon'un Silahları: Silahlara Dair Yeterliliğimizin Abartılması." Journal of Social and Political Psychology 4, no. 1 (2016): 8–23. ***

Stasser, Garold ve William Titus. "Grup İçi Karar Alımlarında Paylaşılmamış Bilgileri Birleştirmek: Tartışma Esnasında Ön Yargılı Bilgilerin Örneklendirilmesi," Journal of Personality and Social Psychology 48, no. 6 (1985): 1467–78. ***

Staw, Barry. "Bir Eylem Planına Olan Bağlılığın Artırılması" Academy of Management Review 6, no. 4 (1981): 577–87. ***

Stone, Peter. Şanssızlık: Piyangoların Karar Alımındaki Rolü. New York: Oxford University Press, 2011. ***

Sturm, Mike. "Tatminatçılık: Mükemmeliyetçiliğin Perişan Zihin Yapısından Kurtulmanın Yolu." Medium.com, 28 Mart 2018. ***

Sunstein, Cass. "Tarihsel Açıklamaların Temelinde Her Zaman Varsayımsal Tarih Vardır." Journal of Philosophy of History (Kasım 2016), 433–40. ***

Sunstein, Cass ve Reid Hastie. Daha Bilge: Grupları Zekileştirmek için Sürü Psikolojisinden Kurtulmak. Boston: Harvard Business Press, 2014. ***

Svenson, Ola. "Hepimiz mi diğer sürücülerden daha risksiz ve yetenekli araç kullanıyoruz?" Acta Psychologica 47 (1981): 143–48. ***

Sweeney, Joseph. "Artının ve Eksinin Ötesinde—Ağırlık ve Oran Metotlarını Öğretmeye Başlayın." Medium.com, 22 Ekim 2018. ***

Thaler, Richard. "Zihinsel Muhasebe ve Tüketici Tercihleri" Marketing Science 4, no. 3 (1985): 199–214. ***

———. "Zihinsel Muhasebe Önemlidir." Journal of Behavioral Decision Making 12, no. 3 (1999): 183–206. ***

Thorpe, Clare. "DİSK'i (Daha İyi Seçenek Korkusu) Aşabilmek İçin Bir Rehber." Medium.com, 19 Kasım 2018. ***

Trope, Yaacov ve Ayelet Fishbach. "Cezbedicilikle Başa Çıkmaya Karşı Öz Denetim." Journal of Personality and Social Psychology 79, no. 4 (2000): 493–506. ***

Trouche, Emmanuel, Petter Johansson, Lars Hall ve Hugo Mercier. "Mantık Yürütmenin Selektif Ataleti." Cognitive Science (2015): 1–15. ***

Tversky, Amos ve Daniel Kahneman. "Beklenti Teorisinde İlerlemeler: Belirsizliğin Kümülatif Bir Temsili." Journal of Risk and Uncertainty 5, no. 4 (1992): 297–323. ***

———. "Bulunabilirlik: Sıklık ve Olasılığın Değerlendirilmesi İçin Bir Kısayol." Cognitive Psychology 5, no. 2 (1973): 207–32. ***

———. "Temel Sıklık Düzeyinin Delillere Dayanan Etkisi" ONR Technical Report (Mayıs 1981). ***

———. "Somut ve Sezgisel Mantık Yürütme: Olasılıklara Dair Hükümlerde Çakışma Yanılgısı." Psychological Review 90, no. 4 (Ekim 1983): 293–315. ***

———. "Kararların Çerçevelendirilmesi ve Seçim Psikolojisi" Science 211, 30 Ocak 1981, 453–58. ***

———. "Risksiz Seçimlerde Kayıptan Kaçınma: Referans Temelli Bir Model." Quarterly Journal of Economics 106, no. 4 (Kasım 1999); 1039–61. ***

———. "Mantıksal Seçim ve Kararların Çerçevelendirilmesi" Journal of Business 59 (1986): 251–278. ***

Ullmann-Margalit, Edna ve Sidney Morganbesser. "Seçmek ve Tercih Etmek" Social Research 44, no. 4 (Kış 1977): 757–85. ***

Weller, Chris. "Bir Nörobilimci Neden Her Zaman Spesiyaller Listesindeki İkinci Menü Seçeneğini Seçtiğini Açıklıyor." Business Insider, 28 Temmuz 2017. ***

West, Richard, Russell Meserve ve Keith Stanovich. "Bilişsel Kapsamlılık Ön Yargıların Kör Noktasını Daraltmıyor." Journal of Personality and Social Psychology 103, no. 3 (Eylül 2002): 506–19. ***

Wheeler, Michael. "Büyük Kararlarda Şans Faktörü" HBR.org, 18 Kasım 2013. ***

———. "Geleceğe Yönelik Geri Görüşe Olan İhtiyaç." Negotiation Journal 3, no. 7 (Ocak 1987): 7–10. ***

Zeckhauser, Richard. "Bilinmeyen ve Bilinemeyene Yatırım." Capitalism and Society 1, no. 2 (2006): 1–39. ***

Zweig, Jason ve Phil Tetlock. "Tahmin Etmenin Tehlikeli Vazifesi" Wall Street Journal, 17 Haziran 2016. ***

Yazar Hakkında

Annie Duke bir yazar, bir kurumsal konuşmacı ve karar verme alanında bir danışmandır. Annie'nin kitabı, *Bahse Var Mısın: Belirsizlik Ortamında Doğru Kararlar Vermek*, ulus çapında en çok satan kitaplar arasına girmiştir. Eski bir poker oyuncusu olan Annie, 2012 yılında emekli olmadan önce turnuvalarda 4 milyon dolardan fazla ödül kazanmıştır. Profesyonel oyunculuğa başlamadan Pensilvanya Üniversitesinde kendisine Ulusal Bilim Kurumu tarafından verilen burs ile bilişsel psikoloji okumuştur.

Annie, Karar Eğitimi Birliğinin eş kurucularındandır. Kâr amacı gütmeyen bir kuruluş olan birliğin misyonu, öğrencilerin karar yetenekleri eğitimi almalarını sağlayarak hayatlarını daha iyi hâle getirmektir. Annie aynı zamanda Ulusal Okul-Sonrası Yıldızları Kuruluna ve Franklin Enstitüsü yönetim kuruluna üyedir. 2020 yılında ise Demokrasiyi Yenileme Girişiminin kuruluna katılmıştır.